KB220608

칼빈 시대
유럽 대륙의
종교개혁가들

개혁주의 신학과 신앙 총서 8

개혁주의학술원

저희 고신대학교 개혁주의학술원에서는 매년 한 가지 주제를 가지고 '개혁주의 신학과 신앙 총서'라는 이름으로 단행본을 발간해 왔습니다. 1권 '칼빈과 교회'(2007), 2권, '칼빈과 성경'(2008), 3권, '칼빈과 사회'(2009), 4권, '칼빈과 영성'(2010), 5권, '칼빈과 예배'(2011), 6권, '칼빈과 종교개혁가들'(2012), 7권, '칼빈 이후의 개혁자들'(2013)이 그것입니다. 이번에는 제8권으로, '칼빈 시대 유럽 대륙의 종교개혁가들'이라는 주제로 발간하게 되었습니다. 제5권까지는 칼빈을 중심으로 그의 신학의 제 분야 혹은 영역을 주제로 했으나, 제6권부터는 칼빈과 다른 개혁자들 혹은 칼빈 이후의 개혁자들을 취급해 왔습니다. 즉 인물 중심으로 칼빈과 종교개혁, 그 주변의 문제들, 개혁자들 상호관계와 17세기 개혁자들 혹은 개혁신학자들을 취급해 왔습니다. 16세기에 대해서는 미흡하지만 연구가 이루어져 왔으나 17세기 개혁자들이나 개혁자들 상호 간의 관계에 대해서는 한국에서 제대로 논구된 바가 없기 때문에 이런 주제를 다루어 왔던 것입니다.

주지하는 바처럼 신학계에서 뿐만 아니라 일반 사학계에서도 미국 예일대학교의 조나단 스펜서(Jonathan Spence)로 대표되는 바이지만 인물 중심의 역사 연구는 각광을 받고 있고, 한 인물을 중심으로 한 시대의 역사를 헤아리려는 노력은 최근 역사학계의 중요한 연구 경향이라고 할 수 있습니다. 신학계에서도 개혁자들에 대한 교의학적 연구만이 아니라 개혁자들 상호관계에 대한 역사적 연구는 주목을 받고 있습니다. 빌헬름 니젤(Wilhelm Nisel)이나 폴 제이콥스(Paul Jacobs) 혹은 스탠포드 리드(S. Reid)와 같은 신정통주의 신학자들만이 아니라 개혁교회 전통의 신학자들에게도 동일합니다. 이런 연구 경향에서 개혁교회 전통에서 칼빈의 신학이나 사상이 다음 세대에 어떻게 계승되는가를 둘러싼 연속성 혹은 불연속성 논쟁은 흥미를 더해 줍니다. 소위 칼빈과 불링거 혹은 제네바적 접근법과 '라인'지역 접근법 사이에 불일치가 있다는 주장이나, 칼빈과 개혁주의 신학의 다양성 사이에 대한 재 평가는 이런 연구의 결실이라고 하겠습니다.

이런 연구경향에 주목하면서 이번에는 '칼빈 시대 유럽 대륙의 종교개혁가들'을 다루게 된 것입니다. 이번에 취급하게 된 인물은 라은성 교수의 볼프강 카피토(Wolfgang Fabricius Capito, 1478-1541), 황정욱 교수의 레오 유트(Leo Jud, 1482-1542), 박경수 교수의 훌드리히 츠빙글리(Huldrych Zwingli, 1484-1531), 한병수 교수의 시몬 그리네우스(Simon Grynaeus, 1493-1541), 김요섭 교수의 볼프강 무스쿨루스(Wofgang Musculus. 1497-1563), 김재윤 교수의 요하네스 아 라스코(Johannes à Lasco, 1499-1560), 유정모 교수의 요하네스 슈투름(Johannes Sturm, 1507-1589), 황대우 교수의 안드레아스 히페리우스(Andreas Gerardus Hyperius, 1511-1564), 조봉근 교수의 피에르 비레(Pierre Viret. 1511-1571), 이남규 교수의 제롬 잔키우스(Hieronimus Zanchius, 1516-1590), 그리고 제가 쓴 귀도 드 브레(Guido de Brès, 1522-1567) 등 11명의 개혁가를 다루게 되었습니다. 비록 각기 다른 필자들에 의한 독립적인 글이지만 오늘 우리들에게 비교적 덜 알려진 16세기 개혁자들을 만나는 만남의 광장이 될 줄로 믿습니다. 이런 인물연구는 16세기 개혁을 보다 포괄적이고 풍요롭게 헤아릴 수 있는 안목을 제시해 줄 것입니다. 옥고를 주신 여러 필자들에게 학술원을 대표하여 감사를 드립니다. 이 책이 널리 사랑받는 책이 되기를 기대하는 바입니다.

2014년 3월 21일
고신대학교 개혁주의 학술원
원장 이상규

칼빈 시대 유럽 대륙의
종교개혁가들

개혁주의 신학과 신앙 총서 8

━━━

발행일 _ 2014년 3월 20일
발행인 _ 전광식
편집인 _ 이상규
펴낸곳 _ 개혁주의 학술원
　　　　　부산시 영도구 동삼동 149-1
　　　　　Tel. 051)990-2266, 2267
　　　　　www.kirs.kr
　　　　　kirs@kosin.ac.kr

CONTENTS

02 _ 발간사

06 _ 볼프강 카피토의 생애와 신학 _ 라은성

32 _ 레오 유트의 생애와 사상 _ 황정욱

59 _ '개혁교회의 아버지' 츠빙글리의 생애와 사상 _ 박경수

87 _ 시몬 그리네우스의 생애와 학문적 여정 _ 한병수

108 _ 종교개혁자 무스쿨루스의 생애과 신학 _ 김요섭

139 _ 아 라스코의 삶과 신앙, 그리고 개혁교회 _ 김재윤

162 _ 요한 슈투름의 생애와 사상 _ 유정모

187 _ 안드레아스 히페리우스의 생애와 신학 _ 황대우

205 _ 피에르 비레의 생애와 종교개혁운동 _ 조봉근

229 _ 잔키우스와 스트라스부르 예정론 논쟁 _ 이남규

258 _ 귀도 드 브레와 네덜란드 신앙고백 _ 이상규

275 _ 저자약력

볼프강 카피토의 생애와 신학

라은성 (총신대학교, 역사신학)

들어가면서

북부 르네상스를 주도했던 에라스무스의 영향을 받은 자들인 인문주의 자들은 마틴 루터가 등장하기 전, 성직자들의 부도덕성, 일반 신자의 미신, 그리고 스콜라주의의 불능으로 여겼던 자들이었다. 루터가 등장하면서부터 에라스무스를 떠나 종교개혁에 동참하게 되었다. 언 듯 보면, 르네상스에서 종교개혁으로 전환된 것이라고 볼 수 있다. 이들은 초교파적인 성격을 갖고 있었고 조직적인 측면이 매우 뛰어났다.[1] 이들은 대체적으로 개혁신학을 가졌다. 이런 면에서 개혁신학은 인문주의를 기초했기에 그 조직력이 매우 뛰어났다고 말할 수 있다. 그래서 이들이 어떻게 종교개혁자로 전환되었는지에 관심을 갖는 것은 매우 의미 있는 일이다.

이 소논문에서 관심을 갖는 인물은 이들 중 볼프강 카피토이다. 그야말로 인문주의에서 종교개혁으로 전환된 대표적 인물이다. 처음에는 지성인

---

[1] James E. Kittelson, *Wolfgang Capito from Humanist to Reformer, in Studies in Medieval and Reformation Thought*, ed. by Heiko A. Oberman, vol. xvii (Leiden: E. J. Brill, 1975), 3. 이 글은 키텔슨의 책에 많이 의존한다.

으로 에라스무스를 열광적으로 추종하는 자였고, 로마 가톨릭교회의 설교
자였고, 바젤에서 교수로 활동했고, 마인츠의 대감독의 자문위원이었던
자였는데 마침내 종교개혁자로 전환했다.

　카피토에 대한 연구는 스트라스부르의 유명한 교육자인 요하네스 슈투
름(Johannes Sturm)은 1542년 자신의 친구의 간략한 생애를 쓴 것에
서 시작되었다고 볼 수 있다. 그는 요아킴 카메라리우스, 즉 멜랑흐톤의 자
서전 작가에게 헌정한 책을 출판했다. [2] 17~18세기 교회 역사가들은 종
교개혁의 고백적 상술에서 카피토를 간략하게 포함시켰다. [3] 그 이후 카피
토에 대한 유일한 자서전은 1860년 요한 빌헬름 바움(Johann Wilhelm
Baum)에 의해서였다. 그는 카피토의 작품들을 연구하고 신학학사 논문
에서 연대기를 만들었다. [4]

　카피토의 방대한 37권의 출판 책들이 현재 출판된 상태이다. 여기저기
흩어져 있는 상태였다가 다행스럽게도 19세기에 바움과 그의 학생들이 필
사본을 만들어 바젤의 국립대학도서관(Bibliotheque Nationale et
Universitaire)에 보관되었다.

　카피토의 생애는 개종 전의 인문주의자, 개종과 맞물린 복음주의자 그리
고 종교개혁자로서 분류할 수 있다. 이 글은 그의 생애를 중심으로 살필 것
이다. 그렇게 하면서 어떻게 하여 인문주의자가 종교개혁자로 전환되었는

2) Johannes Sturm, *Ioan. Sturmii et Gymnatii Argentoratensis Luctus ad Joacbimum Camerarium.* (Argentorati, 1542). Bibliotheque Nationale et Universitaire de Straussburg.

3) Abraham Scultetus, *Annalium Evangelii pastim per Europam decimo quinto talutis portae semlo renovati* (Heidelbergae, 1618), I, 9. Melchior Adamus, *Vitae Germanorum Tbeologorum, qui teculo ecclesiam Christi voci scriptisque propagarunt et propugnarunt* (Heidelbergae, 1620), 88-92. Daniel Gerdesius, *Introductio in Hittoriam Evangelii seculo XVI. Pastim per Europam Renovati Doctrinaeque Reformatae. Accedunt Varia Qui bus ipsa Historia Illustratur };fonumenta Pietatis atque Rei Litterariae* (Groningae et Bremae, 1744), I, 115-119.

4) Johann Wilhelm Baum, *Capito und Butzer, Strassburgs Reformatoren*. III, *Leben und Ausgewiiblte Scbriften der Vater und Begrunder der Rejormierten Kircbe* (Elberfeld, 1860). Jean-Charles Hoffet, *Esquisse Biograpbique sur Capiton* (Strasbourg, 1850), followed the older accounts for Capito's earlier life. He dedicated his thesis to Baum.

지 살필 것이다. 그의 신학과 영향력에 관해서는 또 다른 글을 통해 밝혀져
야 할 것이다.

생애

1478년 볼프강 카피토(Wolfgang Fabricius Capito = Koefel,
1478~1541)는 프랑스 북동부의 알자스의 아그노(Haguenau, 하게나
우)에서 태어났다. 작고 가난한 농부 집에서 태어났으나 부친 한스 쾨플레
(Hans Köpfle)은 대장장이로서 한 동안 아그노 시의회원이었다. 부친 한
스는 전형적인 후기 중세시대의 부르주아 계층이었다. 그의 모친의 이름은
아그네스였다.[5] 부친은 매우 경건했지만 반성직주의적이었기에 아들이 사
제가 되는 것을 적극적으로 반대했다. 그 이유는 사제가 되었을 때 게으르
고 죄를 짓는 일에 빠질 수 있다고 염려했기 때문이다.[6]

고향에서 처음 교육을 받은 후 포츠하임(Pforzheim)에 있는 라틴어 학
교에서 수업을 받았다. 아들이 의사가 되기를 바랐던 부친은 카피토의 나
이 22세, 즉 1500년 세상을 떠났다. 그러면서 아들 카피토에게 기대했던
의사의 꿈은 부친과 함께 끝나고 말았다. 다음 해, 즉 1501년 카피토는 잉
골슈타트 대학교에 등록했고 1505년 학사학위를 받았다. 그 다음해,
1506년 프라이부르크 임 브라이스가우(Freiburg im Breisgau)에서 인
문학을 전공한 후 석사학위를 받았다.[7] 집으로 돌아와 출판사 헨리쿠스 그
란(Henricus Gran)을 위해 교정자로 한동안 일했다. 이 활동은 앞으로
그의 작품 활동에 크게 영향을 끼쳤다. 향후 3년 동안 그는 처음으로 인문

5) Johannes Sturm, Ioan. *Sturmii et Gynasii Argentoratensis Luctus ad Joachimum
Camerarium* in Bibliotheque nationale et universitaire de Strasbourg (Argentorati,
1542), sig. [Bvii(v)-Bviii]. 당시는 중세 말기였기에 로마 가톨릭교회가 타락할 때로 타락했다
는 것을 알 수 있다.
6) J. V. Pollet, *Martin Bucer. Étudessur ia correspondance avec des nombreux textes
inédits* (Paris, 1959), II, 267f.
7) Hermann Mayer, ed., *Die Matrikel der Universität Freiburg im Breisgau von 1460
bis 1656* (Freiburg, 1907), I, 161-162.

주의 운동에 관련을 맺게 되었다. 이때쯤, 인문주의자 야콥 빔펠링(Jacob Wimpfeling)을[8] 개인적으로 알게 되었다고 한다.

스트라스부르 인문주의자 단체는 독일에서도 가장 보수적 경향을 가지고 있었다.[9] 이 단체의 지도자는 빔펠링이었다. 그는 교회적 악습과 성직자들의 부도덕성을 공격하면서 항상 일반 신자의 시각에서 성직자들의 상태를 개선해야한다고 주장했다. 또 문법학교를 통해 건전한 도덕과 라틴어를 가르쳐야 한다고 강조했다. 선한 배움과 바른 삶 간에 밀접한 관련이 있다고 확신했다. 이런 측면에서 빔펠링은 카피토에게 좋은 영향을 끼쳤다고 여겨진다. 그는 빔펠링의 보수적 경향을 받아들이면서 인문주의적 형태를 갖추었다고 하겠다. 또 카피토에게 영향을 끼친 자는 개혁 설교자 가일러폰 카이젤스베르크(Geiler von Kaysersberg)였다. 스트라스부르 대성당에서 그의 설교를 들은 카피토는 그를 통해 돌아가신 부친의 반성직주의 정신을 회상하곤 했다고 한다.[10] 이제 카피토는 사제가 되고자 결심하였다. 가일러는 그에게 긍정적인 모델이 되었기 때문이다.

1509년 프라이부르크로 돌아와서 사제로 수임 받았다. 이때 그는 후에 루터의 적이 되는 요한 에크[11]와 함께 수임 받았다. 부지런한 신학생이 되었다. 1509년 12월 6일 석사학위를 받았다. 그의 신학은 스코투스와 오캄과 같은 유명론자였다고 말할 수 있다. 1511~1512년 겨울 학기에 교

---

8) 1507년 그란의 출판사를 통해 그는 알베르트 마그누스의 물리학에 대한 콘라트 줌멘하르트 주석을 써서 빔펠링에게 헌정한다.

9) Lewis W. Spitz, *The Religious Renaissance. of the German Humanists* (Cambridge, Mass.: Cambridge University Press, 1963), 41-57. 이 외에도 교회법학자 울리히 자시우스(Ulrich Zasius) 그리고 신학자 그레고르 라이쉬(Gregor Reisch)와 친분을 쌓았다. James M. Kittleson, *Wolfgang Capito from Humanist to Reformer* (Leiden: Brill, 1975), 16~19. 후에 스트라스부르에서 함께 사역하게 될 마태우스 젤(Matthäus Zell)과 야콥 슈투름(Jakob Sturm)과도 알게 되었다.

10) Capito to Bonifacius [Wolfhart], [mid-1521]. Kirchenarchiv Basel, 25a, fol. 244(v). 이것은 by]. Pollet, II, 267~8에 의해 번역되었다. 인터넷에서도 찾아 읽을 수 있다. http://www.itergateway.org/capito/Letter102.pdf

11) 요한 에크(Johann Maier von Eck, 1486~1543년)는 1517년 봄 루터와 친분을 가졌으나 1519년 라이프치히에서 에크와 칼슈타트와 논쟁을 시작하다가 루터와 논쟁하게 되었고, 얀 후스의 이단을 조장시키는 자라고 고발했다.

수로 활동했다. 1512년 5월 교수 자격증을 받았다. 강의는 연구의 한 부분이었다. 1510년 12월 그는 신·구약성경에 대하여 연속으로 강의했다. 1511년 10월 그는 피에르 롬바르의 『명제들』이란 책으로 중세 신학에 대해 강의했다. 마침내 1512년 교수가 되었다. 유명론자로서 성경을 언어와 역사를 사용하기보다 아리스토텔레스 논리학으로 해설했다. 후에 이런 행위를 후회했지만 다행인 것은 아우구스티누스의 작품을 읽을 수 있는 기회를 가졌다는 것이다. [12]

브룩잘에서

1512년 봄 카피토는 갑작스런 환경의 변화를 직면했다. 그것은 슈파이어 감독 필립 폰 로젠부르크가[13] 그를 초청하여 브룩잘(Bruchsal)에 있는 베네딕토 제단에서 교회법학자와 설교자로 임명했기 때문이다. 이곳은 프라이부르크와 마인츠 사이에 있는 도시였는데 굳이 여기에 가야 했던 이유는 설교와 자신의 연구에 힘을 쏟고 싶었을 뿐 심정적으로 로마 가톨릭교회 신앙을 원했던 것은 아니었다고 여겨진다. [14] 이곳에서 활동하면서 미사에 대한 의구심을 갖게 되었다.

1512년 10월 탁월한 히브리어 언어학자인 콘라트 큐르스너(Conrad Kürsner, 1478~1556년)[15]는 프란체스코 수도사들의 일로 지나는 중 슈파이어에서 하루 밤을 지내게 되었는데 이때 카피토와 사귀게 되었다. 카피토는 히브리어 학자들과 사귀는 기회를 만들었고 고대 언어들을 학습하게 되므로 점점 신학을 향한 준비 단계인 인문주의자로 변모해 가도록 했다. 큐르스너는 그에게 성찬에 대해 위클리프와 같은 영적 견해를 알려 준

---

12) Sturm, *Luctus ad Camerarium*, sig. [Bvii(v)]–C(v).
13) 필립(Philipp von Rosenberg, 1513년 사망)은 1504년부터 죽을 때까지 슈파이어의 대감독이었다.
14) O. Vogt, ed., *Dr. johann Bugenhagens Briefwechsel* (Stettin, 1888), 37~38.
15) 콘라트 펠리칸으로 알려져 있는 그는 히브리어 작품들을 라틴어로 번역했고, 랍비 문학과 탈무드 문학이었다. 성경 주석에 크게 공헌했다. 츠빙글리를 통해 취리히에 와서 그리스어와 히브리어를 가르쳤다.

것으로 여겨진다. [16] 더 중요한 것은 그의 영적 위기를 해결해주었다는 것이다. [17] 카피토는 브룩잘에 있으면서 인문주의 연구로 전환했다고 여겨진다. 또 그는 평생 친구가 될 요하네스 외콜람파디우스(Johannes Oekolampad)를 사귀게 된다. 이 당시 그는 영적 갈등을 가졌겠지만 루터와는 비교할 수 없었다. 단지 성찬에 대한 갈등이었을 뿐 루터는 심각하게 하나님의 의에 대한 고민을 했다. 아무튼 그는 서서히 인문주의자의 길을 걷게 되었다는 점은 브룩잘에서 인생의 큰 전환점을 맞이했다 하겠다.

바젤에서

16세기 인문주의자들에게 가장 환영을 받는 도시였던 바젤은 인쇄소들이 즐비했다. 고전만 아니라 기독교 고문서들을 쉽게 접할 수 있었다. 그곳의 감독 크리스토프 폰 우텐하임(Christoph von Utenheim)은 1515년 카피토를 불러 바젤의 대성당 설교자가 되게 했다. 이곳에서 많은 학자들과 교제를 가졌는데 [18] 그는 에라스무스와 사귀면서 그에게 평생을 통한 큰 영향을 받게 되었다. 그의 학문성만 아니라 경건성에도 영향을 받았다. 사랑과 평화의 방법으로 기독교의 개혁에 대한 열정을 갖게 되었다. 1520년 바젤을 떠나기 전 카피토는 이미 에라스무스의 열렬한 찬미자가 되어있었다. 에라스무스는 1514년에 처음으로 바젤에 와서 1515~1516년 겨울을 보내면서 그리스어 신약성경을 완성했다. 카피토 역시 이 작품에 히브리어 이름들에 대한 조언하며 조력했다.

1515~1520년 사이 개인적 삶에 대해 알 수 없지만 바젤의 인문주의 단체의 일원이 되었음에는 분명하다. 그의 설교 역시 대중적인 지지를 받았고 영향을 끼쳤다. 1515년 7월 프라이부르크에서 신학박사학위를 받았고 바젤 대학교에서 구약학 교수가 되었다. 1516년 10월 친구 외콜람파디우

---

16) Kittelson, *Wolfgang Capito*, 20.
17) Vogt, 37-38.
18) Sturm, sig. Ciii.

스에게 박사와 학사 사이에 있는 학위를 주었다. 1517년 5~10월까지 학장이 되었고 일 년 후 신학과 주임이 되었다.

하지만 카피토는 신학자로 점차적으로 바뀌지고 있었기에 감독 크리스토프와 멘토인 에라스무스에 대해서도 쓴 소리를 아끼지 않았다. 특별히 벨기에 신학자 조세 클리스타브(Josse Clichtove)의 견해를 따랐는데 클리스타브는 성직자의 게으름과 일반 신자들 중 경건의 쇠퇴는 예전의 참된 의미에 대해 성직자들이 무지한데서 비롯되었다고 했다. 따라서 그는 인문주의적 형태를 따라 고전을 참고하여 예배를 바꿔야 한다고 주장했다. 이에 따라 카피토 역시 학문과 경건은 밀접한 관계를 맺고 있다고 했다. 카피토는 자신의 책을 재판하면서 감독 크리스토프에 클리스타브의 책이 개혁을 이루는데 좋은 수단이 될 것이라고 추천했다. 아쉬운 것이 있다면 교리적 변화를 예견하지 않고 단지 내면적 이해에 초점을 맞추었다는 것이다. 로마 가톨릭교회의 계급제도를 무너뜨리는 것보다 단순히 열정적인 교회인이 되는 것으로 만족한 것으로 보였다. 이런 면에서 본다면 그는 아직 전 종교개혁자였다고 볼 수 있다. [19]

이때쯤 요한 테첼(Johann Tetzel, 1519년 사망)의 면죄부 설교에 대해 어느 비텐베르크 교수, 즉 마틴 루터가 공격했다는 것을 듣고 에라스무스를 따르던 많은 열정적이고 젊은 추종자들은 루터를 지지하게 되었다. 에라스무스와는 달리 루터의 공격은 단순한 언쟁에 머무르지 않았다. 그래서 루터는 수많은 젊은 신학자들과 인문주의자들의 열광적인 지지를 받게 되었다. 1518년 9월 카피토는 루터와 서신을 왕래하면서 회개와 죄 용서에 대한 설교와 '95개 항목'을 지지한다고 말했다. [20] 그의 설교를 라틴어로 번역하여 바젤의 인문주의 단체에 보급하기도 했다. 카피토의 주도 하에 1519년 2월 바젤의 모든 인문주의자들이 루터를 지지한다고 발표했다. 1519년 4월 8일 에라스무스에게 보내는 서신에서 그는 진심으로 마틴 루

19) Kittelsson, *Wolfgang Capito*, 37.
20) *Briefwechsel*, I, 197.

터의 작품을 읽어 보았고 가장 유명한 작품들을 썼다고 평했고 그와 함께 많은 일을 하고 싶다고 밝혔다. [21] 로마서에 대한 그의 설교는 대중의 지지를 많이 받았다.

마인츠에서

에라스무스와 울리히 폰 휴텐의 추천을 받아 그는 1520년 마인츠 대성당의 설교자가 되었다. 그곳의 마인츠의 대감독이며 선제후인 알브레히트 폰 브란덴부르크(Albrecht von Brandenburg, 1490~1545년)의 가장 영향력 있는 조언자로 활동하면서 루터와 타협할 수 있도록 노력했다. 서로 분열되지 않도록 부단히 노력했다. 두 사람 간의 서신을 통해 카피토가 에라스무스 개혁자들과 루터에게 큰 관심을 갖고 있음을 엿볼 수 있다. 물론 에라스무스의 관점에서 루터를 이해했다. 참된 교리가 종교를 진정으로 개혁하는데 가장 중요하다는 사실을 인식했다고 여겨진다. 1521년 4월 보름스 의회에 알브레히트와 동행하여 루터 편을 지지했다. 하지만 이것으로 인해 추방당하여 1522년 3월 루터를 방문했다.

비텐베르크에서

카피토는 여전히 평화적 개혁을 원했기 때문에 루터파를 좋아하지 않았으나 루터를 만나 그의 설교를 들으면서 변하기 시작했다. 루터의 신학을 이해하기 시작했다. 성급한 혁신자들이 그리스도의 자유와 평화를 무시한다고 평가 내렸다. 루터를 찬양한 이유는 질서를 재설립했을 뿐 아니라 그리스도의 자유를 사람들에게 안겨다 주었다는 점이었다. 이제 카피토가 갖게 된 진정한 질문은 '복음'이었다. 로마 교황은 적그리스도며 신앙의 적이라는 루터의 견해를 갖기에 이르렀다. 1522년 4월 개혁 운동에 유일한 문

---

21) *Briefwechsel*, I, 336. Kittelson은 로마서에서의 믿음에 대하여 자세히 설명하고 있다. Kittelson, *Wolfgang Capito*, 45~49.

제는 믿음에 관한 것이라고 확신했다. [22]

아마 비텐베르크를 방문한 것은 그의 복음주의 운동으로 개종하는 첫 걸음이 되었다. 로마 교황, 교회 또는 전통의 권위 없이도 신학적 주장들이 진실할 수 있다고 확신하기에 이르렀고 루터처럼 교회를 개혁해야 한다는 뜻을 정하게 되었다. [23] 하지만 그의 몸은 로마 교황 편에 머물고 있었다. 그해 7월 누렘베르크 의회에서 대감독 알브레히트 편에 서 있었지만 그의 사상은 개혁 운동에 이미 속해 있었다. 여전히 심정적으로 갈등을 가졌을 수도 있다. 아니 에라스무스보단 루터가 교회 개혁에 훨씬 바람직하다는 확신을 가졌다고 말할 수 있겠다. 이전에 찬동했던 에라스무스의 개혁 운동에서 루터의 개혁 운동으로 전환했다.

스트라스부르에서

마인츠를 떠나 1523년 3월 스트라스부르로 간 카피토에게 알브레히트는 세 차례나 돌아올 것을 권했지만 카피토는 응하지 않았다. 1523년 7월 에라스무스에게 서신을 써서 마인츠에서의 그의 삶이 매우 괴롭다고 자신의 심정을 솔직하게 털어놓았다. [24] 그렇다고 그가 스트라스부르에 개혁자로 온 것은 아니었다. 물론 루터의 복음적 메시지를 더 신뢰한 것을 사실이었지만 여전히 에라스무스와 서신을 주고받고 있었다.

스트라스부르에서 토마스교회(Thomaskirche)의 수석 목사직을 맡았다. 이 직책을 맡으며 그는 연구에 몰입할 수도 있었다. 그렇지만 기대했던 것처럼 사정은 여의치 않았다. 루터파와 로마 교황주의자들로부터, 즉 양 편으로부터 공격을 받기 때문이었다. 신학적 논쟁에서 그는 벗어날 수 없었다.

초기 논쟁에서 가장 중요한 인물은 대성당 채플들 중 하나에서 대중의 설

---

22) *Henrifi Cornelii Agrippae ab Nettesheym armalae equitis aurati, et iuris utriusque at mtditinae Doctor Opera* (Lugduni, n. d.), II, 730~731.
23) Kittelson, *Wolfgang Capito*, 86.
24) *Briefwechsel*, V, 304.

교자인 마태우스 젤(Matthäus Zell, 1477~1548년)[25]이었다. 젤은 루터가 이단자였다고 공격했으나 1521년 그는 변화되어 로마 가톨릭교회의 공격 대상이 되었다. 그를 공직에서 면직시키고 추방시킬 것을 강요했으나 대성당의 지도자들은 응하지 않았다. 1523년 8월 감독 기욤은 시의회에 소환하여 보름스 칙령을 기초로 젤에 대해 24가지 이단성 혐의를 심문하였다. 젤은 자신은 철저하게 루터처럼 순전한 하나님의 말씀에 굳게 서 있다고 항변했다. 그분의 말씀만 전파했다고 했다.

이런 상황에서 카피토는 스트라스부르에 도착했다. 마인츠를 떠났을 때 기대했던 평화적 분위기를 찾아볼 수 없었다. 6월 18일~7월 6일 카피토는 젤과 진지한 대화를 나눴다. 그리스도의 말씀으로 평화를 만드는데 구축되어야 하는 것이 바른 것이 아니냐고 젤에게 문의했다. 처음에는 젤이 참된 하나님의 말씀을 전파한다고 믿을 수 없었다.[26] 이에 대해 젤은 카피토의 견해에 동의하지 않았다. 자신이 공격하는 것은 감독들의 그릇됨이지 좋은 질서를 해치려는 것이 아니라고 했다. 그리스도의 사도의 심정으로 목회한다면 언제든 스트라스부르를 떠날 수 있다고 했다. 하지만 경건한 백성들을 저버릴 수 없다고 했다.

이러한 젤의 대답은 루터의 대답과 같았는데 이것이 카피토에겐 충격이었다. 어떻게 보면 개혁자가 무엇을 행해야 하는지 파악하기 시작했다고 볼 수 있다. 젤과의 대화는 에라스무스와의 관계를 단절시키는 계기가 되었다. 처음으로 카피토는 에라스무스를 비판하기 시작했다. 공개적으로 자신이 루터와 함께 하지 에라스무스와 함께 하지 않는다고 선언했다. 젤이 자신에게 했던 대답을 그대로 에라스무스에게 주었다.[27] 그렇다고 당장 로마 가톨릭교회에서 분파하지 않았다. 그 교회 내에 한동안 머물면서 젤과 함께 교회를 개혁하는데 힘썼다.

---

25) 젤은 마인츠, 엘푸르트 및 프라이부르크에서 공부했다. 1518년 스트라스부르 대성당 설교자가 되었고 1521년 루터와 같은 복음을 설교했다. 그렇다고 루터에게 의존하지 않고 그의 작품들을 읽었을 뿐이다. 그는 목회자로서 살아 있는 믿음을 원했다.
26) Kittelson, *Wolfgang Capito*, 90.
27) Ibid., 92~3.

1523년 여름 동안 젤과 함께 나눴고 자신의 의도들을 공개적으로 알리기 위해 11월 출판했다. 한 편으론 나쁜 루터파를 정죄했고, 다른 한 편으론 거짓된 교황주의자들을 공격했다. 나쁜 루터파는 성직자들의 보물들을 빼앗기 위해 복음을 악용하는 자들이었고, 거짓된 교황주의자들은 어떤 일을 저질러도 처벌을 받지 않고 물질에 눈이 먼 자들이었다. 그렇다고 카피토가 교회 분열을 조장하려고 하지 않았다. 순교자들, 경건한 자들, 성령께서 거하시는 교회에 머물고 싶었다. 이런 면에서 볼 때 카피토는 젤과 뜻을 같이하기로 굳게 결심한 것을 알 수 있다.

1523년 7월 9일 카피토는 시민권을 구입하려고 했다. 그 이유는 마틴 부써의 경우 6월 16일 추방위기에 직면했으나 시민권을 보유하고 있었기 때문에 시의회의 보호를 받았다. 이것을 아는 카피토로서는 시민권을 구입해서라도 개혁운동에서 벗어나지 말아야 한다고 여겼기 때문이다.[28]

아무튼 스트라스부르 감독 기욤은 카피토와 젤의 설교를 문제 삼아 그들을 추방시키려고 시도했다. 이에 대해 카피토는 자신들은 오직 성경과 하나님의 영에 대해서 전파했다고 변호했다. 오직 성경을 강조한 루터의 입장을 카피토는 지지하고 고수했다.[29] 교황청의 권위 역시 성경에서 나와야 한다고 강조했을 뿐만 아니라 종교회의 역시 성경의 권위 밑에 있음을 강조했다. 점차적으로 그는 로마 교회 밖에 있는 자신을 발견하기에 이르렀다. 1523년 중엽~1524년 초에 이르러 카피토는 의도했던 중립적 자세에서 멀리 떨어져 점차적으로 종교개혁으로 옮겨갔다.

개혁자들이 자신들의 새로운 가르침을 전파하는데 가장 일반적인 방법은 설교였다. 그의 설교가 로마 교회에겐 문제가 될 수밖에 없었고 비난을 받을 수밖에 없었다. 이에 대해 9월 21일 젤과 카피토는 시의회에 청원하여 공청회를 요청했다. 하나님의 진리에 근거하여 평화를 되찾아야 한다고 강조했다. 그는 도시를 논쟁을 통해 개혁하려고 시도하지 않았다. 자신의

---

28) Kittelson, *Wolfgang Capito*, 97.
29) *Entschuldigung*, sig. HHij(v)–HHiij(v).
30) Kittelson, *Wolfgang Capito*, 102.

성직록 상실을 방지하게 위해 이런 청원을 했을 수도 있었다. [30] 로마 교회에 머물면서 개혁하려는 의지를 떨쳐버릴 수 없었다.

10월 18일 토마스교회(Thomaskirche)를 뒤흔드는 사건이 일어났는데 그것은 안톤 피언(Anton Firn)결혼이었다. 4년 동안 가정부로 활동하던 여인과 결혼했다는 것이다. 이에 대해 감독 기욤은 성직자의 결혼을 금지하는 누렘부르크 의회의 결정을 기억시키며 파직시켜야 한다고 고발했다. 그런데 젤도 12월 3일에 결혼했고, 이어서 여러 성직자들도 결혼했다. 1524년 1월 피언, 젤 및 결혼한 성직자들은 감독 앞에 소환되었다. 시의회는 결정을 쉽게 내리지 못하자 감독은 교회 문에 그들을 출교시킨다는 서신들을 붙였다. [31] 이에 대해 카피토는 원리론적으로 인정하였기에 결정에 대해 유보해달라고 청원하였다. 또 글을 써서 결혼으로 인해 성직자들을 출교시킬 수 없다고 반박하였다.

1524년 봄, 보다 심각한 사건이 일어났다. 그것은 알사스에 있는 아우구스티누스 수도회에 속한 콘라트 트레게르(Konrad Treger)가 개혁자들의 도덕성을 거론하면서 성경보다 제도적 교회가 믿음의 문제에 있어 권위를 갖고 있다고 주장하였다. 그러면서 그해 3월 카피토, 젤 그리고 부써에게 도전했다. 3월 22일 세 사람은 시의회에 요청하여 콘라트 트레게르와 논쟁할 수 있는 장을 마련해달라고 요청했다. 개인적으로 논쟁이 진행되었다.

트레케르는 로마 교회만이 거룩한 교회라고 강조했고 카피토는 하나님의 말씀이 교회를 만들었다고 강조하면 성경의 권위는 모든 종교회의, 교황들 및 교부들보다도 우위에 있다고 주장했다. 성경과 교회가 불일치하면 성경에 더 권위를 둬야 한다고 했다. 교회는 반드시 복음의 진리와 성경 진리만을 고백해야 한다고 했다.

5월 4일 카피토는 융상크트 페테르교회(Jung-Sankt-Peterkirche)에서 설교하면서 종교개혁 원리를 따르고 로마 가톨릭교회의 계급적 권위

---

31) Adolph Baum, *Magistral und Reformation in Strassburg bis 1529* (Strassburg, 1887), 33~36.

와 단절했다. 더욱이 1524년 8월 1일 결혼하므로 그의 개혁적 성향은 가장 잘 드러났다. 그의 아내는 15명의 시의회원의 딸 아니에 로텔(Agnes Roettel)이었다.

1524년 10월 카피토는 회심의 마지막 단계를 밟았는데 로마 가톨릭교회가 적그리스도라고 확신하였다는 것이다. 1526년 그는 자발적으로 성직록을 포기했다. 개인적으로 많은 영향을 끼친 에라스무스와의 친분도 단절했다. 자신을 비판하는 카피토에 대해 에라스무스 역시 좋아하지 않았다. 인문주의자에서 개혁자로 전환한 카피토는 오랜 시간과 과정을 밟아 찾았다고 말할 수 있다.

종교개혁자

성직자의 개혁

융상크트 페테르교회(Jung-Sankt-Peterkirche)의 설교권을 두고 감독과의 논쟁과 트레게르와의 논쟁에서 어느 정도 주도권을 장악하면서 카피토는 종교적 신앙의 회심이 일어났고 이제 스트라스부르에서의 개혁에 힘을 기울였다. 평화주의자로서 정치적 독특성을 가진 지도자가 되어 갔다. 스트라스부르의 개혁을 성공하려면 세속 권위자들을 동반자로 삼아야 하는 것은 당연한 것이었다. [32] 중세 시대에는 정교 유착은 교회를 어둡게 했는데 말기에 이르러 스트라스부르는 감독제 권위에서 벗어나자 성직자들과 타협하며 발전할 수밖에 없었다. 이에 따라 사제들은 헌법에 충성을 맹세하지 않아도 무방했고 각종 세금도 내지 않아도 무방했다. 그 대신 보호를 받기 위해 정한 납부금을 지불해야만 했다.

융상크트 페테르교회의 수석 사제였던 카피토는 이와 같은 제도를 개혁하고자 도시 권위자들을 1523년 4월에 만나 사제들도 시민권을 구입하여

---

32) James M. Kittelson "Wolfgang Capito, the Council, and Reform Strasbourg," *Archive for Reformation History* (1972): LXIII, 126-142.

당당히 한 시민으로 행동하도록 했다. 도시를 위해 정치적 목적을 성취하지 않도록 했으나 여전히 옛 관습에서 벗어나기 쉽지 않았다. 게다가 감독 기욤은 참사원들의 불평을 들어 옛 관습에 따른 성직자들의 특권을 요구했다. 이에 따라 11월 원로원 15명은 모든 성직자들에게 시민 권위에 맹세하도록 했다.

카피토는 과거 사제들이 로마 가톨릭교회에 맹세하고 도시 권위자들에게 맹세하는 것과 종교개혁 시기에 이르러 맹세하는 것의 차이를 구별해야 했다. 맹세하되 세속 권력을 장악하지 말아야 한다는 것이었다. 권위자들은 이것을 환영했지만 대부분의 사제들은 즐겁지 않아 반역자들로 돌변하기도 하고 도시를 떠나기도 했다.

1524년 8월 트레게르는 스트라스부르로 다시 돌아와 개혁자들을 후스파라 부르며 보헤미아를 뒤엎었던 자들처럼 스트라스부르를 전복시키려 한다고 비난했다. 그러자 원로원은 그를 도시에서 추방했다. 이에 대한 결과는 좋지 않아 종교개혁은 무질서로 변화할 수밖에 없었다. 이에 따라 카피토는 부써의 권면에 따라 논문을 써서 자신과 동역자들이 이단자 혐의에서 벗어나게 하고 평화가 방해받지 않도록 노력했다. 성경이 믿음의 문제에서 최종적 권위라고 주장했다. 또 복음을 위해서라면 폭력까지도 허용될 수도 있다고 밝혔다.

1524년 가을 카피토는 스스로 스트라스부르의 평화와 좋은 질서를 위해 개혁 운동에 뛰어 들었다. 원로원을 설득하여 개혁에 앞장 서 줄 것을 원했다. 예배는 복음적 설교의 결과로 변화를 가져왔고, 예배 참여자들은 성찬의 두 요소를 받았고, 미사는 독일어로 진행되었다. 모든 설교는 성경에 근거해야만 했지만 목회자들에게 쉽지 않았다. 각종 미신적 관습들을 사용할 수밖에 없었기에 8월 31일 원로원에 자신들이 마련한 개혁안을 제출하기에 이르렀다. 그 내용은 철저하게 하나님의 말씀이 의, 평화 및 기쁨을 줄 뿐만 아니라 일시적 권위에도 충성을 실행해야 한다는 것이다. 촛불, 십자가 긋는 것, 미사 및 기타 다양한 미신적 고안물들을 금지해야 한다고 청원했다. 이 청원을 15인 시의회는 거절하면서 정치적 안정만 아니라 참된 종교는 종교적 개혁들을 요구했다는 결론을 내렸다. 그러자 9월 5일 원로원도 시민들이 자진하여 교회에서 제외되는 것이 불법이라고 결론 내렸다. 이에 따라 권위자들도 도시가 하나의 종교적 관습들을 요구했다고 믿지 않았다.

평화적 해결

한 달 후 급진파 종교개혁자로 작센에서 추방당한 안드레아스 칼슈타트가 4일 동안 스트라스부르에 머물렀다. 숨어 지내면서 시민들을 부추겨 직접 개혁들을 주도해야 한다고 하며 이에 대해 카피토는 츠빙글리에게 다음해 2월 서신을 썼다. [33] 칼슈타트는 평화적 개혁에 위협을 주려고 했으나 칼슈타트는 그것에 흔들리지 않고 자신의 견해와 자세를 유지했다. 개혁을 위한다고 하여 미사에서 섣불리 행동을 취하지 않도록 했다.

이처럼 카피토는 스트라스부르의 정치적이고 합법적인 질서를 지키면서 개혁되기를 노력했다. 누구도 그가 바랐던 것처럼 사건들을 주도하는 자가 없었다. 그 대표적인 실례가 독일에서 1524~1525년에 일어난 '농민전쟁'이었다. 이런 공포가 스트라스부르에 휩쓸지 못하도록 하는데 카피토는 힘을 기울였다. 자신과 개혁자들은 조롱의 대상자들이 되곤 했다. 자신의 책들이 불에 타는 경우도 있었으나 카피토는 침묵했다. 루터가 농민전쟁에 대한 반응과 카피토의 반응은 달랐다. 루터는 『농민들의 살인과 약탈에 대해』(Wider die Mordischen und Reubischen Rotten der Bawren)를 써서 폭력을 진압해야 한다고 군주 편에 섰지만 카피토는 사회적 고통과 복음이 섞이는 것은 신성모독에 해당된다고 보았다. 어떻게 보면 그 문제에 대해 무관심했다고 볼 수 있다. 평화주의자였던 그에겐 당연한 자세였다고 보인다. [34]

---

33) A. Baum, 87~88.
34) Kittelson, *Wolfgang Capito*, 122.

교리 개혁

1525~1529년 미사 철폐에 대해 스트라스부르 설교자들과 논쟁했다. 먼저 그는 1525년 참사위원들에 대항하여 변증서를 썼는데 미사에 관한 내용이 들어 있었다. 미사는 희생 제물로 생각되기에 성경에 어긋난다고 했다. 선행으로 이해될 수 있기에 믿음에 반대된다고 했다. 화체설을 근거로 하여 죄인이 그리스도의 삶, 죽음 및 부활을 신뢰하기보다 미사를 신뢰하도록 하기 때문에 부적절한 의식이라고 했다. 결국 미사는 그리스도를 부인할 뿐 아니라 2계명인 다른 신을 두지 말 것이라는 명령을 어기는 것이라고 했다. 어리석은 미신적 차원을 떠나서 신성모독이라고 정죄했다. 헛된 형식주의에 대한 인문주의적 비판이 아니라 복음 개혁자로서의 교리적 입장으로 바뀌진 그의 자세를 볼 수 있다.

이러한 그의 입장을 지지하는 시민들은 시의회에 미사를 억제해야 한다는 청원을 올렸다. [35] 1525년 4월 목회자들은 미사를 대신하여 단순한 예배를 제안하면서 시편으로 노래하고 성경 구절들을 정기적으로 읽고 설교에 그것들을 설명할 것을 강력하게 추진했다. 성찬식에서도 빵과 포도주를 일반 신자가 받을 수 있도록 했다. 원로원에 권면하여 개인적 미사를 금지해야 한다고 했다. 동시에 수도원들을 해산시켜야 한다고 제안했다. 이런 제안은 1524년 8월에도 미사 철폐에 관한 제안을 올린 적이 있었다. 1525년 7월 권위자들은 성찬에 관한 지침을 발표했다. 독일어로 성경을 읽고 그 본문에 관련된 설교를 하도록 했다. 성경에 어긋나는 어떤 것도 말하지 못하도록 했다. 라틴어로 진행되는 성찬을 금했다. 하지만 개혁자들의 의도와는 달랐다. [36] 미사 철폐까지 이르지 않았기 때문이다. 단지 수정을 가했을 뿐이었다.

그래서 다시금 미사 철폐를 위해 목회자들은 청원하려 하였으나

---

35) Miriam Usher Chrisman, *Strasbourg and the Reform. A Study in the Process of Change*, vol. 87 (New Haven, Conn.: Yale University Press, 1967), 148~150.
36) Chrisman, 150.

1525~1526년 폭력의 조짐이 있어 머뭇거리고 있었다. 광란자들은 카피토의 집으로 몰려와 소동을 벌이기도 했다.[37] 카피토는 츠빙글리에게 서신을 써서 이 상황에서 자신이 하나님의 말씀에 따라 어떤 자세를 취해야 하는지에 대한 조언을 부탁했다. 미사는 증오스런 것이고 하나님을 대항하는 가장 신성모독적인 것이며 기독교의 권위자에 의해 철폐되어야 하는 것을 확언했다. 구약성경에서 우상숭배를 일삼는 이스라엘에 대한 선지자들의 심정을 가졌다.

미사 철폐 권한은 원로원에 있기에 1527년 말 카피토는 다시금 목회자들과 함께 교회를 개혁하든지 하나님의 진노를 직면하든지 결정하라고 청원했다. 교황주의자들이 제안한 예배 수정안에 대해 개탄하면서 카피토는 츠빙글리처럼 시민 권위를 의존하려고 했으나 스트라스부르 원로원은 마지못해 수정안을 수용한 것을 다행으로 여겼다. 그렇게 오랫동안 진행된 미사 철폐는 마침내 1529년 2월 21일에 성취되었다. 카피토는 원로원을 설득시키는데 성공했다. 계속적으로 카피토는 종교적 개혁과 공공의 질서를 함께 진행되어야 한다고 주장했다.

성찬 논쟁

개혁자로서 카피토는 두 가지 원리를 가졌다. 하나는 참된 종교적 개혁이 평화적으로 성취되어야 한다는 것이고, 다른 하나는 교회 연합에 당연한 추론이었다. 1520년대와 1530년대 초 개혁 운동은 분열의 조짐이 싹트고 있었다. 1524년 10월 칼슈타트가 스트라스부르에 와서 개혁파 내에 교리적 분류가 있음을 알렸다. 그것은 성찬론에 관한 것이었다. 칼슈타트의 견해는 그리스도의 몸과 피의 상징인 빵과 포도주이고, 그리스도께서 그 요소들 안에 육체적으로 임재하지 않는다는 것이었다. 성찬의 효력은 수찬자의 믿음에 달려 있다고 보았고 그리스도의 십자가 못 박히심에 참여

---

37) A. Baum, 155.

하므로 영적 양분을 받는다고 주장했다. 이에 반해 루터는 집행자의 영의 상태와는 상관없이 그리스도는 주님의 성찬에 육체적으로 임재한다고 주장했다. 이 견해 차이는 개혁 운동을 분열시킬 만큼 큰 문제였다.

카피토는 급진파 칼슈타트(Andreas Bodenstein von Karlstadt)에 대해 좋은 감정을 가지고 있지 않았다. 교회를 무질서하게 만들 수 있다고 판단했기 때문이다. 그는 교리적 논쟁을 완화시키는데 힘을 쏟았다. 성찬에 대한 그의 견해는 이러했다. 그분의 몸과 피를 기억하므로 주님의 빵과 포도주만으로 우리 믿음이 자라나야 한다는 것이다. 성찬은 영적인 기억이라고 가르쳤다. 1524년 10월 이전 카피토는 요소들에 대해 분명한 이해를 하고 있었으나 스트라스부르 다른 개혁자들은 그렇지 못했다. 칼슈타트가 방문하기 전 부써는 카피토의 견해에 동의하지 않았다. [38] 하지만 카피토는 그를 설득시켜 영적으로 이해하도록 이끌었다. 그는 츠빙글리와 루터에게 서신을 써서 성찬의 기념설을 인정하면서 논쟁을 피할 것을 제안했다. 이런 면에서 볼 때, 스트라스부르 개혁자들은 츠빙글리의 견해를 따랐다고 볼 수 있다. 츠빙글리는 답장에서 그리스도의 몸과 피의 상징들임을 분명하게 밝혔다.

실제로 부써의 관심을 미사의 판매를 성직매매로 고발하는 것이었다. 부써와 카피토는 모든 자들이 자신들의 견해에 동의하기를 바랐지만 쉬운 일이 아니었다. 츠빙글리와 외콜람파디우스만 아니라 루터와도 성찬에 있어 일치하기를 바랐지만 매우 힘들었다. 성찬을 이해하는데 있어 논쟁하는 것을 무의미하다고 그는 판단했다. 불신자들에겐 의미가 없다고 보았다. 또 구원에 필수적인 것도 아니고 중요한 것도 아니라고 했다. [39]

---

38) 부써에 관해선 Hastings Eells, "The Genesis of Martin Bucer's Doctrine of the Lord's Supper," *Princeton Theological Review*, XXIV (1926): 225-229, and Robert Stupperich, "Strassburgs Stellung im Beginn des Sakramentstreits," *Archiv für Reformationsgechichte*, XXXVIII (1941): 249-262. 최근 작품으로선 James M. Kittelson, "Martin Bucer and the Sacramentarian Controversy: The Origins of his Policy of Concord," *Archive for Reformation History*, LXIV (1973): 166-183을 참고하기 바란다.

39) Vogt, 41.

카피토의 노력에도 불구하고 논쟁은 뜨겁게 일어났다. 논쟁의 불씨는 부써였다. 그는 그리스도의 몸이 육체적 의미보다 성례의 의미로 요소들과 함께 한다고 루터가 주장했다는 것이다. 이 문제는 그렇게 쉽게 가라앉혀지거나 일치하기에 불가능한 것처럼 보였다. 1529년 4월 2차 슈파이어 의회가 로마 가톨릭의 일방적인 우세로 끝나자 헤센의 필립 1세는 1529년 10월 말부르크로 루터, 멜랑흐톤, 츠빙글리와 외콜람파디우스, 부써와 헤디오를 초청했다. [40] 정치적 연합을 위한 기초를 쌓자는데 취지가 있었다. 결과는 허사로 돌아갔다. 카피토는 몸이 불편하여 이 담화에 참석하지 못했다.

성찬 논쟁에서 카피토는 일치를 우선순위 두었지 성찬론에 큰 관심을 가지지 않았다. 이에 따라 부써는 츠빙글리와 루터의 입장을 포함하는 어떤 형식에 대한 개요를 작성했다. 또 스트라스부르에서 미사가 철폐되기를 바라는 마음에서도 이것을 작성했다. 이것은 1530년 작성된『테트라폴리타나 고백서』(confession Tetrapolitana) [41] 또는『스트라스부르 고백서』라 불린다. 개혁교회의 최초의 고백서라 말할 수 있다. 부써가 카피토의 도움을 받아 만든 것이다. 23장으로 구성된 이 고백서는『아욱스부르크 고백서』와 유사하다. 결과는 긍정적이지 못했다. 논쟁을 통해 서로에게 상처를 줬을 뿐 일치란 불가능했다. 이런 가운데서도 포기하지 않는 부써의 노력으로 1536년 5월 29일 비텐베르크 협약(Wittenberg Concord)을 맺게 되었다. [42] 그리스도의 몸과 피의 실제 임재에 관련하여 차이점들을 해결했던 결과였다. 하지만 스위스인과 작센인들 간에 있는 갈등을 해결하지 못

---

40) 말부르크 담화에 대한 자세한 내용은 Walter Köhler, *Zwingli und Luther, Streit über das Abendmahl nach seinen politischen und religiösem Beziehungen* (Gütcrsloh, 1953), II, 1-164를 참고하기 바란다.

41) 테트라는 4라는 의미고, 폴리타나는 도시이기에 네 곳의 도시의 고백서라는 뜻이다. 스트라스부르, 콘탄츠, 멤밍겐 및 린다우이다.

42) Jill Raitt, "The Emperor and the Exiles: The Clash of Religion and Politics in the Late Sixteenth Century," *Church History* (Cambridge University Press, 1983) 52 (2): 145-156. John McNeill, "Calvin's Efforts toward the Consolidation of Protestantism," *The Journal of Religion* (The University of Chicago Press, 1928) 8 (3): 411-433.

했고, 루터파는 수용했으나 개혁파는 수용하지 않았다.

카피토는 연합과 형제의 사랑으로 정말 일치하기를 갈망했으나 모든 것이 수포로 돌아가는 것을 안타깝게 생각했다. 그에겐 참된 종교가 불일치와 증오에 이른다는 것을 용납할 수 없었다. 언젠가 보다 따뜻한 심정을 가지고 성경에 근거한 연합이 있을 것이라고 소망할 뿐이었다. 언쟁이 결코 일치를 이끌어 낼 수 없음을 알았다. 가장 중심적 교리는 구원은 오직 그리스도만으로 이뤄진다는 것을 확신했다. [43] 이런 면에서 말씀 선포는 구원에 있어 매우 중요했다고 확신했다.

급진파에 대해

새로운 교회를 세워야 하는 시점에서 카피토는 신앙의 항목과 행정적인 절차가 요구된다는 것을 알고 있었다. 그렇다고 개혁 운동과 함께 일어난 신흥종파를 새로운 교회에 포함시켜야 하는 것에 관해선 회의적이었다. 신흥종파들 중 가장 중요한 종파는 재세례파(Anabaptists)였고 이들이 가진 잠재적 위험은 분리주의였다. 재세례파라는 용어는 광의적 의미로 이단성 있고, 모반적이고 그리고 반항적인 비국교도라는 의미를 갖고 있다. 사회주의적 환상이나 혁명을 도모하기보다 참된 종교를 추구하는 측면에서 프로테스탄트 계열에 포함시키곤 한다. 하지만 이들은 유아세례를 부인하는 것과 재세례를 사도적 기독교에 근거한 신자들의 교회를 창조하고자 하는 표지로 보았다. 참되고 중생한 기독교들은 죄악된 세상과 거래를 해선 안된다고 가르쳤다. 결국 로마 가톨릭교회든 프로테스탄트 교회든 기존 교회들로부터 스스로 분리의 길을 걸었다. 분리파는 혁명가들이 아니지만 세속 권위에 충성을 맹세하지 않고, 집총을 거부하고 도는 세속 권위와 협력하거나 지지를 받는 교회에 속하는 것을 거부했다. 이런 것을 유해한 것이라고 보았기 때문이다. [44]

43) Kittelson, *Wolfgang Capito*, 168.

16세기에선 위와 같은 가르침은 모반적이고 이단성 있는 자로 여겼다. 이런 면에서 재세례파는 핍박을 받아 유럽 전역을 전전긍긍하며 도피생활을 일삼을 수밖에 없었다. 스트라스부르는 다른 유럽 도시와는 달랐다. 관용적이었다. 종교적 견해 차이로 그곳의 재세례파는 처형을 당하지 않았다. 그래서 급진파에게 이 도시는 매우 매력적이었다.

1526년 처음으로 몇 명의 분리파가 스트라스부르에 들어왔다. 이에 대해 1527년 원로원은 그들을 반대한다는 성명을 발표했다. 그런데 1528년 아욱스부르크에서 급진파를 추방시키자 많은 급진파가 스트라스부르로 몰려왔다. 임시방편으로 그들에 대한 방안으로선 적절한 대책이 세워지지 않는다는 것을 알게 된 목회자들과 원로원은 1533년 회의를 개최하여 교리적이고 조직적인 규범을 마련하였다. 1534년과 1535년 분리주의를 반대하는 법령을 발표하였다.

카피토는 마태우 젤과 함께 종교적 비국교도에게 관용적으로 대했다. 이것을 증명이라도 하듯이 1527년 로텐부르크에서 처형을 당한 재세례파 지도자 미카엘 자틀러(Michael Sattler)에 대해 부당성을 주장했다. 그렇다고 그가 종교적 복수주의를 수용한다는 것은 아니었다. 그는 재세례파를 개종하는데 힘을 쏟았지 억압하는데 힘을 쏟지 않았다. 본질적인 것만 인정되면 나머지는 그에게 그렇게 중요하게 여겨지지 않았기 때문이다. 또 그들의 개인적 경건에 대해 깊게 감명을 받았다. 신앙은 개인의 자유라고 보았다. 단 행위가 스트라스부르의 교회와 정치 질서에 위협이 되지 않는다면 언제든 환영했다. 그렇다고 재세례파를 개종시키려고 활동적으로 노력하지 않았다거나 그들의 가르침을 논박하지 않고 전적으로 수용했다는

---

44) Franklin Hamlin Littell, *The Anabaptist View of the Church. A Study in the Origins of Sectarian Protestantism* (Boston, 1958), 86-94; 101-108. "radical Reformation"라는 용어에 관해서는 George Huntston Williams, *The Radical Reformation* (Philadelphia, 1962), xxiii-xxxi를 참고하라. 재세례파에 대한 루터파 견해를 알기 원하면, John S. Oyer, *Lutheran Reformers against Anabaptists, Luther, Melanchthon, and Menius and the Anabaptists of Central Germany* (The Hague, 1964), 6-40; 114-139. "radicals"라는 용어는 스트라스부르에선 재세례파를 의미한다. 어떤 경우에는 "radical," "separatist," 또는 이따금 "religious dissident," "dissenter"라고 표현하기도 한다.

것은 아니다. [45]

카피토는 영성주의자는 아니지만 '영' 또는 '영적 길'이란 단어를 항상 사용했지만 그것이 그리스도를 지칭하는 것이었다. 재세례파가 영성파라고 말하지만 그들에게서 유일한 만족이 그리스도라는 견해를 보지 못했다는 면에서 그들을 공격하는 이유가 되기도 했다. [46] 또 그들을 공격했던 다른 이유는 유아세례였다. 카피토의 유아세례관은 할례를 대신하는 것이나 하나님의 명령으로 인정했다는 것에 기초하지 않는다. 예정론에 근거하여 유아세례를 인정했다고 볼 수 있다. [47]

카피토의 관용에 관한 것은 반삼위일체론자로 유명한 미카엘 세르베투스(Michael Servetus, 1509~1553년)를 수용했다는 것이다. 1531년 그는 스트라스부르에 이르렀는데 이미 외콜람파디우스는 7월 18일 부써에게 세르베투스의 이단 서적인 *De Trinitatis Erroribus*에 대해 경고한 적이 있다. 하지만 카피토가 그를 너그럽게 대했다고 9월 17일에 비판했다. 부써 역시 카피토가 신중하게 행동하지 못했다고 비난했다.

인문주의자로서의 카피토는 그리스도만이 구원의 근원이심을 믿는 자들 가운데 형제의 사랑에 기초한 연합과 세속 권위들의 권력에 의존하는 기존 교회를 동시에 만족시킬 수 없다는 것을 깨달았다. 그가 선택한 것은 관용이었다. 루터와 차이점이 있다면 신학적인 면이 아니라 세속 권위들에 기인되는 높은 도덕성을 요구했다는 것이다. [48]

인문주의 개혁자

참된 교회의 일치와 연합에 대한 카피토의 노력은 하나의 떠돌아다니는 노래라고 볼 수 있다. 개혁자들 중 일치란 없었다. 1529년부터 그의 건강

45) Roland H. Bainton, *Erasmus of Christendom* (New York: Scribner, 1969), 260~262.
46) Kittelson, *Wolfgang Capito*, 183.
47) Ibid., 185.
48) Ibid., 206.

은 나빠지기 시작했는데 1531년엔 식은땀을 흘릴 정도로 쇠약해서 오는 질병으로 인해 사역을 수행하는데 많은 지장을 받았다. 1541년 10월에 1,200명에 이르는 사람들이 역병으로 죽었고 그도 11월 2일 세상을 떠나고 말았다.

1522~1524년 깊은 종교적 변화를 그가 겪었는지 분명하지 않다. 그는 1533년 에라스무스의 '교회 연합에 대한 수정'(On Mending the Unity of the Church)을 독일어로 번역하고 마인츠의 알브레히트에게 헌정했다. 여전히 이 시기에도 그는 인문주의자로 있었다는 것을 알 수 있다. 그는 스트라스부르의 개혁자로 행하는 것보다 마인츠 또는 바젤에서 인문주의자로 행했던 것과 같은 개념으로 개혁을 실천했다. 1524년 이후에도 인문주의 배경을 엿볼 수 있다. 스위스인과 루터파 간의 일치와 급진파에 대한 관용적 태도가 이것을 증명한다고 볼 수 있다. 에라스무스의 영성주의에서 그는 벗어나지 못했다고 여겨진다. 그는 사상가였다. 구원에 이르는 방법에 대한 이해만 아니라 배우고자 하는 종교적 가치와 위치에 대한 견해가 바뀐 적은 틀림없다. 인식적 가치와 행위로 인해 그는 인문주의에서 종교개혁으로 전환되었다고 여겨진다. [49]

카피토의 지성적 삶은 다른 개혁자들처럼 인문주의적이었다. 개혁에 대한 설교를 매일 하면서도 특별히 구약성경에 치중했다. 하박국, 호세아 및 창세기 5권에 대한 주석을 썼다. 1527년 호세아를 히브리어에서 독일어로 번역한 최초의 개혁자였다. 스트라스부르에는 대학교가 없었지만 부써와 함께 카피토는 작은 단체를 만들어 강의했다. 하박국, 호세아, 말라기, 요나, 이사야 그리고 바울 서신 등이었다. 1525년에 히브리어 문법책의 3판을 출판하여 에라스무스에게 헌정했다. 1526년에는 탈무드를 연구하곤 했다.

철학자들 중 플라톤과 아리스토텔레스를 안내자로 삼았는데 평화가 이교 정부의 목적이라는 개념은 아리스토텔레스에게서 가져왔다. 개혁자들

---

49) Ibid., 208.

은 교육적 개혁으로 인문주의를 종교개혁에 이식했다. 루터나 멜랑흐톤처럼 카피토 역시 이 범주에서 벗어나지 않았다. 그는 인문주의자였기에 교육적 개혁이 얼마나 중요한지 알고 있었다. 아리스토텔레스의 논리학이나 물리학을 추천하기도 했다.

1526년 카피토는 언어와 역사의 필요성을 강조했을 뿐만 아니라 이런 인문주의적 기교의 부재가 가장 경건한 학자들의 주석들의 운명을 정했다고 판단했다. 주석의 오류를 일으키는 세 가지는 역사에 대한 무지, 언어에 대한 경멸 그리고 예언적 믿음에 대한 혼동 등이다. 이런 세 가지가 의미해지면 어리석은 어두움에 빠지고 말 것이다. 이런 내용들은 하박국 주석에 잘 드러난다. 이 세 가지는 출판된 모든 주석들에 잘 반영되었다가 점차적으로 교의적 관심이 언어적이고 문법적 관심들을 뛰어 넘었다.

결론적으로

한 개인의 경력 상 인문주의와 종교개혁의 관계에 일반화 시키는 것은 위험한 일이다. 카피토의 생애는 이런 면에서 교훈적인데 그는 인문주의에서 종교개혁으로, 에라스무스에서 루터로, 전환했기 때문이다. 1510년대 그는 젊은 인문주의자들 중 가장 탁월한 학자였다. 그는 자유 제국도시에 종교개혁자가 되었다. 그 도시는 종교개혁 시대에 모든 종교적, 정치적 그리고 사회적 문제들을 경험했다. 그렇다면 그는 이상적인 인문주의자에서 변화된 개혁자라고 말할 수 있다.

카피토의 생애는 실제 상황들보다 이상적인 영역에 있었다고 말할 수 있다. 옛 교회 안에 머물고 있었던 때에 루터의 신학의 동기부여로 개정하게 되었다. 1522년 루터의 가르침을 선택했음에도 불구하고 1523년 중엽까지 개혁에 대해 갈등을 겪었다. 계속하여 성직록을 갖고 있었고 중류계층을 유지했다. 루터의 복음적 신학은 변화의 최첨단이었다.

인문주의자로서의 카피토 생애의 핵심은 교리적 주장들에 대한 지식과 가치에 대해 기본적으로 회의적이었다. 지성적 활동에 힘쓴 이탈리아 인문주의자들와 에라스무스처럼 카피토는 교리들을 구두로나 육체적으로 투쟁하는 것이 무가치하다고 여겼다. 다른 측면에서 회생의 본질적인 요소는 루터와 같았다. 종교개혁자가 된 후 더 이상 조명된 경건을 되풀이하여 가르치지 않고 참된 교리를 가르쳤다.

참고문헌

Bainton, Roland H. *Erasmus of Christendom*. New York: Scribner, 1969.

Baum, Adolph. *Magistral und Reformation in Strassburg bis 1529*. Strassburg, 1887.

Chrisman, Miriam Usher. *Strasbourg and the Reform. A Study in the Process of Change*. Vol. 87. New Haven, Conn.: Yale University Press, 1967.

Eells, Hastings. "The Genesis of Martin Bucer's Doctrine of the Lord's Supper". *Princeton Theological Review*. XXIV (1926): 225–229.

Henrifi Cornelii Agrippae ab Nettesheym armalae equitis aurati, et iuris utriusque at mtditinae Doctor Opera. Lugduni, n. d.

Kittelson, James E. *Wolfgang Capito from Humanist to Reformer, in Studies in Medieval and Reformation Thought*. Edited by Heiko A. Oberman. Vol. XVII. Leiden: E. J. Brill, 1975.

_____. "Martin Bucer and the Sacramentarian Controversy: The Origins of his Policy of Concord". *Archive for Reformation History*. LXIV (1973): 166–183.

_____. "Wolfgang Capito, the Council, and Reform Strasbourg". *Archive for Reformation History* (1972). LXIII. 126–142

Köhler, Walter. *Zwingli und Luther, Streit über das Abendmabl nach seinen politischen und religiösem Beziehungen.* Gütcrsloh, 1953.

Littell, Franklin. *Hamlin The Anabaptist View of the Church. A Study in the Origins of Sectarian Protestantism.* Boston, 1958.

Mayer, Hermann, ed. *Die Matrikel der Universität Freiburg im Breisgau von 1460 bis 1656.* Freiburg, 1907.

McNeill, John. "Calvin's Efforts toward the Consolidation of Protestantism". *The Journal of Religion.* The University of Chicago Press, 1928.

Pollet, J. V. Martin Bucer. *Etudu mr Ia correspondance avec des nombreux textes inédits.* Paris, 1959.

Raitt, Jill. "The Emperor and the Exiles: The Clash of Religion and Politics in the Late Sixteenth Century". *Church History.* Cambridge University Press, 1983. 52 (2): 145-156.

Spitz, Lewis W. *The Religious Renaissance.* of the German. Cambridge, Mass.: Cambridge University Press, 1963.

Stupperich, Robert. "Strassburgs Stellung im Beginn des Sakramentstreits". *Archiv für Reformationsgechichte.* XXXVIII (1941): 249-262.

Sturm, Johannes loan. *Sturmii et Gynasii Argentoratensis Luctus ad Joachi-mum Camerarium in Bibliotheque nationale et universitaire de Strasbourg.* Argentorati, 1542.

Vogt, O. ed. Dr. *johann Bugenhagens Briefwechsel.* Stettin, 1888.

레오 유트의 생애와 사상

황정욱 (한신대학교, 교회사)

1. 들어가며

레오 유트(Leo Jud)의 아들 요하네스(Johannes) 유트는 우리에게 자기 부친의 전기를 남겨 주었다: "이전 취리히 교회의 목사였던 레오 유트의 삶과 죽음, 족보와 가족, 자녀들과 친족에 관하여. 1574년."[1] 그러나 요하네스 유트의 전기는 역사적 자료로 이용하는 데 한계가 있다. 왜냐하면 1542년 그의 부친이 사망했을 때, 요하네스는 불과 5세였기 때문이다. 그는 모친이나 친척들, 불링거(Bullinger)로부터 전해들은 이야기를 가지고 전기를 재구성했다. 따라서 레오 유트의 생애를 재구성하는 작업은 매우 힘들다. 현재까지 단행본으로 출판된 레오 유트 전기는 한정되어 있다: 1860년 페스탈로치(Carl Pestalozzi)가 최초로 그의 전기를 출판한 후,[2] 1942년 바이스(Leo Weisz)의 전기와 1976년 비스(Karl H. Wyss)의

---

1) De Vita et Obitv ... viri Domini Leonis Judae, olim ministri Ecclesiae Tigurinae, quae est apud D. Petrum Farrago Anno Domini 1574. *Zentralbibliothek Zürich*(이하 *ZBZ*): MS G 329. 이 수고 본은 1724년에 인쇄되었다. *Karl-Heinz* Wyss, *Leo Jud*(이하 Wyss), 13 참조.
2) Leo Judae. *Nach handschriftlichen und gleichzeitigen Quellen*, Elberfeld 1860.

전기 정도이다.

2. 유년기

레오 유트(Leo Jud = Juda; Judas = Leo Keller, 1482-1542)는 1482년 알자스 남부 리보피에르(Ribeaupierre: Rappoltstein)에서 태어났다. 그의 부친 요하네스 유트는 교구 사제였고, 그의 교구는 바젤 주교 예하에 있었다. 당시 가톨릭 사제가 여인과 동거하는 일은 큰 문제가 되지 않았다. 그의 모친 엘자(Elsa)는 공식적으로는 사제관의 가정부였다. 요하네스 유트는 엘자와의 사이에서 레오와 그의 여동생 클라라를 얻었다. 부친 요하네스는 1499년경 사망했다. 그의 가족 성(姓)이 암시하듯이, 유트는 유대인과 연관이 있다. 레오 유트는 자신의 성 때문에 조롱을 받았다고 한다.[3] 그가 후일 레오 켈러(Leo Keller)라는 가명을 사용한 이유도 여기에서 설명될 것 같다. 그의 성, 그리고 그가 사회적으로는 용인될 수 없는 사제의 아들이라는 사실이 그로 하여금 자기 정체성에 대해 회의하게 만들었고 반가톨릭, 탈로마적 종교개혁 운동에 가담하게 만든 동기가 되었을 개연성이 다분히 있다. 그의 취리히 동료 목사들조차도 그의 유년기에 대해 정확히 아는 사람이 없다: 예를 들어 베른하르트 비스(Bernhard Wyss)와 불링거는 그가 바젤에서 출생한 것으로 알고 있으며, 대부분의 취리히 사람들은, 상크트-페터 교회의 목사의 성이 유트임을 알지 못하였다. 그들은 그를 마이스터 '레오' 혹은 '레우'(Leu)라고 불렀다.[4]

1542년 6월 그는 이렇게 고백한다: "나는 젊어서 교황 파에서 살았으며, 거기서 그 종교의 관습에 따라서 많은 일을 행했다. 마침내 나는 아인지델른(Einsiedeln)에서 복음을 배웠으나 거기서도 많은 유혹 때문에 합당하게 살지 못했다. 여기로 왔을 때 그리스도를 섬기게 되었다."[5]

3) Wyss, 20.
4) Wyss, 24 참조.
5) Confessio Leonis Judae, mense Junio 1542. Wyss, 25, n. 63.

레오 유트는 유년기에 인근 도시 셀레스타(Sélestat)의 라틴어 학교에 다녔다. 그러나 자료의 빈곤 때문에 유트가 언제부터 언제까지 라틴어 학교를 다녔는지는 알 수가 없다. 이 학교의 설립자 드링엔베르크(Ludwig Dringenberg)는 데벤터(Deventer)에서 학업을 이수했는데, 이곳은 공동생활 형제단의 본거지였다. 따라서 드링엔베르크는 현대적 경건(devotio moderna) 정신을 자신이 설립한 학교 학생들에게 고취하고자 노력하였고, 그의 후계자 크라토(Crato Hoffmann von Utenheim) 역시 그의 정신을 이어받았다. 현대적 경건의 목표는 인간들에게 그리스도의 모방을 통한 하나님과의 완전한 일치의 길을 열어 주는 것이었다. 여기에 더하여 그는 학생들에게 인문주의를 소개하였으니 고대 로마 저자들의 글을 읽게 하였다. 그는 고전을 성서에 이르는 준비 단계로 이해하였다.

레오 유트의 후대의 언어적 능력은 공동생활 형제단과의 관련성을 무시할 수 없다. 왜냐하면 공동생활 형제단은 백성에게 사랑을 실천하고 선포함에 있어서 대중적 언어를 구사해야 했으므로, 성서를 대중 언어로 번역하는 것을 필요로 했기 때문이다.

3. 청년기

1499년에 레오 유트는 바젤 대학교에 입학하였다. 그의 입학 기록은 바젤 대학교의 학적부에 남아 있다. 그런데 여기에는 흥미롭게도 "바젤 출신 레오 켈러"(Leo Keller de Basilea)로 기록되어 있다.[6] 레오는 유트라는 성을 숨기고자 켈러라는 성을 사용했던 것으로 보인다. 바젤 대학교 학적부에 의하면 유트는 대학 강의와 병행해서 2년간 약사 수업을 받았다.

그가 바젤 대학교에서 어떤 강의를 들었는지는 알 수가 없다. 어쨌든 3년 후 그는 바젤 대학교에서 프라이부르크(Freiburg/Breisgau) 대학교로 학적을 옮겼다. 그는 이 대학교에 생티 폴리트 출신 레오 켈러(Leo

---

6) *ZBZ* G 329, 3r. Wyss, 25, n. 64.

Keller de Santo Ypolito)라는 이름으로 등록하였다.[7] 아마도 그 사이
에 그의 가족이 생티폴리트(St.-Hippolyte)로 이주한 듯하다.

유트는 프라이부르크 대학교에 등록한 후 수개월 안에 인문학 바칼라우
레스(Bakkalaureus) 학위를 취득했다. 그 후에도 그는 3년 정도, 그러
므로 1505년까지 프라이부르크에서 마기스터 학위 취득을 위해서 학업을
계속했다. 당시 인문학 수료생들이 읽은 책은 주로 아리스토텔레스의 작품
들이었다. 1505년경 유트는 바젤로 돌아와서, 마기스터 비텐바하
(Thomas Wittenbach)의 강의를 들었다. 유트는 비텐바하의 강의에서
츠빙글리를 알게 되었다.[8] 그러나 1506년경 유트는 마기스터 학위 취득
을 포기하고 클라인바젤(Kleinbasel)의 상크트 테오도르 교회의 부제가
되었다. 그러나 이 시기에 있어 그에 관한 어떤 기록도 발견되지 않는다.

유트의 다음 행적은 파리에서 발견된다. 그는 인문주의자 슈필만(Jacob
Spilmann) 주변의 바젤 출신 학생들 서클에 가담하였다.[9] 그러나 유트가
파리 대학교에 등록을 했는지는 알 수 없다. 1510년 유트는 바젤 대학교
에서 재등록하였다. 이때 학적부에 그의 성 유트(Jud)를 만나게 된다.
1512년 유트는 인문학 마기스터(Magister artium) 학위를 취득하였다.

유트는 1519년 이전까지 생티폴리트에서 교구 사제로 일했다. 그러나
그의 활동에 대해서는 알려진 바가 없다. 1519년 6월 24일 유트는 아인
지델른(Einsiedeln)으로 떠났다. 유트의 출발 후 새로 온 사제 슈흐
(Wolfgang Schuch)는 5년 내에 생티폴리트에 종교개혁을 도입하였다.

한편 1516년에서 1518년까지 츠빙글리는 아인지델른에서 교구 사제로
활동하였으며, 이 시기에 그 나름의 종교개혁적 통찰에 도달하였다 – 물
론 이것을 즉각 종교개혁 운동으로 실행한 것은 아니다. 1518년 말 츠빙
글리는 친구 미코니우스(Oswald Myconius)로부터 취리히 대사원의 사

---

7) Die Matrikel der Uni Frieburg I. Br. von 1460-1656, Bd. 1, 148. Wyss, 26, n.67.
8) ZBZ G 329, 3r. Wyss, 28, n. 74.
9) 1509년 7월 22일 파리에서 슈필만은 바젤의 아머바하에게, "바젤의 레오 켈러가 온다는 소식을 들
  었다"고 쓴다: Amerbachcorrespondenz, I, 387, 45.

제직이 공석이라는 정보를 입수하고 취리히로 옮기로 결심했다. 유트와 츠 빙글리는 바젤 대학교에서 알게 된 이후에 계속 서로 연락을 취한 듯하다. 1518년 12월 17일 유트는 츠빙글리로부터 서신을 받는다: "나는 그대에 게 어떤 일이 일어났는지 그대 마음의 생각을 듣지 못했기 때문에…"[10] 아 마도 츠빙글리는 바젤의 친구들로부터 유트에 관한 소식을 들은 듯하다. 츠 빙글리는 유트를 자신의 후임으로 아인지델른 베네딕트회 수도원장 보(補) 로 추천하였다. 위 서신에서 츠빙글리는 유트에게 자기 후임자로 결정되었 음을 알려 주었다.[11]

4. 아인지델른 시기

1519년 6월 말에 유트는 마침내 아인지델른에 도착했다. 이 무렵 츠빙 글리 뿐 아니라 스위스 내 인문주의자들은 마르틴 루터의 등장을 열광적으 로 환영하였다. 그해 6월 츠빙글리는 루터의『평신도를 위한 주기도문 해 설』수백 권을 주문하였다. 츠빙글리는 유트에게도 이 책을 추천하였다. 유 트는 이에 응하여 이 책을 설교의 기초로 사용하였고 다른 사람에게 추천 하였다. 그는 당시 스위스 내의 영광적인 루터주의에 동조하였다. 루터는 이 책에서 성자 숭배, 행위의 의를 공격하고 믿음에 의한 칭의를 역설하였 다. 그러나 당시 유트가 루터의 종교개혁 사상을 무비판적으로 수용했는지 는 미지수다. 에라스무스 역시 성직 계급의 위선, 우둔함, 분쟁을 조롱하 였기 때문에, 루터가 성자 숭배, 사제들의 교양 수준, 형식적 기도, 분쟁 을 비판한 것은 새로운 일이 아니었다. 또한 루터의 글에서 도덕적 훈계가 큰 비중을 차지하고 있었으니, 곧 루터도 그리스도인의 삶을 죄에 대한 싸 움, 유혹에 대한 극복을 가르쳤다. 그러나 유트는 이 사상을 에라스무스가 『그리스도 병사의 핸드북』(Enchiridium militis Christiani)에서 주장

---

10) "cum tibi quedam accidisse non ex animi tui sentientia audirem…" *Huldreich Zwinglis Sämtliche Werke* VII, 119, 5f.
11) Wyss, 46f. 서신 전문 참조.

한 의미로 이해하였다. 그러므로 대부분의 지식인들처럼 그는 인문주의와 종교개혁 사이에 명확한 선을 긋기가 어려웠다. 1542년 그는 한 고백에서 "나는 아인지델른에서 비로소 복음을 배웠다"고 말했다.[12] 그러나 이 증언은 어디까지나 20년이 경과하여 종교개혁자가 된 후의 회고이므로 정확한 사실 보도로 보기는 어려우며 종교개혁적 관점으로 채색된 것으로 볼 수 있다. 어쨌든 이 증언을 근거로 해서, 유트가 아인지델른에서 종교개혁 사상을 처음 접했다고 추정할 수는 있다.

유트는 1519년부터 1522/23년까지 3년 반 가량 아인지델른에서 교구 사제로 일했다. 이 기간 동안에 독일의 종교개혁 운동은 급속도로 발전하였다. 루터는 이미 독일 민족의 영웅이 되어 있었다. 1520년에 집필된 종교개혁 저작들은 독일뿐 아니라 유럽의 지식인들을 동요시켰다. 1521년 교황의 파문 위협 교서와 보름스 칙령에 의해서 루터파는 가톨릭교회로부터 완전히 분열하였다.

유트는 이 시기에 학문 동지들과 고전어(그리스어와 히브리어)뿐 아니라 루터와 에라스무스, 그리고 교부 연구에 몰두하였다. 또한 그는 23개의 라틴어 글을 독일어로 번역하였다: 그중 21개는 에라스무스의 것이고 2개는 루터의 것이다. 그는 에라스무스의 『시편 1장 주석』으로부터 시작해서 『그리스도 병사의 핸드북』, 『그리스도인 군주의 강요』(Institutio principis Christiani), 『평화의 탄식』(Querela pacis), 『예수의 요구』(Expostulatio Jesu), 『신약성서 서신서 주석들』(Paraphrases)을 번역하였다. 유트는 이후 1535년까지 에라스무스의 복음서 주석, 사도행전 주석의 번역 작업을 계속했다. 1521년 5월에 취리히의 크리스토프 프로샤워(Christoph Froschauer)에 의해서 그의 에베소서 주석 번역이 출간되었다. 그는 이 책을 자기 사촌 빙켈리(Hans Heinrich Winkeli)에게 헌정하면서 서문에서, 번역의 목적이 원천의 순수성, 복음의 순수성을 위한 싸움에 있음을 밝혔다.[13]

---

12) Confessio Leonis Judas, mense Junio 1542. ZBZ: Ms A 90, 314.
13) Zwingliana VII, 474; Wyss. 63, n. 219.

1523년 2월 유트는 에라스무스의 신약성서 서신서 주석들을 한 권으로 출판했는데, 그의 서문은 번역 목적을 잘 보여준다: "인간의 해석 없이 순수한 본문이 중요하다 …. 에라스무스의 주석은 오리게네스, 히에로니무스, 아우구스티누스, 암브로시우스 등에 의존하기 때문에 특히 신앙이 약한 자들에게는 우유처럼 순수한 본문을 읽기에 유익하다."[14]

유트가 츠빙글리의 평화 정책에서 얼마나 많은 영향을 받았는지는 에라스무스의 『그리스도 병사의 핸드북』, 『그리스도인 군주의 강요』, 『평화의 탄식』, 『예수의 요구』를 번역한 것에서 잘 드러난다. 이러한 작품을 번역한 동기는, 츠빙글리가 에라스무스의 평화주의 사상을 수용하고 프랑스 용병 정책에 반대한 데 있었다. 유트가 정치적 문외한으로서 정치적 동기를 구체적으로 표현하지는 않았을지라도, 이 책의 번역 자체가 츠빙글리와 같은 친구들에 의해서 프랑스 용병 정책에 대항하는 투쟁에 가담했음을 의미한다.[15] 1852년 츠빙글리는 번역물을 프로샤워에 의해서 인쇄하도록 하였다.[16] 이 투쟁의 결과, 취리히 시는 단독으로 프랑스 용병 계약에 서명하지 않는 성과를 거두었다.

유트는 또한 루터의 『그리스도인의 자유론』(De libertate Christiana)과 『수도원 서약에 관하여』(De votis monasticis)를 번역하였다. 츠빙글리는 루터의 이 글이 종교개혁 운동 확산에 얼마나 중요한가를 절감하였고 유트에게 에라스무스의 주석 번역을 연기하고 매우 현실적인 주제의 글을 번역해 줄 것을 요청하였다. 1522년 6월 유트의 루터 번역은 역시 프로샤워에 의해 인쇄되었다.

그렇다고 해서 아인지델른 초기의 유트를 결정적으로 종교개혁자로 추정하는 것은 정확하지 않다. 이 시기에는 자료가 많지 않기 때문이다. 오히려 그가 에라스무스와 루터의 글을 번역하였으므로, 그를 에라스무스와 루터 사이의 절충주의자라고 표현하는 것이 옳지 않을까?

---

14) *Zwingliana* VII, 482; Wyss. 66, n. 234.
15) Q Iv. Qyss, 72, 257.
16) *Zwingliana* VII, 439; Wyss. 72, n. 259.

그러나 유트가 1521년 말 루터의『그리스도인의 자유론』을 접한 이후 이 글을 "신앙과 그리스도인의 삶이 무엇인지를 가르치는 유용한 가르침"이라 고 극찬하였고 점차로 루터의 영향 을 받게 되었다.[17] 그렇다고 해서 유트 가 완전히 에라스무스식 인문주의를 포기하고 루터의 종교개혁운동에 전 념했다는 말은 결코 아니다. 유트는 1535년까지도 에라스무스의 주석들 을 번역하기를 중단하지 않았고, 또한 1539년에는 토마스 아 켐피스 (Thomas a Kempis)의『그리스도 모방』(*Imitatio Christi*)을 번역하였 다.

아인지델른 초기에 있어서 레오 유트는 여전히 그리스도교 갱신을 에라 스무스적, 인문주의적 개념에 따라서 이해하였다. 그러므로 그는 근원, 곧 그리스도와 성서로 회귀하자는 정신에 따라서 그리스도교의 회복을 추구 하였다. 루터의 종교개혁 운동은 초기에는 다만 회복 프로그램의 급진적인 운동으로 이해하였다.

주목할 만한 사실은, 유트는 보통 사람들, 무식한 백성의 맹목을 비난하 는 대신 그리스도인답지 못한 생각을 비난했다는 것이다. 그들은 맹목적으 로 인간적 열정에 복종하며 비그리스도교적 사고에 얽매어 있다. 그러므로 그들의 죄 많은 삶은 비난받을 만하다. 그들은 하나님께로 돌아와야 한다. 그는 독자들에게 두 가지 삶의 가능성을 제시한다: 죄인의 삶과 율법에 신 실한 자의 삶. 후자는 그리스도와 그의 가르침을 모델로 한다.[18] 그러나 당 시 유트는 미사와 그리스도의 성체를 그리스도교의 신비한 성례전으로 이 해한다. 그의 글에는 교황, 종교회의, 교회 전반에 대하여 일언반구도 없 다. 그는 낙관주의적으로 모든 인간적 귀감, 모든 전통과 그릇된 안전을 버 리고 오직 그리스도와 그의 말씀으로 돌아갈 것을 호소하였다.

그는 그릇된 사랑을 거부하였다. 그것은 오히려 증오를 의미한다. 그는 백성의 교육자로서, 자기 자녀를 애정 때문에 버릇없이 키운 부모를 비난

17) Wyss, 81, n. 309 참조.
18) 에라스무스의 시편 1장 주석, 헌정문. *Zwingliana* VII, 423; Wyss, 85, n. 328 참조.

한다. 또한 여인에 대한 어리석은 사랑을 가리켜 애정이라고 말하는 청년을 질책하며, 자기애를 반대한다. 그는 세상 권력, 명예를 멸시하라고 권고하고, 모든 전쟁, 선동, 소요에 대해 경고한다. 그는 죄인의 모델과 경건한 자의 모델, 보통 사람의 생각과 그리스도의 가르침을 지시하는 것으로 만족한다.[19] 인간들이 이것을 깨닫는다면, 그들은 이성의 도움을 받아 선한 것을 결정하는 일만 남아 있다: 하나를 받아들이고 다른 것을 피하고 이에 따라서 삶을 결정하는 것. 부지런히 하나님의 법을 훈련하는 자는 복된 자의 이름을 얻을 것이다. 이 모든 사상은 에라스무스에게서 발견된다. 당시 레오 유트는 에라스무스의 개혁 프로그램의 충실한 대변자였다.

그러나 인문주의적 '원천으로(ad fontes)' 원리와 구체적으로 '오직 성서만으로', '오직 그리스도만으로'는 그로 하여금 루터의 신앙 개념에 대해 개방적일 수 있게 만들었다. 그는 처음에는 루터 운동이 에라스무스의 신학을 능가하고 로마 가톨릭교회와의 단절, 새로운 출발을 의미한다는 사실을 알지 못했다.

5. 종교개혁의 문턱에서

당시 스위스의 인문주의자들은 루터를 인문주의적 성서 원리를 위한 복음적 갱신의 영웅적 투사, 면죄부, 미신에 대항하는 싸움에 있어 동지로 인식하였다. 공통적 적대감, 수도승과 스콜라주의에 대한 증오심은 인문주의자들의 이런 연대감을 강화시켰다. 적어도 1521년까지 에라스무스와 루터는 그들의 목표, 즉 그리스도교의 갱신에 있어서 일치한다고 믿었다.

그러나 1521년 교황청의 루터 파문 위협 교서는 인문주의자들을 경악시켰다. 그들이 이제 로마 가톨릭교회를 선택할 것인가, 아니면 가톨릭교회와의 분리를 결정할 것인가의 기로에 서게 되었다.

그 해 레오 유트는 루터의 『그리스도인의 자유론』을 『믿음과 참 그리스도

19) 에라스무스 시편 1장 주석 헌정문, *Zwingliana* VII, 423; Wyss, 88, n. 341 참조.

인의 삶이 무엇인가를 가르치는 유익한 교훈』(*Ein nutzliche fruchtbare unwysung, was da sy der gloub und ein war christlich leben*)이라는 제목으로 번역하였다. 그는 교황에 대한 루터의 입장을 설명하거나 교회나 사회적 악습을 종교개혁적 관점에서 폭로하려는 생각을 한 것이 아니었다. 여기서 그는 루터의 글을 신앙과 참 그리스도인의 삶에 대한 소책자로 이해하였다. 독자는 자기 자신이 이웃, 그리스도, 삶, 죽음, 죄, 은총, 저주, 복, 신앙과 사랑 등, 참 그리스도인의 삶에 속한 것을 알게 된다.[20] 여기서 우리는 당시 유트의 관심사를 알게 된다: 종교적 불안이 지배하던 시대에 신앙과 참 그리스도인의 삶을 가르치는 일.

여기서 유트는 신앙을 여전히 에라스무스적 의미에서 이해했다. 에라스무스는 신앙을 지식 내지 "성서의 진리 내용을 통찰하는 것"과 결부시킨다: "신앙은 영적 진리의 인식 원리"이다.[21] 반면에 루터에게는, 인간이 오직 신앙에 의해 은총을 통해 의롭게 되는 것이 삶의 전제가 된다. 에라스무스는 신앙을 선행과 결부시킨 반면, 루터는 신앙에 의한 칭의를 행위와 단절하였다.

그런데 루터의 신앙관이 유트에게 미친 영향은 에라스무스의 에베소서 주석 번역에서 나타나게 된다. 여기서 유트는 비로소 루터의 『그리스도인의 자유론』에서 신앙을 올바로 알게 되었다고 고백한다.[22]

1526년 유트는 다소 순진하게, 두 신학자의 일치점을 입증하기 위한 목적에서 『우리 주 예수 그리스도의 만찬에 대한 에라스무스와 루터의 견해』, 『비방적 책자를 발견한 에라스무스에 대한 답변과 해명』을 출판하였다.[23] 유트의 견해에 의하면, 루터는 에라스무스보다 신앙에 대해 더 많은 것을 썼다. 에라스무스는 루터로부터 특히 '오직 신앙만으로'(sola fide)를 받아들였고, 참 신앙은 필연적으로 선행을 가져온다는 이론을 받아들였다.

---

20) 헌정문, *Zwingliana* VII, 430, Wyss, 107, n. 441 참조.
21) E.-W. Kohls, *Die Theologie des Erasmus* (Basel 1966), Bd. 1, 127.
22) Wyss, 111, n. 458.
23) Wyss, 112, n. 467.

6. 첫 종교개혁적 투쟁

1) 단식법 위반

유트는 근본적으로 평화를 사랑하고 소요를 증오하는 인간이었다. 따라서 예배 의식에 관해서, 성서에 따르기보다는 여전히 전통적인 방식을 고수하였다. 그런데 1521년 츠빙글리는 디모데전서 4장 3절 이하에 대해서 설교하였다. 취리히에서는 많은 사람들이 믿음을 통해서 교회법으로부터 해방되었다고 확신하게 되었다. 1522년 3월 9일 참회 화요일에 취리히에 있는 유트의 친구 집에서 일부 평신도들이 교회법으로 금식 기간에 금지된 계란 노른자위가 들어간 수프를 먹었다. 그들은 츠빙글리의 영향 아래 의도적으로 단식법을 위반하였다. 같은 날 저녁 취리히의 인쇄업자 프로샤워의 집에서 유트를 위시한 여러 명의 남자들이 소시지를 먹었다.[24] 츠빙글리도 그 자리에 참석했으나 육식을 자제하였다.

이 사건 후 교회는 금식 법을 위반한 자들을 고발하였다. 츠빙글리는 고발당한 친구들을 돕고 신앙의 자유를 새로이 백성에게 알리기 위해서 3월 29일에 복음의 관점에서 자유와 율법주의에 대해 설교했다.(음식의 선택과 자유에 관하여)

콘스탄츠의 주교 후고 폰 란덴베르크(Hugo von Landenberg)는 취리히에 사절을 파견하였다. 사절단은 시 의회에 전통을 준수할 것을 요구하고 안정과 평화를 경고하였다. 이로써 사건은 개혁주의자들의 승리로 일단락되었다.

2) 수도원 서약에 대한 투쟁

에라스무스의 입장의 영향을 받아서, 유트는 성직자의 혼인 금지를 비판하게 되었고 예수의 가르침으로 돌아갔다. 에라스무스는 혼인과 독신의 문제를 인간의 자연에서부터 해결해야 한다고 제안했다. 하나님의 말씀은 적

---

24) Emil Egli, *Actensammlung zur Geschichte der Zürcher Reformation in den Jahren 1519–1533*, 72 (Nr. 233). Wyss, 129, n. 547.

어도 성직자의 혼인 가능성을 지시하였다.

또한 루터의 여러 발언들의 영향을 받아서, 유트는 성직자 독신제는 성서적 근거가 없는 율법주의에 근거한다는 것을 깨달았다. 루터는 무엇보다 그의 주저『독일 민족의 그리스도인 귀족들에게 보낸 글』(An den christlichen Adel deutscher Nation)에서 성직자 독신 문제에 대해 답변했다. 루터는 성서적으로 성직자 혼인을 입증했고 주교와 사제들이 바울에게는 하나의 "물건(Ding)"이라고 선언했다.[25] 그는 독신제를 악마의 가르침이라고 칭했다. 그는 모든 사제들에게 살림과 육신적 약함 때문에 혼인하도록 권고했다.[26] 유트는 자신이 사제의 자식이었으므로 독신제 문제를 누구보다 잘 알고 있었다. 유트는 루터와 에라스무스의 영향 아래 문제의 해법을 성서의 규범에서 찾으려고 하였다. 그는 데모데전서 4장과 디도서 1장에 근거하여 독신제에 대해 비판적 견해를 취하게 되었고, 결국 1523년 11월 취리히에서 베긴파 수녀였던 카타리나 그뮌더(Katharina Gmünder)와 혼인했다.

1522년 7월경 유트는 루터의『수도원 서약에 대하여』를 독일어로 번역한 바 있었다. 그는 여기서 혼인은 죄가 아니라고 강조했다.[27] 1521년 7월 초 아인지델른에서 다수의 사제들이 모여서 점점 심각해지는 독신제 문제를 해결하기 위해서, 교회 정치적으로, 콘스탄츠의 주교를 통한 위로부터의 개혁에 대해 논의하였다. 1522년 봄 비밀리에 혼인한 츠빙글리는 친구들과 함께 콘스탄츠 주교에게 보내는 청원서에 대해 상의했다. 이 청원서 내용은, 성서에 따라서 설교할 자유 및 독신제로부터의 자유에 관한 것이었다. 츠빙글리는 이런 요구가 주교의 권한 밖에 있음을 모르지 않았다. 그럼에도 불구하고 청원문의 효과는 전통에 위배되는 청원을 백성과 하급 성직자들 가운데 유포하여 여론을 조성함에 있었다.

다른 한편 1531년 루체른(Luzern)에서 모인 5개 가톨릭 칸톤의 회합

---

25) WA 6, 440.
26) WA 6, 441.
27) 레오 유트의 난외 주. Wyss, 138, n. 598.

에서 결정된 결의문은, 독신제를 위반한 사제들에게, 그들의 내연 관계를 은밀히 유지할 것과 술집이나 목욕탕, 시장 등에 여인을 동반하지 말 것을 경고하는 수준에 머물렀다.[28]

결국 츠빙글리와 유트 외에 여러 명의 성직자들이 청원서에 서명하였다. 청원서에는 전략적 이유에서 교회와 교황에 대한 공격은 포함되지 않았다. 동시에 유트는 수도원 서약에 대한 투쟁을 전개했다. 수도원 내의 세속적 행태는 오래전부터 인문주의자들 사이에 조롱과 멸시의 대상이 되었다. 유트는 루터 글 번역을 통해서 백성들 간에는 수도원 제도에 대한 비판 여론을 조성하였다. 동시에 루터 글을 번역했다는 것은 유트가 독일 종교개혁자의 사상을 받아들이기 시작했음을 의미한다. 유트는 베네딕트회 수사 뭉호퍼(Hieronymus Munghofer)에게 번역하여 헌정한『수도원 서약에 대하여』서문에서, 그리스도인의 자유와 신앙적 삶을 수도원 서약보다 우선시할 것을 충고한다.[29]

1522년 유트는, 자신이 담당하고 있던 아우와 알펙(Sammlung Au und Alpegg)의 베긴파 수녀들에게, 성서적 가르침에 따라서 혼인할 것을 권면하고 신입자들도 정결 서약에서 해제되어야 한다고 가르쳤다. 이에 따라서 3명의 수녀가 수녀원을 떠나서 혼인하였고, 그들 중 한 여인이 유트의 처가 되었다. 1523년 3월부터 유트는 취리히의 상크트-페터 교회 사제로서 외텐바하(Oetenbach)의 도미니크회 수녀들에게 설교할 임무를 맡았다. 1524년 초까지 약 40명의 수녀들 중 절반 이상이 이 수녀원을 떠났다.[30]

3) 아인지델른의 천사 축성일

28) *Amtliche Sammlung der ältern Eidgenössischen Abschiede*, Bd. 4, ib, 1025, Wyss, 139, n. 605.
29) *Zwingliana* VII, 486f.
30) Wyss, 143, n. 631.

이 축제의 기원은 10세기로 거슬러 올라간다. 964년 교황 레오 8세의
한 교서는, 아인지델른의 기도처가 948년 9월 14일에 하나님 자신에 의
해 축성되었다고 보고한다. 이에 따라서 이 은총의 기도처는 교황의 특별
한 보호 아래 놓였고, 모든 순례자에게는 완전한 사면을 수여할 수 있었다.
9월 14일이 주일이 될 경우, 장소에 결부된 은총은 더욱 커졌다. 이 날은
천사 축성일로 불리고 14일간의 교회 축제가 되었다. 순례자의 숫자는 언
제나 엄청났다. 교회와 세속 당국은 1522년의 축제일에 1만 명 이상의 순
례자가 방문할 것으로 예상하였다.

아인지델른 수도원 문서고에 보관된 공식적인 축제 규정집에서 특기할
만한 점은, 설교가 축제의 중심에 놓이게 되었다는 사실이다.[31] 이것은 분
명히 종교개혁적 영향을 보여준다. 매일 2회 설교를 하되, 성 누가의 거룩
한 복음의 가르침에 있는 그대로 처음부터 설교해야 한다. 설교의 중요성
은, 설교 도중 고해를 들어서는 안 된다는 사실에 의해 강조되었다. 로마
가톨릭 제의는 변한 것이 없다. 수도원장과 수도원장보 유트에게는 외적
관습, 제의 형식을 폐기하는 것이 중요한 것이 아니라 내적 인간의 변화,
믿음이 중요했다. 이것은 로마서 10:17에 따라서 하나님 말씀의 선포를
통해서만 일어날 수 있다. 그러므로 규정집에서 변경된 것은 없었다. 오직
설교만이 결정적으로 중요해졌다. 당시 축제 설교자로서 츠빙글리뿐 아니
라 레오 유트도 참여하였다.[32] 설교자들은 모든 신자의 사제직을 선포하였
다. 그들은 교황의 권위를 거부하였다. 종교개혁자의 성례전 이해는 순례
자들의 몰이해에 봉착했다. 오로지 믿음에 의한 칭의의 관점에서 고해 성
사를 새로운 관점에서 보게 되었다. 유트는 죄의 용서는 오직 대제사장에
게만 유보되어 있다고 주장했다. 유트는 은총과 사면을 구하기 위해 온 순
례자들에게, 아인지델른의 기도처가 다른 기도처보다 나을 것이 없다고 선
포했다.[33] 또한 순례자들은 성모 마리아에게 초를 봉헌하고 기도처에 면죄

31) Odilo Ringholz, *Geschichte des fürstlichen Benediktinerstiftes von Einsiedeln*, Bd.
1, 614f.
32) Heinirch Bullinger, *Reformationsgeschichte*, Bd. I, 81.

를 위한 헌금을 기부하는 관행이 있었는데, 설교자들은 이러한 행태를 비판하였다. 그 결과 수도원의 헌금 수입은 급격히 감소했다. 유트와 다른 설교자들은 그리스도 말고 다른 데서 복을 구해서는 안 된다고 선포했다.

7. 레오 유트의 취리히 전근 및 제1차 취리히 논쟁 참여

아인지델른에서의 레오 유트의 활동은 목회자요 설교자에서 끝난 것이 아니라 무엇보다도 에라스무스와 루터의 사상을 스위스에 전파하는 데 있었다. 그는 어떤 새로운 사상을 창조하지는 않았다. 오히려 그는 대중들로 하여금 새로운 종교개혁 사상을 위해 준비시켰고, 종교개혁 운동을 급속히 보급하게 만들었다. 여기에 있어서 유트의 공로가 크다.

츠빙글리는 유트의 능력을 알았다. 츠빙글리는 취리히에서 종교개혁 사업을 위해서 신념이 있고 신실하고 학식 있고 자신을 지원할 수 있는 동역자를 필요로 했다. 그는 유트를 자신의 곁으로 데려오기로 결심했다. 유트 역시 취리히에서 활동하기를 원했다. 그는 츠빙글리와 그의 친구들이 취리히에서 수행하는 투쟁을 잘 알고 있었다. 마침 상크트-페터 교회의 사제가 고령 때문에 1523년 2월에 사직할 예정이었다. 상크트-페터 교회는 취리히에서 가장 오래된 교회였는데, 1510년 본당 구에는 주민 2265명, 309개 가정이 소속되어 있었다. 당시 취리히의 주민은 7000명 정도였으므로, 시 인구의 1/3이 이 본당 구에 속한 셈이다.

1522년 8월 26일 츠빙글리는 미코니우스에게 레오 유트가 상크트-페터 교회의 사제로 선정되었음을 알린다.[34] 유트는 1522년 12월까지 아인지델른에서 사제직을 수행했고, 2월에 가서야 취리히로 이전했다.

그런데 유트가 상크트 페터 교회 사제직에 취임하기 전에 한 스캔들이 발

---

33) Odilo Ringholz, *Eine zeitgenössische Denkschrift über die religiösen Zustände in Einsiedeln*, 138, Nr. 18 u. 143, Nr. 35.
34) "마침내 저 엄청난 힘으로 포효하며 의에 목말라 하는 레오가 올 것이다. 그는 모습은 작으나 영웅다운 용기를 가진 자이다." *Zwinglis sämtliche Werke*, VII, 568, 14ff.

생했다. 아우구스틴파 수도원 분원장이 죄의 짐을 덜기 위해서 선행을 해야 한다고 설교했다. 마침 청중 가운데 유트가 있었는데, 그는 설교 도중 설교자에게 공개적으로 이의를 제기했다. 이에 수도사들 가운데 소요가 일어났고 유트의 친구들은 그의 편을 들었다.[35] 그런데 1520년도 취리히 시 의회는 성직자들은 거룩한 복음과 거룩한 사도들의 서신을 하나님의 영에 따라서, 그리고 신구약성서에 따라서 자유롭게 설교해야 한다고 규정한 바 있다.[36]

이런 와중에서 1522년 5월 말 일부 가톨릭 지역은 취리히 시에 새로운 가르침의 설교를 금지하라고 압력을 가하였다. 그러므로 취리히 시 당국은 종교 논쟁에 대해서 확고한 입장을 취할 필요를 느꼈다. 자칫 취리히는 종교적으로뿐 아니라 정치적으로 고립될 위험에 처하게 되었다.

이런 상황에서 츠빙글리는 시 의회에, 성서에 근거하여 현안이 되고 있는 종교적 쟁점에 대해 공식적 토론을 제안하였다. 그는 하나님 말씀의 승리를 확신한 가운데, 종교개혁적 경향을 가진 시의회 의원들의 태도를 확고하게 만들고 반대파의 법적, 교회적 근거를 무력화할 수 있기를 바랐다. 시 의회는 츠빙글리의 제안을 수락하고 1523년 1월 3일 토론 초대장을 발부했다.[37] 시 당국은 1월 29일에 모든 교구 사제, 설교자, 목회자들을 시청으로 소환했다. 초대된 자들은 쟁점이 되는 문제에 관해 그들의 견해를 밝혀야 했다.

여기서 제1차 취리히 토론의 진행 과정을 상세히 서술하는 것은 주제를 벗어난다. 우리의 관심사는 레오 유트가 이 토론에 참여한 사실에 있다. 반대파는 성자의 이름을 부르고 경배하는 관습을 정당화하려고 하였다. 유트는 성서적 근거에서 이를 반박하면서 그리스도만을 경배하고 그의 이름을 불러야 할 의무가 있다고 주장했다. 유트는 반대파에게 성서 어디에 성자의 이름을 부르고 간구하도록 기록되어 있는지를 입증할 것을 요구하였

---

35) Wyss, 169, n. 756-758.
36) *Bullingers Reformationsgeschichte*, I, 32.
37) Emil Egli, *Actensammlung* Nr. 318.

다.[38] 그러나 반대파는 답변할 수 없었다. 이에 츠빙글리가 답변을 거듭 요구했다.[39]

중식을 위한 정회 후, 시장은 오후 토론을 시작했을 때 시 당국의 결정을 공포하였다: 츠빙글리는 지금처럼 복음을 계속해서 설교해야 하며 다른 성직자들도 설교에 있어서 1520년도 시의회의 결정, 곧 성서에 따라서 설교할 의무를 준수해야 한다.[40] 토론의 결과는 츠빙글리 파의 완전한 승리였다.

제 1차 취리히 토론에서 레오 유트는 완전히 츠빙글리의 입장을 대변하였다. 인간적 규정, 관습, 율법보다는 거룩한 복음이 절대적으로 우선되어야 한다는 성서적 원리를 철저히 대변했다. 유트가 성자의 이름을 부르는 것과 오직 그리스도를 대립시킨 것도 츠빙글리의 입장을 대변한 것이다.

8. 취리히 1차 논쟁 이후

1523년 2월 2일 레오 유트는 상크트 페터 교회의 사제로 취임하였다. 또한 그는 외텐바하(Oetenbach) 수녀원 목회도 맡았는데, 앞에서 언급했듯이, 그로 인해 많은 수녀들이 환속하였다. 그 해 11월 유트는 수녀 출신 여성과 혼인했다. 1524년 4월 츠빙글리도 그의 예를 따랐다. 그는 공공연히 행렬을 비판했고 그것의 폐지를 요청했다. 1524년 결국 취리히에서 성체 축일 행렬이 폐지되었다.

이 무렵 취리히 교회는 년 2회의 노회를 개최하였다. 도시와 시골의 모든 설교자들이 노회에 참석하여 그들의 교리와 삶을 검증받았다. 노회 의장은 츠빙글리와 레오 유트였다.

1523년 가을부터 취리히 교회는 성직자를 위한 성서 교육을 시작했다. 주일과 금요일을 제외하고 모든 성직자들은 학문적인 성서 주석을 배웠다. 펠리칸은 히브리어 텍스트를, 츠빙글리와 메간더(Megander)는 그리스

---

38) *Huldreich Zwinglis Sämtliche Werke* I, 529-531.
39) Ibid., 532.
40) Ibid., 547.

어 텍스트를 라틴어로 해설하고, 유트는 주석 내용을 독일어로 평신도들에게 강의하였다.

이밖에 1523년 유트는 세례 문답과 여러 가지 기도들을 독일어로 집필했고, 같은 해에 츠빙글리의 요청에 따라서,『아욱스부르크의 크레첸에 대적하여 적그리스도의 미사와 사제직 반박』(*Christliche Widerfechtung wider M. Kretzen zu Ougspurg antichristliche Messe und Priestertum*)을 집필했다. 미사를 반박한 그의 책은 취리히에서 미사 폐지를 정당화하는 데 기여했다. 취리히에서는 1523년 부활절 미사가 폐지되었고 성만찬으로 대치되었다. 츠빙글리, 유트, 미코니우스는 성만찬 지침을 작성해서 그 해 3월초 혹은 4월말에『성만찬의 행위 혹은 용법』이라는 표제로 출판했다.

1523년 부활절에 유트는 십계명, 주기도문, 아베마리아를 독일어로 번역하여 출판하였다. 그 목적은 평신도들이 이해할 수 있는 언어로 신앙에 대한 교훈을 제공하기 위함이었다.

이 해에 그는 츠빙글리와 함께 취리히 시 당국을 위해서 새로운 교회의 기초를 위한 규정을 만들었다: '취리히 교회 법'과 '취리히에서 혼인 문제 판단에 관한 규정'. 이것은 취리히의 예배와 혼인 법정의 기초가 되었다.

1525년은 유트에게 문학적 다산의 해였다. 2월초 그는 츠빙글리의『엠저(Hieronymus Emser) 반박』을 독일어로 번역하여 출판하였다. 또한 3월에 출판된 츠빙글리의『참 종교와 거짓 종교에 대한 주석』중 성만찬론 부분을 독일어로 번역하였다. 1526년에 유트는『참 종교와 거짓 종교에 대한 주석』전체를 독일어로 번역하여 출판하였다. 그 다음으로 유트는 메간더의 도움을 받아서 성서의 각 문서에 대한 주석을 출판하기 위해 몰두하였다. 노력의 결과는 3권으로 나타났다: 1527년 3월 창세기 주석, 같은 해 9월 출애굽기 주석, 1528년 9월 고린도 전후서 주석. 1530년 유트는 4번째로 빌립보서 주석을 출판하였다. 같은 해에 유트는 츠빙글리가 헤센 공작에게 헌정한『하나님의 섭리론』을 독일어로 번역하여 그 다음 해에 출판하였다.

그러나 유트의 공헌은 무엇보다 취리히 성서 번역에 있었다. 루터의 신약성서 번역이 1522년 바젤에서 출판되었다. 그러나 루터의 독일어는 스위스에서는 낯설었고 종종 이해될 수 없었다. 그러므로 대중이 보다 쉽게 이해하도록 하기 위해서 성서 번역을 스위스의 표현 방식에 적응할 필요성이 제기되었다. 그래서 1525년 8월 신약성서가, 1525년 2월 루터가 부분적으로 번역한 구약성서가 스위스 방언으로 출판되었다. 이것이 소위 취리히 성서다. 5년 안에 스위스 대중이 이해할 수 있는 완전한 취리히 성서를 출판하였다. 이에 만족하지 않고 유트는 출판업자 프로샤워와 함께 신구약성서의 개정판을 출판할 계획을 세웠다.

취리히에 출현한 재세례파들의 공격은 로마 가톨릭교회 및 루터파 못지 않게 츠빙글리와 유트에게는 큰 숙제를 안겨 주었다. 두 사람은 재세례파에 대항하여 설교하고 글을 쓰고 논쟁을 하였다. 그러나 1531년 카펠 전투에서 츠빙글리가 사망한 후 복음을 선포하고 가르치는 과제는 고스란히 유트의 몫이 되었다.

9. 츠빙글리 사망 이후

카펠 전투 이후 그때까지 유트가 츠빙글리와 함께 협력하여 추진했던 종교개혁 사업은 위기를 맞게 되었다. 츠빙글리 적대자들의 증오, 분노는 패전 이후 츠빙글리의 동역자인 유트에게 향했다. 그는 생명의 위협을 느꼈다. 그러나 그는 복음 설교를 중단하지 않았다. 그는 적어도 하루에 2회 설교를 했다. 시 의회는 그를 대사원의 목사로 임명하고자 하였으나, 그는 고사하였다. 대신 그는 불링거를 추천하였다. 1531년 12월 27세의 청년 불링거는 대사원의 목사로 선정되었다. 유트는 불링거 옆에서 계속해서 종교개혁 사업을 위해 협력하였다. 두 사람은 카펠 전투 이후 흔들리는 종교개혁 운동을 바로 잡기 위해서 조직의 필요성을 절실히 느꼈다. 1532년 여름 두 사람은 '설교자 및 노회 규정'(Prediger- und Synodalordnung)을 작성하였다. 이 규정은 같은 해 10월 시의회로부터 승인을 받고 3세기 동안 취리히 교회 조직의 초석이 되었다. 이로써 어려운 위기는 어느 정도 극복되었다. 이 시기 동안 유트는 학문에 집중할 수 없었다. 그럼에도 불구하고, 1532년 유트는 츠빙글리의 유고 가운데서 시편의 라틴어 번역을 출판하고 이 책의 서문을 썼다.

그 이후 유트의 문학적 활동은 번역에 집중되었다. 1533년 3월 그는 친구들의 요청에 따라서 츠빙글리의 야고보서 주석을 라틴어로 번역 출판하였다. 그 후 그는 츠빙글리의 『최종 연설』(Schlussreden)을 라틴어로 번역하였다. 이 작품은 1535년에 출판되었다. 같은 해에 유트는, 불링거의 1531년도 작품 『재세례파 반박』(Gespräche gegen die Widertäufer)을 라틴어로 번역 출판하였다. 1536년 유트는, 츠빙글리 사망 직전에 프랑스 왕에게 헌정한 『그리스도교 신앙』(Christiana fides)을 출판하였다.

1536년 스위스 종교개혁자들이 바젤에 모여서 제1차 스위스 신앙고백을 만들었을 때, 유트는 이 신조의 독일어 번역을 위임받았다. 그는 여기에서 문자적 번역에 만족하지 않고 약간의 손질을 통해서 원작품을 자신의 견해에 맞게 고치는 능력을 발휘하였다. 원작은 루터파와의 화해를 시도하기 위해 루터의 성만찬론을 수용하는 관점에서 기술한 반면, 유트는 성만찬론을 전적으로 츠빙글리적으로 해석하였다.[41]

제1차 스위스 신앙고백 라틴어 판은 23장 성만찬에 대해 이렇게 기술한다: "주님의 몸과 피가 빵과 포도주와 자연적으로 하나가 되거나 여기에 공간적으로 포함되거나 여기에서 육적 임재로 세워지는 것이 아니다. 도리어 빵과 포도주는 주님의 제정에 의해 상징이 되니, 이 상징에 의해 주님은 교회의 사역을 통하여 자기 몸과 피의 참된 친교를 배의 없어질 양식을 위해서가 아니라 영원한 생명의 양식을 위해서 제공한다. 그러므로 우리가 거룩한 상징에 대해서 가치를 부여하지 않는다고 비난하는 것은 매우 부당하다."

---

41) F. P. van Stam, "Leo Jud als programmatischer Interpret Calvins", *Nederlands Archief voor Kerkgeschiedenis*, 79/1999, 130f.

한편 독일어 판은 다음과 같다: "주님의 몸과 피가 빵과 포도주와 자연적
으로 하나가 되거나 여기에 공간적으로 포함되거나 여기에서 육신적, 육적
(leibliche, fleischliche) 임재가 확립되는 것이 아니다. 도리어 빵과 포
도주는 주님의 제정에 의해 매우 중요하고, 거룩하고, 참된 (hochbe-
deutende, heilige, wahre) 상징이 되고, 이 상징에 의해 주님은 교회
의 사역을 통하여 믿는 자들에게 자기 몸과 피의 참된 친교를 배의 없어질
양식을 위해서가 아니라 영적이고(geistlichen) 영원한 생명의 양식을 위
해서 제공한다. 그러므로 우리가 높은 상징에 가치를 부여하지 않는다고
비난하는 것은 매우 부당하다. "[42]

신조는 빵과 포도주에 대한 실재론적 이해를 거부한다. 빵과 포도주는
주의 살과 피의 참된 상징이니, 성만찬은 주님의 살과 피의 참된 친교를 중
재하는 영원한 생명을 위한 식사이다. 뒤를 이어서 츠빙글리적 성만찬 이
해를 위한 변론이 나온다. 루터파에 대한 명시적 언급은 없지만, 이것은 루
터파와의 협상을 위한 외교적 제스처로 볼 수 있다. 오히려 이 상징들은 그
리스도에 의해 제정되었으므로 거룩하고 존경할 만하며, 그것들이 지시하
는 영적인 것들을 제공해 준다. 그러므로 우리는 이 거룩한 상징의 가치를
존중해야 한다; 그러나 그것의 성화하는 능력은 오직 생명이신 주님께 돌
려야 한다고 말한다. 이로써 성만찬의 요소들에 주술적 능력을 부여하는
이해를 차단한다.

여기서 라틴어 판과 독일어 판을 비교할 때, 두드러진 차이점은 유트가
본문에 없는 어휘를 첨가함으로써 츠빙글리적 입장을 확고하게 만들었다
는 것이다. 즉 carnalis praesentia를 "육적, 육신적 임재"로 재해석함
으로써, 그리스도의 몸과 피의 임재를 육적 관점에서 이해함에 대해 철저
히 선을 긋고 성만찬을 영적인 식사로 이해해야 함을 강조한다. 또한 상징
앞에 "매우 중요하고, 거룩하고, 참된"이라는 형용사를 첨가함으로써, 빵
과 포도주가 단순한 상징이 아니라 중요한 상징으로서의 가치를 가진다는

---

42) Ph. Schaff (ed.), *The Creeds of Christendom*, vol.3, 225f. 이탤릭체는 필자에 의한 것임.

점을 역설한다. 이로써 츠빙글리가 성만찬을 의미 없는 것으로 보았다는 오해를 불식시키려 한다. 영원한 생명 앞에 "영적"이라는 형용사를 추가한 목적은, 성만찬이 영적 식사이며 육신을 위한 식사가 아니라는 점을 역설하기 위함이다.

  1537년 유트는 또한 츠빙글리의 유고『그리스도교 신앙』을 독일어로 번역 출판하였다. 같은 해에 그는 아우구스티누스의『영과 문자에 관하여』를 독일어로 번역 출판하였다. 1539년 그는 토마스(Thomas von Kampen)의『그리스도 모방』를 출판하였다.

  1539년과 1540년에 걸쳐서 유트는 또한 칼빈의 1537년도 작품『두 서신』을 독일어로 번역하여 출판하였다. 여기서도 유트는 원작을 자신의 견해에 맞게 고치는 능력을 유감없이 발휘하였다. 칼빈은 주교들이 미사를 통해 대중을 매료시킨다고 진술한 반면,[43] 유트는 그의 번역에서 주교들이 불쌍한 백성을 맹목적으로 만들고 마술을 부린다고 비난한다.[44] 칼빈이 학식 있는 자를 자신의 독자로 간주한 반면,[45] 유트는 불쌍한 백성을 독자로서 염두에 두었다.[46] 유트는 번역에서 특정 인물에 대한 모든 암시를 철저히 제거하고 주교 일반에게 말한 것으로 바꾸었다. 예를 들어 칼빈은 제라르 루셀(Gerard Roussel)이 주교가 된 것을 축하한 반면,[47] 유트는 복수로 말한다.[48] 유트는 두 서신의 두 번째 글의 제목에서 officium를 Amt und Pfründe로 번역하였다. 유트가 Pfründe(성직록)를 추가함으로써 직무에서 성직록으로 비중을 옮겨 놓았다: 직무와 결부된 성직록, 특히 그것의 남용과 그것이 초래하는 치명적 결과. 교회 재산 남용에 대한 유트의 분개는 평신도에 대한 연민에서 비롯된다. 이로써 유트는 칼빈의 글을 완전히 새로운 글로 바꾸어 놓았다. 칼빈의 글은 평신도에 대해 비교적 유보

---

43) *Calvini Opera Selecta*(이하 *OS*로 표기), 1, 338.
44) F. P. van Stam, "Leo Jud als programmatischer Interpret Calvins", 134, n.69.
45) *OS*, 1, 348.
46) F. P. van Stam, "Leo Jud als programmatischer Interpret Calvins", 134, n.70
47) *OS*, 1, 331.
48) F. P. van Stam, "Leo Jud als programmatischer Interpret Calvins", 134, n.71.

적이었다. 반면 유트는 평신도에 대한 그의 연민을 드러냈다. 칼빈의 관심은 니고데모 주의였으나, 유트의 관심은 교회 재산 남용에 대한 투쟁이었다. 이로써 유트는 칼빈의 글을 완전히 다른 시각에서 조명했다.

1539년에 유트는 오랜 준비 끝에『주 예수 그리스도에 관한 복음서 설화와 바울 서신에 대한 츠빙글리의 해설』을 출판하였다. 그는 이 기회에 츠빙글리의 전집 출판을 예고하였다. 이와 병행해서 그는 일생의 작업인 취리히 성서 개정에 착수하였고, 에라스무스의 신약성서 해설 전집 출판과 구약성서를 라틴어로 새로이 번역하는 일에 착수하였다.

1540년에 취리히 성서 개정판이 나왔다. 그의 관심은 오로지 성서의 복음을 보급하고 이해시키는 데 있었다. 이러한 다산의 시기에 그의 독자적인 작품 역시 이 목적을 위해서 집필되었다. 유트는 1533년부터 교리문답을 집필하기 시작했다. 이 책은 1534년에 프로샤워 사에서 출판되었다. 불링거는 여기에 서문을 썼다. 유트의 교리문답은 칼빈의 교리문답(1538)보다 4년 앞서며, 하이델베르크 교리문답(1563)이 나오기 이전 초기 개혁파의 교리문답으로서 역사적 가치를 가진다.

레오 유트의 교리문답은 네 부분으로 구성된다: 1. 하나님과 인간의 계약에 관하여, 2. 하나님의 은총에 관하여, 3. 하나님의 자녀들의 기도에 관하여, 4. 그리스도인의 성례전에 관하여.

제 1부는 십계명 해설이다. 유트는 십계명 해설에 앞서 인간 창조에 대해 서술한다: "하나님은 인간에게 불멸의 영혼을, 그리고 생명을 불어넣었다…하나님은 영원하고 불멸하시며, 따라서 인간의 영혼도 불멸한다…하나님은 순수하고 정결하고 거룩하므로, 인간도 지상에서 정결함과 경건을 위해 노력해야 한다."[49] 이로써 유트는 하나님의 본성을 일차적으로 영성과 거룩함으로 보고, 신적인 영혼을 받은 인간도 하나님처럼 거룩해야 함을 강조한다. 또한 제 1계명에 대해서 유트는 "인간 마음에 우상이 세워지지 않도록 마음을 세우고, 제 2계명은 외적인 우상 숭배를 금지한다. 또한

---

49) August Lang, Der *Heidelberger Katechismus*, 55f.

마음의 우상 숭배를 금한다"[50]고 말한다. 이로써 저자는 영적인 존재인 하나님 경배에서 일탈한 일체의 육적 숭배를 경고한다. 이것은 전적으로 츠빙글리가 역설한 영, 즉 비육신성으로서의 하나님 이해에 따른 것이다. 하나님과 인간 간의 관계에서 모든 물질적 요소의 개입은 거부되어야 한다. 제 3계명 해설에서 재세례파에 대항하여 맹세를 정당화한다. 제 4계명에 이르러서 "하나님은 우리의 약한 육신을 위하여 우리와 우리에게 속한 자들을 위해 안식을 위한 제 칠일을 제정했다"고 말한다. 우리는 예수 그리스도를 통해 "외적이고 의식적인" 축제에서 자유롭게 되었으나, 이 계명의 핵심은 우리는 안식일을 거룩하게 지켜야 하니, 즉 우리가 거룩한 것처럼, 우리는 거룩한 행위를 행할 의무가 있다는 것이다. 그러므로 유트는 안식일의 외적 준수보다 더 중요한 것은, 안식일의 정신, 즉 노동을 중단하고 주의 말씀 안에서 자기 훈련과 이웃 사랑의 실천에 있음을 역설한다.

제 2부는 사도 신조 해설이고, 제 3부는 주기도문 해설, 제 4부는 성례전 해설이다. 유트는 성만찬에 대해서 이렇게 서술한다:

"그리스도의 만찬은, 하나님의 독생자의 살과 피가 우리를 위해서 십자가에서 희생되었고 우리를 영원한 죽음에서 속량했고 또한 우리를 영원한 생명을 위해 먹이고 유지하기 위한 우리 영혼의 양식이 되었음을 우리에게 선포하는 거룩한 표지이다. 주님은 우리에게 천상적이고 생명을 주는 빵을 먹이고 자기 자신을 우리를 위해 아버지께 바쳤고 그의 몸을 죽음에 내주고 그의 피를 우리를 위해 흘렸으므로, 우리는 그 높은 선함을 깊이 묵상하고 선포하고 우리를 살린 그의 죽음에 대해 감사하는 것이 옳다. 〈중략〉 그러나 희생된 몸과 흘린 피에 대한 기억이 교회에 주어졌으니, 이것은 우리가 우리 속량의 일정한 표지를 갖고 우리가 신앙을 통하여 한 몸이 되었고 우리가 영원히 그리스도를 머리로 하는 몸의 지체가 되어야 함을 생각하게 하려는 것이다. …"[51]

---

50) Ibid., xxii.
51) Ibid., 110.

여기에서 주목할 만한 사실은, 성만찬의 두 요소가 실제적으로 그리스도의 살과 피인가 혹은 살과 피로 변화했는가 하는 논쟁은 이미 지나간 것으로 본다는 것이다. 성만찬은 그리스도의 희생이 우리의 구원을 위한 행위로서 빵과 피는 그 사실을 지시하는 표지이며, 그리스도의 고난과 죽음을 선포하고 검사하고 기억하기 위한 식사라는 점을 역설한다. 이런 점에서 유트는 츠빙글리적 입장을 철저히 대변한다.

이로써 유트의 교리문답은 후대 하이델베르크 교리문답과 같은 개혁파 교리문답 양식을 형성하는데 기여하였다. 또한 신 이해, 성만찬 이해에서 츠빙글리 주의가 명백히 드러난다.

유트는 교리문답에서 독자들에게 그리스도의 고난에 대해 별도의 글로 다룰 것을 약속한 바 있었다. 같은 해에 조화 복음서의 형태로 고난을 서술한 책이 나왔다:『네 복음 기자들의 설화에서 통합한 예수 그리스도의 고난과 그 해설』. 1536년에는『예수 그리스도의 매장과 부활, 승천, 성령의 파송에 관한 복음서 설화』가 나왔다. 같은 해에 칼빈의『기독교 강요』의 자극을 받아서 유트는 교리문답 라틴어 판(*Catechismus brevissima*)을 출판했다.

레오 유트는 츠빙글리의 죽음 이후 외부의 온갖 적들에 대항하여 힘든 싸움을 치루면서 육신적 질병에 시달렸음에도 불구하고 교회 목회, 연구와 번역 작업에 몰두하다가, 끝내 1542년 6월 19일 병마에 굴복하여 사망했다.

결론

레오 유트는 청년 시기에는 주로 에라스무스와 루터의 영향을 받았으나, 1523년 취리히에서 츠빙글리의 종교개혁 운동에 참여한 이후 순수한 복음을 선포하려는 츠빙글리의 관심사를 자신의 것으로 만들고 츠빙글리의 입장을 충실히 대변한 인물이 되었다. 또한 1531년 츠빙글리의 사망 이후 약 11년간 자신보다 젊은 불링거 곁에서 취리히 교회와 종교개혁 사업을 위해 봉사했다. 그는 자신의 저작 몇 권 외에도, 다른 저자, 특히 츠빙글리의 글을 출판하는 데 주력하였고, 그밖에 에라스무스, 루터, 아우구스티누스, 토마스 아 켐피스, 칼빈의 저서들을 번역하였다. 이처럼 그는 다른 저자들에 대해서 깊은 존경심을 보였다. 그가 츠빙글리의 글을 라틴어로 번역한 이유는 그의 사상을 외국에 알리려는 목적이 있었다. 반면 그가 다른 저자들의 글을 독일어로 번역한 목적은, 그가 성서를 번역한 목적과 유사하다: 대중이 성서의 복음을 보다 쉽게 이해할 수 있도록 한 것과 마찬가지로, 그는 여러 저자들의 글들을 대중이 쉽게 이해할 수 있도록 하는데 관심을 가졌다. 그러므로 유트는 평신도들에게 그리스도교의 진리를 알리는 데 헌신하였고 그들의 입장을 대변하였다.[52] 우리는 그 단적인 예를 칼빈의 『두 서신』 번역에서 발견하였다. 그러므로 우리는 유트를 단순한 번역가로 볼 것이 아니라 독창적 저자였다고 기억할 것이다.

---

52) F. P. van Stam, "Leo Jud als programmatischer Interpret Calvins", 137ff. 참조.

참고문헌

Bullinger, Heinrich. *Reformationsgeschichte*, 3 Bd. Frauenfeld 1838–1840.

Lang, August. *Der Heidelberger Katechismus und vier verwandte Katechismen*. Leipzig: Deichert'sche Verlagsbuchhandlung, 1907.

Schaff, Philip. *The Creeds of Christendom*, vol. 3. Grand Rapids: Baker Books, 1998.

van Stam, F. P. "Leo Jud als programmatischer Interpret Calvins", *Nederlands Archief voor Kerkgeschiedenis*, 79/1999, 123–141.

Weisz, Leo. *Leo Jud. Ulrich Zwinglis Kampfgenosse, 1482–1542*. Zürich: Zwingli–Verlag, 1942.

Wyss, Karl Heinz. *Leo Jud. Seine Entwicklung zum Reformator 1519–1523*. Bern/Frankfurt a. M.: Peter Lang, 1976.

Zwingliana, Beiträge zur Geschichte Zwinglis. Zürich 1897ff.

'개혁교회의 아버지' 츠빙글리의 생애와 사상

박경수 (장로회신학대학교, 교회사)

I. 서론

츠빙글리((Huldrych 혹은 Ulrich Zwingli. 1484-1531)는 16세기 종교개혁이라는 거대한 흐름 가운데서 개혁교회 전통을 출발시킨 인물이다. 우리는 스위스에서 일어난 종교개혁 운동, 다시 말하면 취리히의 츠빙글리와 제네바의 칼빈에게서 전해져오는 유산을 개혁교회 혹은 장로교회 전통이라고 부른다. 이러한 개혁교회 전통과 신학에 대해 말할 때 가장 먼저 거명해야 할 사람이 바로 츠빙글리이다. 츠빙글리는 칼빈보다 25년이나 먼저 태어나 스위스 종교개혁의 성격을 결정한 개혁자, 애국자, 신학자, 그리고 목회자였다.

지금까지 츠빙글리는 루터나 칼빈과 비교할 때 상대적으로 소홀히 다루어져 왔거나 오해를 받아왔다. 루터보다 7주 정도 늦게 태어났다는 이유로 루터에게서 영향을 받은 사람정도로 치부되거나, 에라스무스의 인문주의에 영향을 받은 지나친 합리주의자로, 종교와 정치를 결합시킴으로써 정치가로 변질된 목회자로, 루터와 갈라섬으로써 개신교 진영을 분열시킨 장본인으로 매도되기도 했다. 이에 더하여 츠빙글리에 대한 루터의 편견과 비난이 츠빙글리를 더욱 더 고립시켰으며, 그리고 칼빈의 영향력이 확대되는 만큼 츠빙글리에 대한 관심은 줄어들었다.

20세기에 와서야 츠빙글리에 대한 새로운 관심과 연구가 시작되었다. 종교개혁의 다양성에 눈을 돌리게 되면서 츠빙글리를 단지 루터의 아류나 변형으로만 보지 않고 그 자체로 중요한 인물로 바라보게 되었으며, 츠빙글리 신학의 독창성과 중요성을 재발견하고 재해석하는 계기가 되었다. 이제야 우리는 츠빙글리를 개혁교회 전통을 수립한 신학자로, 개인뿐만 아니라 사회까지도 하나님의 주권 아래 두려고 했던 개혁자로, 성서연구를 기반으로 교회를 개혁하려한 목회자로서 조명하게 되었다.

본 글에서는 먼저 츠빙글리가 어떤 사람인지를 소개하고, 그 후에 그의 신학사상이 어떠했는지를 제시하고자 한다. 그리고 그가 오늘 우리에게 남겨준 유산과 빛이 무엇인지를 살펴볼 것이다. 아무쪼록 이 글이 츠빙글리라는 한 사람에 대해 매력을 느끼고 관심을 가지게 되는 계기가 되기를 바란다.

II. 츠빙글리의 생애[1]

A. 출생에서 교육까지

츠빙글리는 루터(1483년 11월 10일 출생)보다 7주 정도 늦은 1484년 1월 1일 스위스 장크트갈렌 주에 속한 토겐부르크 지방의 빌트하우스 (Wildhaus)라는 작은 마을에서 태어났다. 츠빙글리가 개혁자로 활동했

---

1) 츠빙글리의 생애에 관한 부분은 필자의 『교회사 클래스』(서울: 대한기독교서회, 2010) 제10장의 내용을 수정 보완한 것이다. 츠빙글리의 생애를 보다 자세히 알고자 한다면 Ulrich Gäbler, 박종숙 옮김, 『츠빙글리: 그의 생애와 사역』(서울: 아가페출판사, 1993); Martin Haas, 정미현 옮김, 『훌드리히 츠빙글리』(서울: 한국기독교장로회신학연구소, 1999)을 참고하라. 개블러의 책이 신학자의 관점에서 기록되었다면 하아스의 책은 역사학자의 입장에서 서술되어 서로 보완적이다. 그리고 비록 120년 전에 출판된 고전이지만 Philip Schaff, 박경수 옮김, 『스위스 종교개혁』(고양: 크리스찬다이제스트, 2004)은 츠빙글리의 생애와 사상에 대한 기본적인 지식을 제공해 주는 대단히 유익한 책이다.

던 당시 스위스는 13개의 캔톤(canton, 중심도시를 포함하는 지역의 개념으로 미국의 주와 비슷함)으로 이루어져 있었다. 스위스 연방은 1291년 8월 1일 우리(Uri), 슈비츠(Schwyz), 운터발덴(Unterwalden)이 동맹을 맺음으로써 시작되었다. 이것이 스위스 연방의 건국기념일이다. 이후 다른 도시들이 합류하면서 1513년에는 취리히를 포함하여 모두 13개의 캔톤이 스위스 연방에 속하게 되었다. 현재 스위스 연방은 모두 26개의 캔톤으로 이루어져 있다. 스위스는 외교와 국방과 같은 문제에 있어서는 연방이 관할하지만 여전히 캔톤의 권한이 강하고 독립적이며, 아직까지도 직접민주주의를 채택하고 있는 캔톤들도 있다.

어린 시절 츠빙글리는 신앙심 깊은 부모와 삼촌에게서 로마가톨릭 교육을 받았다. 베센의 사제였던 그의 삼촌 바르톨로뮤(Bartholomew)는 새로운 인문주의 학문에 호감을 가진 인물이었다. 이는 이후 츠빙글리가 인문주의 사상에 대해 개방적이었던 것과 무관하지 않을 것이다. 10살 즈음에 바젤의 라틴어 학당으로 옮긴 츠빙글리는 거기서 라틴어 문법, 음악, 변증법을 배우게 된다. 그 후 츠빙글리는 베른에서 라틴 문학을 배운 후, 빈과 바젤 대학에서 수학하였다. 이 당시에 그는 인문학에 심취하여 고전을 열심히 공부하였다. 이것이 그가 종교 개혁자들 중에 가장 인문주의적 경향을 폭넓게 받아들이는 계기가 되었을 것이다. 또한 츠빙글리는 음악적인 재능을 발전시켜 류트, 하프, 바이올린, 플루트, 나팔과 같은 악기들을 수준급으로 연주하였다. 이 때문에 후에 로마가톨릭주의자들은 그를 가리켜 "복음주의 류트 연주자, 피리 부는 사나이"로 비꼬아 부르기도 하였다.[2] 그렇지만 이후에 츠빙글리는 취리히에서 자신이 목회하던 그로스뮌스터 교회의 오르간을 분해하여 폐기하는 등 음악에 대해 배타적인 태도를 취하기도 하였다. 학창 시절에 만난 레오 유트(Leo Jud)와 콘라트 펠리칸(Konrad Pellican)과 같은 동료들은 후에 취리히에서 츠빙글리의 든든한 동역자가 되어 주었다. 츠빙글리는 바젤에서 1504년 학사학위를, 1506년 석

---

2) Philip Schaff, 박경수 옮김, 『스위스종교개혁』, 41-42.

사학위를 취득하였다.

B. 글라루스와 아인지델른의 사제

츠빙글리는 1506년 9월에 콘스탄츠에서 사제로 안수를 받고, 고향인 빌트하우스에서 첫 미사를 집전하였다. 그리고 고향에서 그리 멀지 않은 글라루스(Glarus)의 성직자로 청빙을 받아 그곳에서 1516년까지 10년을 목회하였다. 이때의 츠빙글리를 특징짓는 세 가지 흐름이 있었다.[3] 첫째는 애국주의이다. 그는 스위스인들이 용병으로 고용되어 당시의 여러 전투에서 희생되는 것에 대해 강하게 저항하였다. 츠빙글리의 최초의 저작들, 『수소의 우화』(The Ox)나 『미로』(The Labyrinth)와 같은 작품들은 바로이 용병제도에 대한 반론이다. 용병제도에 대한 츠빙글리의 이런 반대는 그가 글라루스를 떠나 아인지델른(Einsiedeln)으로 가야만 하는 이유가되기도 했다. 둘째는 스콜라주의의 영향이다. 츠빙글리는 로마가톨릭의 사제답게 스콜라신학에 정통하였다. 그의 서재의 도서목록은 그가 토마스 아퀴나스와 둔스 스코투스의 저작들에 익숙했음을 보여준다. 이처럼 츠빙글리가 아퀴나스와 스코투스로 대변되는 중세 스콜라신학의 옛길(via antiqua)에 익숙했다는 사실은 윌리엄 오컴이나 가브리엘 비엘의 사상인 새길(via moderna)에 익숙했던 루터와의 차이를 예고하는 것이다. 셋째는 인문주의의 영향이다. 글라루스에 머물던 시절 츠빙글리는 로마와 그리스의 고전들과 교부들의 저작들을 광범위하게 읽었다. 이런 인문주의적 성향은 1515년 혹은 1516년 "인문주의자들의 왕자"인 에라스무스를 만나면서 더욱 심화되었다. 츠빙글리가 이교도의 고전을 높이 평가하고, 교회의 폐해를 비판하고, 성경 연구에 헌신하고, 외적인 형식보다 내적인 경건을 강조하고, 원죄에 대해 온건한 견해를 지니며, 성만찬에 대해 상징적인

---

3) W. P. Stephens, 박경수 옮김, 『츠빙글리의 생애와 사상』(서울: 대한기독교서회, 2007), 40-44.

해석을 제시한 것 등이 모두 직 · 간접적으로 에라스무스에게서 기인되었을 것이다. 이후 츠빙글리는 에라스무스의 반(半)펠라기우스적인 견해에 반대를 표하면서 예정론을 확고하게 주장하기도 했지만, 루터와 달리 끝까지 에라스무스에 대한 존경심을 잃지 않았다. 이처럼 글라루스 시기에 츠빙글리는 애국자요, 신학자요, 인문주의자로서의 모습을 형성하였지만 아직 프로테스탄트 종교개혁자의 면모는 보이지 않았다.

　1516년 츠빙글리는 글라루스를 떠나 아인지델른으로 목회지를 옮겼다. 아인지델른은 기적을 행사한다는 유명한 검은 동정녀 마리아 상이 있는 순례 여행의 중심 도시였다. 이곳에서 츠빙글리는 성서 연구에 매진하였다. 마침 1516년 출판된 에라스무스의 그리스어 신약성서를 필사하면서 인쇄업자들의 오자들을 수정하기도 하고, 여백에 자신의 견해를 각주로 달아두기도 하였다. 그 필사본의 마지막에는 "이 서신서들은 축복받은 하나님의 어머니의 땅인 아인지델른에서 토겐부르크 출신의 스위스 사람 츠빙글리에 의해 1517년 6월에 씌어졌다. 기쁨 속에 완결되었다."라고 기록되어 있다.[4] 또한 츠빙글리는 면죄부 판매에 대해 반대하고, 성모 마리아보다는 그리스도를 예배하라고 가르치고, 교황제도에 대해서도 성서적인 근거가 약하다고 비판하였다. 이런 정황들 때문에 일부 역사가들은 츠빙글리의 종교개혁이 루터보다 이른 1516년에 시작되었다고 간주하기도 한다. 그러나 그것은 너무 성급한 판단이다. 왜냐하면 츠빙글리가 로마가톨릭의 폐해들에 대해서 비판하고 있기는 하지만 그것은 종교개혁자로서라기보다는 에라스무스주의자 혹은 로마가톨릭 내의 앞선 진보주의자로서의 비판이었기 때문이다. 그는 여전히 교황청으로부터 성직록을 받고 있었으며 (1520년에 성직록을 거부한다), 1518년에도 교황청 목회자로 임명되는 등 로마가톨릭의 울타리 안에 머물고 있었다.

4) Philip Schaff, 박경수 옮김, 『스위스종교개혁』, 48.

C. 취리히의 개혁자

츠빙글리는 자신의 35번째 생일인 1519년 1월 1일에 취리히의 그로스
뮌스터 교회의 목회자로 부임하였다. 독일어를 사용하는 스위스 도시들 중
에서 가장 번창하는 도시였던 취리히는 리마트 강이 가로지르는 아름다운
곳으로, 당시 인구는 7천 명 정도였고 스위스 외교의 중심지였다. 츠빙글
리의 후계자인 하인리히 불링거(Heinrich Bullinger)는 "종교개혁이 시
작되기 전 취리히는 그리스의 고린도와 같은 곳이었다."고 회고하였다.[5]

취리히에서의 사역을 시작하면서 츠빙글리는 마태복음에 대한 연속적인
강해설교를 시작하였다. 이후 그는 계속해서 성서 가운데 한권을 택하여
그 책을 처음부터 끝까지 빠짐없이 설교하는 방식으로 설교해 나갔다. 이
것은 로마교회나 루터가 교회력에 따라서 미리 주어진 본문만을 선택적으
로 설교했던 방식과는 분명히 다른 것이었다. 츠빙글리는 선택적인 본문
설교는 하나님의 말씀 전체를 보지 못하도록 만들 뿐만 아니라, 설교자의
입맛에 따라 선호하는 본문만을 설교하게 된다는 점에서 하나님의 말씀을
대하는 올바른 태도가 아니라고 생각했다. 따라서 그는 모든 말씀을 빠짐
없이 처음부터 끝까지 연속적으로 강해하는 설교의 전통을 새롭게 세운 것
이다. 이것은 지금까지도 개혁교회의 중요한 전통으로 자리 잡고 있다. 불
링거에 따르면 츠빙글리는 외모가 준수하고, 체격이 큰 편이고, 안색이 좋
았으며, 그리 강한 목소리는 아니었지만 음성은 듣기 좋고 음률이 있어서
가슴에 와 닿는 목소리였다.

츠빙글리가 목회를 시작한 지 얼마 되지 않아 1519년 8월과 1520년 2
월 사이에 취리히에 흑사병이 돌아 인구의 3분의 1에 달하는 사람들이 죽
는 일이 벌어졌다. 츠빙글리는 목자로서 매일 병자들을 헌신적으로 돌보다
가 1519년 9월 말경에 자신도 앓아눕고 말았다. 다행히 하나님의 은혜로
츠빙글리는 회복되었고 이 경험은 그가 오직 하나님만을 의지하고 하나님

---

5) Philip Schaff, 박경수 옮김, 『스위스종교개혁』, 55.

의 뜻에만 순종하도록 만드는 중요한 계기로 작용하였다. 츠빙글리가 1520년에 교황청의 성직록을 거부하는 결단을 내린 것도 이 경험과 무관하지는 않을 것이다.

D. 사순절 소시지 사건

1522년 사순절에 취리히의 유명한 출판업자 프로샤우어(Christoph Froschauer)를 비롯한 몇몇 사람들이 모여 소시지를 먹는 '사건'이 발생했다. 지금으로서는 무슨 사건이라 할 만한 것인가 싶겠지만 당시에는 사순절에 소시지를 먹었다는 것은 큰 사건이었다. 중세 로마가톨릭은 사순절 기간에 육식을 금하는 전통을 지켰는데, 소시지는 돼지고기로 만들어진 것이기 때문에 이것을 먹는 것은 결국 사순절의 육식 금지 전통을 깬 것이기 때문이다. 로마교회 측에서는 사순절의 금식 규례를 어긴 자들을 처벌해야 한다고 주장했고, 츠빙글리는 사순절에 육식을 금하는 것은 아무런 성경적 근거가 없으며 하나님이 주신 음식은 무엇이나 먹을 자유가 있다고 주장하였다. 루터의 종교개혁이 면죄부에 대한 신학적인 반대에서 시작된 것이라면 츠빙글리의 종교개혁은 사순절에 육식을 할 수 있는가 하는 실제적인 문제에서 출발되었다. 이것이 도화선이 되어 1523년 1월과 10월에 로마가톨릭과 개혁진영 사이에 공개논쟁이 벌어졌고, 시의회는 결국 츠빙글리의 손을 들어 주었다. 모든 사람들에게 그리스도교의 참된 신앙을 설명하고 옹호할 좋은 기회라고 판단한 츠빙글리는 학문적인 언어인 라틴어가 아니라 일상어인 독일어로 자신의 주장을 67개 조항으로 정리하여 해설까지 덧붙여 출판하였다. 67개 조항은 교회적인 조치들뿐만 아니라 사회적인 모든 개혁 프로그램을 포괄하고 있어서 츠빙글리의 종교개혁이 전면적이고 포괄적이었다는 사실을 보여준다.

E. 급진주의자들과의 논쟁

츠빙글리는 취리히의 목회자로 오면서부터 로마가톨릭 내의 보수적인 세력들에 맞서 개혁적인 입장을 견지하면서 교회개혁을 주도하였다. 그러나 1523년 공개논쟁을 거치면서 개혁진영 안에도 서로 의견이 다른 사람들이 있다는 사실이 드러났다. 일부 사람들은 츠빙글리 개혁의 내용이 너무 미온적이며 속도가 느리다는 점을 불평하였다. 개혁진영은 성상, 미사, 세례, 성서해석, 십일조, 국가 등에 대한 입장에서 서로 차이를 보였다. 보다 확실하고 빠른 개혁을 원하는 급진주의자들은 츠빙글리가 성만찬 예복을 거부하지 않고, 십자가 성호를 긋는 행위를 허용하고, 성상에 대해서도 분명한 반대 태도를 취하지 않는 등 불확실한 태도를 보이는 점을 비판하였다. 또한 1523년 10월 공개논쟁에서 미사가 성서적이지 못하다는 결론이 났음에도 불구하고 그가 바로 미사를 폐지하지 않고 정부와 대중들의 눈치를 보면서 미루고 있다고 불만을 표출하였다.

결국 1525년 1월 21일 콘라트 그레벨(Konrad Grebel)을 중심으로 한 몇몇 사람들은 펠릭스 마인츠(Felix Manz)의 집에 모여 독자적인 모임을 결성하였다. 그 자리에서 이들은 유아세례가 성서적 근거가 없음을 확인하고 서로에게 재세례를 시행하였다. 이날 그레벨이 블라우록(George Blaurock)에게 최초로 재세례를 주었고, 블라우록은 다른 사람들에게 다시 세례를 베풀었다. 그리하여 이들에게는 "재세례파"라는 이름이 붙게 되었다. 유아세례를 인정할 것인지 아닌지 하는 문제는 16세기의 중요한 논쟁들 가운데 하나였다. 마침내 취리히 의회가 개입하여 1526년 3월 7일 유아세례를 무시하고 재세례를 행하는 자들은 수장시키겠다고 발표하였고, 1527년 1월 5일 펠릭스 마인츠가 리마트 강에 수장되어 죽음을 맞이하는 일이 벌어졌다.

하지만 츠빙글리와 재세례파 사이에 단지 유아세례에 대한 의견 차이만 있었던 것은 아니었다. 교회에 대한 이해에서도 차이가 있었는데 츠빙글리는 교회가 거룩한 사람들만이 아니라 죄인들도 섞여 있는 공동체라고 본 반

면에, 재세례파는 교회란 거룩한 성도들만의 모임이어야 한다고 주장하였
다. 따라서 재세례파는 복음에 합당하지 못한 생활을 하는 자들은 성도들
의 공동체에서 파문하고 추방해야 한다고 주장했다. 이런 주장은 교회 내
에 상당한 갈등을 불러올 수밖에 없었다. 뿐만 아니라 재세례파는 교회문
제에 의회가 적극적으로 개입하여 왈가왈부하는 것에 대해 저항하였다. 그
들은 교회와 국가는 서로 분리되어야 하며, 국가가 교회문제에 간섭해서도
안 되고 교회가 교회개혁을 이루는 일에 국가를 끌어들여서도 안 된다고 주
장하였다. 그러나 츠빙글리는 교회와 국가가 서로 협력하여 하나님의 뜻을
이루어야 하며, 의회의 대의제를 통한 의결방식을 따르는 것이 교회개혁을
평화적으로 이루어낼 수 있는 방법이라고 생각했다. 이처럼 유아세례, 교
회, 국가에 대한 서로 다른 견해로 인해 츠빙글리와 재세례파는 동지에서
적대자로 돌아서고 말았다. 츠빙글리가 재세례파와 일정 정도의 거리를 유
지할 수밖에 없게 된 데에는, 당시의 정황에서 기존의 체계나 질서를 무너
뜨리는 급진적인 방법이나 대결구도를 가지고서는 교회개혁이라는 목표를
이루어낼 수 없다는 현실적인 고려가 작용했을 것이다.

F. 교회와 사회의 개혁

츠빙글리는 한편으로는 보수적인 로마가톨릭주의자들에게 반대하고, 다
른 한편으로는 급진적인 재세례파에게 반대하면서 자신의 개혁을 진행시
켜 나갔다. 먼저 츠빙글리는 1522년 성직자의 독신제도를 폐지하고 결혼
을 허락해 줄 것을 의회에 청원하였다. 공식적으로 결혼한 것은 1524년이
지만 사실상 그는 1522년부터 결혼 관계에 들어갔다. 츠빙글리의 아내는
안나 라인하르트(Anna Reinhart)였고, 슬하에 레굴라, 빌헬름, 홀드리
히, 안나 4명의 자녀를 두 살 터울로 두었다. 하지만 막내 안나는 태어나서
얼마 되지 않아 죽었고, 빌헬름은 흑사병으로 15살에 죽는 아픔을 겪기도
했다.
1525년은 츠빙글리의 개혁에 있어서 중요한 해이다. 먼저 부활절에 미

사가 성만찬으로 대체되었다. 회중석과 찬양대석 사이에 성찬대가 차려졌고, 그 위에 나무접시에 담긴 빵과 나무잔에 채워진 포도주가 놓였다. 집례자는 회중을 향해 마주 섰으며, 예배는 라틴어가 아닌 독일어로 진행되었다. 금이나 은으로 만든 성찬기가 아니라 나무로 만든 소박한 접시와 잔을 사용하고, 불필요한 의식들을 제거하고 단순한 예식으로 성만찬을 진행한 것은 개혁교회 성만찬의 모범으로 남아 있다. 같은 해 6월부터는 예언(prophezei)이라 불리는 성서연구 모임이 시작되었다. 이 모임은 일주일에 다섯 번이나 모였으며, 라틴어 · 히브리어 · 그리스어 · 독일어로 성서를 읽고 해석하고 토론하는 모임이었다. 츠빙글리는 전통에 호소하는 로마가톨릭의 오류와 성령에 호소하는 급진주의자들의 오류에서 벗어날 수 있는 길은 철저한 성서연구밖에 없다고 생각했다. 츠빙글리의 주석과 설교들이 여기에서 영감을 얻은 것들이고 1530년에 나온 『취리히성서』도 예언 모임의 산물이라는 점을 고려할 때, 이 모임은 매우 중요한 의미를 지닌다. 예언 모임은 후에 칼빈과 청교도들에게도 그대로 이어져 개혁교회의 중요한 전통으로 자리를 잡았다.

츠빙글리는 교회의 개혁만이 아니라 취리히 시의 사회적이며 정치적인 개혁을 위해서도 노력하였다. 1521년 1월에는 가난한 자들을 구제하기 위한 법률이, 5월에는 결혼에 관한 법률이 제정되었으며, 1530년에는 도덕적인 제반 문제에 대한 규율을 제정하기도 하였다. 이를 위해서 츠빙글리는 시의회와 기꺼이 손을 잡고 사회 전체를 하나님이 원하시는 공동체로 만들기 위해 자신에게 맡겨진 역할을 다했다.

G. 루터와의 성만찬 논쟁

로마가톨릭에 대해 개혁의 기치를 함께 들었던 루터와 츠빙글리 사이에도 여러 가지 차이점이 있었는데, 그 중에서도 결정적인 것이 성만찬에서 그리스도의 임재가 어떻게 이루어지느냐 하는 문제에 대한 견해 차이였다. 츠빙글리가 루터보다 더 인문주의 전통에 가깝고 따라서 이성을 긍정적으

로 사용했기 때문에 성찬에 대한 이해에 있어서도 보다 합리적인 기념설 혹
은 상징설의 입장을 취하게 되었다. 반면에 루터는 성만찬에서 그리스도의
육체적 임재를 강력하게 주장하였다. 루터는 "이것이 내 몸이다."(마
26:26)라는 그리스도의 말씀을 문자적으로 이해하여 성만찬에서의 빵이
곧 예수의 몸이라고 주장했고, 츠빙글리는 "살리는 것은 영이니 육은 무익
하니라."(요 6:63)는 말씀에 의지하여 빵은 상징일 뿐이며 따라서 육체적
임재가 아닌 영적 임재임을 강조하였다.

　성만찬에서의 갈등을 해소하기 위해 루터주의자들과 츠빙글리주의자들
은 헤센의 필립(Philipp of Hessen)의 중재로 1529년 10월 1-4일 마
르부르크에서 모여 의논했지만 결국 합의에 성공하지 못했다. 발표한 14
개 조항에 모두 동의했지만 마지막 15번째 조항의 일부분에서 결국 합의
를 보지 못했다. 15번째 조항은 이렇게 기록하고 있다. "비록 우리가 현재
로서는 그리스도의 살과 피가 빵과 포도주 안에 육체적으로 임재 하는지 아
닌지에 대해서 합의할 수 없지만, 양측은 서로에 대해 양심이 허용하는 한
그리스도인의 사랑을 보여주어야만 한다. 또한 양측은 전능하신 하나님께
서 성령을 통해 우리를 올바른 깨달음에 이르게 해달라고 전심으로 기도해
야만 한다."[6] 결국 츠빙글리와 루터는 서로에게서 돌아설 수밖에 없었고,
얼마 후 1531년 츠빙글리가 카펠 전쟁에서 사망함으로써 둘은 영원히 화
해할 수 없었다. 이 회담의 실패는 종교개혁 진영에서 루터파와 츠빙글리
파가 분열하게 되는 출발점이 되고 말았다. '오직 성서'(sola scriptura)라
는 하나의 기치를 내걸고 개혁운동을 시작한 개혁자들이 바로 그 성서의 해
석문제를 둘러싸고 하나가 되지 못한 것은 지금 생각해도 안타까운 일이 아
닐 수 없다.

---

6) 박경수, "마르부르크 회담, 1529," 『교회와 신학』 75권 (2008 겨울호), 36-44. 마르부르크 회
　담에 대한 자세한 보고는 "The Marburg Colloquy and The Marburg Articles, 1529,"
　Luther's Works 38 (Philadelphia: Fortress Press, 1971), 5-89에 나와 있다.

H. 츠빙글리의 죽음

츠빙글리 당시 스위스는 13개의 캔톤으로 구성된 연맹이었다. 프로테스탄트 종교개혁이 도입된 이후 스위스에는 로마가톨릭으로 남아 있는 캔톤들과 프로테스탄트로 전향한 캔톤들 사이에 대립이 고조되고 있었다. 그러던 중 1529년에 로마교회 측에 포로로 잡힌 야콥 카이저(Jacob Kaiser)라는 프로테스탄트 설교자가 슈비츠에서 공개적으로 화형을 당하는 일이 발생하였다. 이것을 계기로 제1차 카펠 전쟁이 벌어졌다. 이 전쟁에서 프로테스탄트 진영은 압도적 우위에 있었지만 평화를 바라는 사람들의 요구에 따라 복음 설교를 자유롭게 할 수 있도록 할 것, 외국으로부터 받는 일체의 군사적인 용병의 대가를 폐지할 것, 용병 수당을 창설한 자와 분배한 자들을 처벌할 것, 슈비츠는 카이저의 자녀들을 부양하기 위한 1천 길더의 비용을 부담할 것과 같은 4개 조항을 조건으로 제1차 평화협정에 동의하였다.[7]

그런데 1531년 로마가톨릭 측이 다시금 프로테스탄트 설교자들에 대해 박해를 가하자 프로테스탄트 측은 로마가톨릭 지역에 대해 경제적 봉쇄조치를 취하게 되었다. 로마가톨릭 캔톤들은 프로테스탄트 캔톤들에게 곡식, 포도주, 소금, 철 등을 의존하고 있었기 때문에 전쟁 외에는 다른 선택의 여지가 없었다. 이에 다시 제2차 카펠 전쟁이 일어났다. 하지만 제1차 카펠 전쟁 때의 상황과는 달리 프로테스탄트 측의 전세가 오히려 열세였다. 전쟁이 발발하자 관습에 따라 츠빙글리는 군목으로서 군사들을 격려하기 위해 카펠로 달려갔다. 츠빙글리는 군사들에게 이렇게 말하였다. "두려워하지 말라! 우리가 고통을 당하기는 하겠지만 우리는 옳은 편에 서 있다. 여러분의 영혼을 하나님께 맡기라. 그분께서 우리뿐 아니라 우리에게 속한 모든 것들을 돌보실 것이다. 오직 하나님의 뜻만이 이루어질지어다."[8] 전

---

7) Philip Schaff, 박경수 옮김, 『스위스종교개혁』, 169.
8) Philip Schaff, 박경수 옮김, 『스위스종교개혁』, 182.

쟁의 한복판에서 군사들을 돌보던 츠빙글리는 1531년 10월 11일 부상을 당해 전사하고 만다. 그의 나이 47세였다.

츠빙글리의 시체는 네 토막으로 잘려 불태워졌다. 그 재는 돼지의 재와 뒤섞여 사방으로 뿌려졌다. 아무도 츠빙글리를 기릴 수 있는 무엇인가를 찾아내지 못하도록 하기 위함이었다. 지금도 카펠에 서 있는 기념비에는 츠빙글리가 죽을 때 남겼다는 말, "너희가 나의 몸을 죽일 수는 있을 것이나 나의 영혼은 죽일 수 없을 것이다."라는 말이 새겨져 있다. 오늘날 취리히를 방문하는 사람들은 츠빙글리를 기리기 위해 1885년 세운 그의 동상을 만나게 된다. 스트라스부르의 개혁자 부써(Martin Bucer)의 말처럼 "참으로 그는 그리스도의 영광과 조국의 구원만을 바랐던"[9] 개혁자이자 애국자였다.

III. 츠빙글리의 신학사상

A. 성서

성서는 츠빙글리 종교개혁의 심장이다. 역사가들은 종종 '오직 은혜'와 '오직 믿음'의 교리가 종교개혁의 내용적인(material) 원리였다면, '오직 성서'의 교리는 종교개혁의 내용을 담는 외형적인(formal) 원리였다고 말한다. 그만큼 종교개혁의 모든 가르침은 성서에 의존하고 있다. 종교개혁이란 다름 아닌 성서의 '근본으로 돌아가려는'(ad fontes) 운동이었다.

종교개혁자로서 츠빙글리는 자신의 사역의 핵심이 성서를 연속적으로 해설하고 적용하는 것이라는 점을 분명히 알고 있었다. 따라서 그가 1519년 취리히의 목회자로 부임하면서 처음 시작했던 것이 마태복음 연속 강해 설교였다. 그 후 12년 동안 그는 취리히의 그로스뮌스터의 강단에서 신약성서뿐만 아니라 구약성서의 거의 모든 책을 설교하였다. 츠빙글리에게 있

---

9) W. P. Stephens, 박경수 옮김, 『츠빙글리의 생애와 사상』, 61.

어서 성서는 교회의 문제들뿐만 아니라 정치적인 문제들에 있어서도 최종
적인 권위였다. 그는 16세기 취리히의 종교적, 정치적, 사회적 문제들에
대한 해답을 성서 안에서 찾고자 하였다. 츠빙글리가 1525년 6월부터 성
서를 연구하는 예언모임을 시작한 것도 이와 궤를 같이 한다. 츠빙글리는
모든 길은 성서를 향한다고 굳게 믿었다.

　츠빙글리는 성서 전체가 하나님의 말씀이며, 통일성과 일관성을 지닌다
고 주장하였다. 다소 도식적이기는 하지만 이해를 돕기 위해 루터와 츠빙
글리를 비교하여 살펴보자. 루터가 구약을 율법으로 규정하고 신약을 복음
이라 말하면서 율법과 복음의 차별성을 부각시켰다면, 츠빙글리는 율법과
복음이 대립적인 것이 아니라 연속성을 지니고 있으며 따라서 율법이 곧 복
음이라고 주장하였다. 또한 루터가 '정경 중의 정경' 개념으로 성서의 책들
사이에 경중을 두었다면, 츠빙글리는 '모든 말씀은 하나님의 말씀'임을 강
조하면서 성서 전체가 동일한 하나님 말씀임을 강조하였다.

　그렇다고 해서 츠빙글리가 성서만이 진리를 담고 있고 다른 모든 것들은
무가치하다고 주장하는 꽉 막힌 사람은 아니었다. 그는 자신의 책 『주석
』(A Commentary)이나 『하나님의 섭리』(The Providence of God)에
서 성서뿐만 아니라 많은 철학자들의 저술도 광범위하게 사용하고 있다. 츠
빙글리는 아우구스티누스와 히에로니무스를 따라서 "모든 진리는 하나님
의 것"이라고 믿었으며, 비록 플라톤이나 아리스토텔레스와 같은 이교 철
학자들이 발견한 진리라 할지라도 그것은 하나님의 진리라고 주장하였다.
여기서 우리는 그리스와 로마의 재발견을 기꺼워하는 인문주의 학풍이 계
속적으로 츠빙글리에게 영향을 미쳤음을 발견할 수 있다. 이와 같은 진리
에 대한 개방성은 루터와 같은 사람들에게는 분명 불편한 점이었을 것이
다.

　성서의 해석과 관련하여 츠빙글리는 전통적으로 내려오는 네 가지 성서
해석의 가능성을 수용하였다. 문자적(literal) 해석은 무엇이 일어났는지
를, 비유적(allegorical) 해석은 무엇을 믿어야 할 것인지를, 도덕적
(moral) 해석은 무엇을 행해야 하는지를, 신비적(spiritual or ana-

gogic) 해석은 무엇을 추구해야 하는지를 가르쳐 준다.[10] 츠빙글리는 기본적으로 문자적 해석에 관심을 기울였지만, 다른 해석의 가능성들도 늘 염두에 두었다. 성서는 과거의 사실에 대한 이야기일 뿐만 아니라 현재 우리가 무엇을 믿고 어떻게 살아야 하는지, 그리고 미래 우리가 어떻게 될 것이며 무엇을 추구해야 하는지에 대해서도 말하고 있기 때문이다. 특히 신비적 해석의 가능성에 대해 츠빙글리는 오리게네스에게서 일정 부분 영향을 받았다.

B. 삼위일체 하나님과 구원

개혁교회의 표어인 "오직 하나님께 영광"(Soli Deo Gloria)은 츠빙글리의 좌우명이었다. 루터의 개혁이 면죄부로 상징되는 로마교회의 공로사상에 대한 철저한 반대에서 출발했다면, 츠빙글리의 개혁은 우상숭배에 대한 엄격한 비판에서 시작되었다. 츠빙글리에게 있어서 우상숭배란 하나님 이외의 어떤 사람이나 사물에게 마음을 빼앗기는 것이었다. 따라서 츠빙글리는 창조주이신 하나님보다 피조물인 사물에 마음을 빼앗기는 종교, 하나님의 말씀보다 인간의 전통을 신뢰하는 신학에 대해 가차 없이 비판하였다. 츠빙글리가 1523년 로마가톨릭과 논쟁하면서 발표한 67개 조항 중 50번째 조항과 51번째 조항은 이 점을 분명하게 말하고 있다. "하나님은 오직 그의 아들 우리 주 예수 그리스도를 통해서만 죄를 사하신다." "이것을 피조물에게 돌리는 자는 누구든지 하나님의 영광을 탈취하여 하나님이 아닌 자에게 주는 것이며, 이것이 바로 진짜 우상숭배이다."[11] 그는 오직 하나님께만 드려지는 결코 나뉠 수 없는 충성심을 요구하였다. 츠빙글리의 1525년 『주석』의 내용이 이러한 그의 사상을 잘 보여주고 있다.

---

10) W. P. Stephens, 박경수 옮김, 『츠빙글리의 생애와 사상』, 76.
11) W. P. Stephens, 박경수 옮김, 『츠빙글리의 생애와 사상』, 118.

참된 종교 혹은 경건은 한분이신 유일한 하나님께 매달리는 것이다. …
따라서 참된 경건은 우리가 주님의 말씀만 붙들고 신랑 이외의 그 누구의
말도 듣거나 받아들이지 말 것을 요구한다. … 하나님 이외의 어떤 것을 신
뢰하는 것이 바로 거짓 종교와 경건이다. 그것이 무엇이든지간에 피조물을
신뢰하는 사람은 참으로 경건한 사람이 아니다. 그들은 사람의 말을 하나
님의 것으로 받아들이는 불경건한 자들이다.[12]

이와 같이 츠빙글리는 창조주이신 하나님 한분만을 신뢰하고, 그분에게
만 온 마음을 바칠 것을 주장하였다. 이런 관점에서 볼 때 로마교회는 창조
주와 피조물을 혼동하고, 하나님의 말씀과 인간의 가르침을 뒤섞은 우상숭
배의 죄를 범한 것이다. 따라서 츠빙글리는 로마가톨릭의 사제에서 프로테
스탄트 종교개혁자로 돌아설 수밖에 없었다.

츠빙글리는 하나님의 주권이라는 관점에서 예정을 이해했다. 우리를 구
원으로 예정하시고 선택하신 것은 우리의 행위와는 아무런 관계가 없는 전
적으로 하나님의 일이다. 우리가 믿음으로 구원을 얻는 것이 사실이지만,
엄밀히 말하자면 우리의 믿음조차도 하나님의 주권적 선택의 결과일 뿐이
다. 다시 말하면 구원으로 이끄는 믿음조차도 하나님의 주권적 선물인 것
이다. 따라서 우리는 "오직 하나님께만 영광"을 돌려야 하는 것이다.

이처럼 구원이 오직 하나님의 주권에 달려있다면 예수 그리스도나 성령
의 역할과 위치는 무엇인가라는 질문이 제기될 수 있을 것이다. 츠빙글리
에 따르면 구원은 하나님의 선택에서 시작되지만, 그 선택은 우리를 위해
태어나고, 수난 받고, 죽고, 부활하고, 승천하신 그리스도 안에서 구체화
된다. 예수 그리스도가 아버지의 뜻을 우리에게 계시하시고, 십자가를 통
해 우리의 죄를 사하시고, 우리를 하나님과 화해시키신다. 그렇기 때문에
츠빙글리는 "그리스도는 과거와 현재와 미래의 모든 사람들을 위한 구원의

12) W. P. Stephens, 박경수 옮김, 『츠빙글리의 생애와 사상』, 81-82.
13) W. P. Stephens, 박경수 옮김, 『츠빙글리의 생애와 사상』, 122.

유일한 길"[13]이라고 선언하였다. 하나님의 선택을 입은 자들은 그리스도를 통하여 구원받도록 예정되어 있는 것이다. 또한 이 구원은 성령이 우리를 믿음으로 인도하시기 전에는 우리 안에서 이루어지지 않는다. 이와 같이 츠빙글리 사상의 핵심은 우리를 선택하시는 하나님을 강조하고, 우리 죄를 사하시는 그리스도의 십자가와 우리를 믿음과 사랑의 새로운 삶으로 인도하시는 성령을 강조하는 데 있다. 츠빙글리에게 있어서 구원은 아버지, 아들, 성령이 한데 어우러진 삼위일체 하나님 전체의 역사이다.

구원의 문제에 있어서 츠빙글리 신학에서 가장 논쟁적인 점은 경건한 이방인의 구원에 관한 것이다. 츠빙글리는 그가 죽기 전 썼던 마지막 작품『신앙에 대한 해설』(An exposition of the Faith)에서 천국의 소망에 대해 말하면서 그곳에서 베드로와 바울과 같은 믿음의 선배들뿐만 아니라 헤라클레스와 소크라테스 같은 예수를 알지 못했던 경건한 이방인들도 만날 수 있을 것이라고 개대하였다.[14] 이것은 루터를 비롯한 많은 사람들로부터 비판을 받는 빌미가 되었다. 그렇지만 이것을 가지고 츠빙글리가 모든 사람들의 구원을 주장하는 만인구원론자라고 단정 짓는 것은 잘못된 것이다. 츠빙글리가 말하고자 했던 것은 구원은 삼위일체 하나님에게만 속하는 것이며, 모든 진리는 하나님의 진리라는 것이다. 누가 구원에로 선택을 받았는지에 대해서는 하나님만 아신다. 믿는 사람들은 그리스도를 통해 하나님이 자신을 용서해 주셨다는 것을 알고 확신할 수 있지만, 다른 사람의 죄가 용서받았는지에 대해서는 누구도 알 수 없다. 따라서 츠빙글리는 "주의 영이 우리의 믿음과 선택에 대한 확신을 우리에게 주시지만, 다른 사람들의 선택과 믿음은 우리에게 언제나 감추어져 있다."[15]고 말한다. 아무든지 자

---

14) 이 작품은 츠빙글리가 1531년 죽기 전에 마지막으로 쓴 것으로 프랑스의 프랑수아 1세에 헌정한 것이다. 츠빙글리는 왕을 통해 프랑스를 개혁진영으로 변화시킬 수 있을지도 모른다는 환상을 품었으나 실현되지 못하였다. 이 책의 출판은 츠빙글리 사후에 1536년 불링거에 의해 이루어졌다. 이 글은 기독교고전총서(Library of Christian Classics) 가운데 츠빙글리와 불링거의 글들을 모아 G. W. Bromiley가 편집한 Zwingli and Bullinger, 서원모, 김유준 옮김, 『츠빙글리와 불링거』(서울: 두란노아카데미, 2011), 276-315에 수록되어 있다. 경건한 이방인의 구원문제는 311쪽에 언급되어 있다.

15) Zwingli and Bullinger, 서원모, 김유준 옮김, 『츠빙글리와 불링거』, 303-304.

신이 구원받은 것을 자랑할 수 없으며, 다른 사람의 구원에 대해 판단할 수 없다. 구원은 전적으로 삼위일체 하나님의 주권에 속한 것이기 때문이다.

C. 세례와 성만찬의 성례

흔히 츠빙글리주의자라는 용어는 성례에 관한 츠빙글리의 견해를 따르는 사람들을 일컫는다. 이것은 츠빙글리의 신학 사상 중에서 성례에 관한 것, 특히 성만찬에 관한 것이 특징적이라는 사실을 말해주는 것이다. 루터는 츠빙글리주의자들을 폄하하려는 의도로 그들을 '성례주의자'(sacramentarian)라고 불렀다.

그렇다면 츠빙글리에게 있어서 성례란 무엇인가? 성례란 맹세 혹은 서약이다. 츠빙글리는 성례라는 단어가 맹세를 뜻하는 세크라멘툼(sacramentum)에서 유래했음을 지적한다. 군인이 군대에 편입될 때 맹세를 하듯이, 그리스도인이 교회의 구성원이 될 때 세례를 통해 서약을 함으로써 공동체의 일원이 되는 것이다. 또한 그는 성례를 언약의 표지라고 말한다. 츠빙글리에게 있어서 성례는 거룩한 것을 가리키고 상징하는 표지이다. 여기서 중요한 것은 성례는 표지이지 그것이 가리키는 본체는 아니라는 사실이다. 성만찬의 빵과 포도주는 예수 그리스도를 가리키고 그리스도의 고난을 상징하는 표지이지 예수 그리스도 자체는 아니다. 따라서 츠빙글리는 성례에 영광을 돌려서는 안 되고 오직 하나님께만 영광을 돌려야 한다고 주장한다. 츠빙글리에게는 성례의 문제도 곧 하나님의 주권 사상으로 연결되고 있음을 알 수 있다.

츠빙글리에게 있어서 성례 그 자체는 효력이 없다. 성례가 효력을 지니도록 하는 것은 물이나 빵이나 포도주와 같은 외적인 물질이 아니라 오직 하나님이다. 츠빙글리는 성례가 믿음을 준다는 주장도 거부한다. 왜냐하면 믿음은 하나님만이 주실 수 있기 때문이다. 하나님께서는 외적인 성례를 통해 믿음을 주시기도 하지만, 그것이 없이도 우리에게 믿음을 주실 수 있다. 성령이 바람과 같아서 어디서 불어와서 어디로 가는지 알 수 없듯이,

하나님은 외적인 것에 얽매이지 않고 모든 것을 초월하여 존재하는 분이다. 따라서 하나님은 성례 안(in)에만 계시는 분이 아니라 성례 위(over)에 계시는 분이다. 루터가 성례 안에 계신 하나님의 은혜를 강조했다면, 츠빙글리는 성례 위에 계신 하나님의 주권을 강조하였다. 츠빙글리는 하나님만이 모든 것의 진정한 원인이라고 믿었다.

프로테스탄트 종교개혁자로서 츠빙글리는 로마교회의 칠성례를 거부하고 세례와 성만찬만을 성례로 받아들였다. 세례에 있어서 가장 치열한 논쟁은 유아세례 문제였다. 츠빙글리는 유아세례를 거부하고 믿는 자의 세례만을 주장하는 소위 '재세례파'라 불리는 과거 자신의 동료들에 맞서서 유아세례를 옹호하였다. 그는 재세례파 운동이 점차 확산되기 시작한 1525년 출판된 『세례』라는 글에서 세례, 재세례, 유아세례를 둘러싼 자신의 입장을 피력하였다.[16] 이 글에서 츠빙글리는 "나 역시도 언젠가 그 오류에 빠져서 어린이들이 분별할 나이가 될 때까지 세례를 주지 않는 것이 낫다고 생각했다."[17]고 고백하였다. 그랬기 때문에 재세례파라 불리는 츠빙글리의 옛 동료들은 그가 처음의 개혁정신을 버렸다고 비판하였을 것이다. 그러나 얼마 지나지 않아 츠빙글리는 유아세례를 인정하였으며, 유아세례를 부인하고 재세례를 받는 것을 강하게 비판하였다.

츠빙글리는 재세례파가 주장하는 견해들을 조목조목 비판하였다.[18] "죄가 없이 살 수 있는 자들만이 세례를 받아야 한다," "세례는 믿음이 온전해지기 전에 행해서는 안 된다," "성령을 소유한 자들만이 세례를 받을 수 있다"는 재세례파의 주장들에 대해 츠빙글리는 죄 없이 살 수 있는 자가 있다면 세례도 필요 없을 것이며, 믿음은 계속 성장하는 것이기 때문에 온전해지기를 기다릴 수 없고, 우리는 누가 성령을 받았는지 판단할 수 없으며 나아가 어린아이는 성령을 받을 수 없다고 단정하는 것은 하나님의 능력을 제

---

16) 이 작품은 1525년 5월 27일 출판되었고, 재세례파 위협이 심각했던 장크트갈렌에 있는 친구 바디안(Vadian)에게 보내졌다. 이 책으로 인해 츠빙글리와 후버마이어(Balthasar Hubmaier) 사이에 세례를 둘러싼 문서논쟁이 일어났다.

17) *Zwingli and Bullinger*, 서원모, 김유준 옮김, 『츠빙글리와 불링거』, 162.

18) *Zwingli and Bullinger*, 서원모, 김유준 옮김, 『츠빙글리와 불링거』, 151-202.

한하는 것이라고 응수하면서 유아세례의 정당성과 필요성을 역설하였다. 뿐만 아니라 츠빙글리는 마태복음 28장을 둘러싼 재세례파의 견해나, 요한의 세례와 그리스도의 세례가 다르다고 주장하는 것에 대해서도 자신만의 성서해석을 통해 논박하고 있다.

츠빙글리는 유아세례를 옹호하는 근거로써 세례는 교회 공동체로 들어가는 최초의 입회 의식이며 하나님의 언약의 표지이므로 그리스도에 대한 지식보다 선행할 수 있다고 주장했으며, 구약성서의 할례 예식이 그 의미상 신약에서는 유아세례로 대체될 수 있다고 보았다. 또한 성서에 유아세례를 명시적으로 금하는 구절이 없을 뿐만 아니라 어린 아이들을 용납하라고 주님께서 직접 가르치신 것을 근거로 유아세례를 옹호하였다.[19] 재세례파가 사도들이 유아에게 세례를 주었다는 것을 성서에서 발견할 수 없으니 유아세례는 잘못이라고 주장하는 것에 대해 츠빙글리는 다음과 같은 질문을 통해 그들의 주장을 반박한다. "우리가 성서에서 아볼로가 세례를 베풀었다는 기록을 발견하지 못하기에 그가 아무에게도 세례를 베풀지 않았다고 말해야 하는가?" "최후의 만찬에 여자들이 참여했다는 기록이 없으니 성만찬에 여자는 배제해야 하는가?" "사도들이 인도에 복음을 전했다는 기록이 없으니 인도에 복음을 전해서는 안 되는 것인가?"[20] 츠빙글리의 눈에는 재세례파가 자신들의 주장을 정당화하기 위해 성서를 편파적으로 이용하고 자신들만이 옳다는 분파주의적 태도를 고집하는 것이 가장 큰 문제였다. 그리고 예수 그리스도에 대한 충분한 지식을 갖추고 자신의 신앙을 확신할 수 있을 때에 자기 스스로의 결단에 따라 세례를 받아야 한다고 주장하는 것은 츠빙글리가 볼 때에는 하나님의 주권보다는 인간의 결심을 앞세우는 교만이요 불경건이었다.

성만찬과 관련하여 츠빙글리와 루터는 대부분 입장이 일치했다. 루터는 일찍이 1520년 『교회의 바벨론 포로』(The Babylonian Captivity of

---

19) W. P. Stephens, 박경수 옮김, 『츠빙글리의 생애와 사상』, 145-146.
20) W. P. Stephens, 박경수 옮김, 『츠빙글리의 생애와 사상』, 151.

the Church)에서 로마 가톨릭교회가 세 가지 포로상태에 빠져 있다고 주장하였다. 그 세 가지는 다름 아닌 빵만 주고 포도주는 주지 않는 성만찬, 미사의 희생제사적 성격, 화체설이었다.[21] 츠빙글리도 루터에게 전적으로 동의하였다. 1529년 마르부르크회담에서 드러나듯이 두 사람 사이의 유일한 차이는 성만찬에 그리스도가 어떤 방식으로 임재하는가 하는 점이었다. 츠빙글리는 성만찬에서의 그리스도의 임재를 믿었지만, 로마교회의 화체설이나 루터의 육체적 임재를 믿지는 않았다. 그는 에라스무스를 따라 살리는 것은 영이고 육은 무익하다는 것과, 근본적인 것은 먹는 것이 아니라 믿는 것이라는 사실을 믿었다.[22] 츠빙글리는 그리스도가 육체적인 방식으로가 아니라 신앙의 묵상(contemplation of faith)을 통해 성만찬에 임재하신다고 주장하였다.[23]

우리는 흔히 루터의 성만찬 이론을 육체적 임재설이라 부르고, 츠빙글리의 입장을 상징설 혹은 기념설이라 부른다. 루터와 츠빙글리의 차이는 "이것이 내 몸이다(Hoc est corpus meum)."(마 26:26)라는 성서구절을 어떻게 해석할 것인가에 놓여 있었다. 루터는 이 그리스도의 말씀을 문자적으로 이해하였고, 츠빙글리는 상징적으로 해석하였다. 루터가 "est"를 "이다(is)"로 해석한 반면에, 츠빙글리는 "의미한다(signify)"로 받아들였다. 루터에게 빵이 그리스도의 몸이었다면, 츠빙글리에게 빵은 그리스도의 몸을 상징하는 표지였다. 빵과 포도주는 우리를 위해 십자가에서 찢기시고 흘리신 예수 그리스도의 몸과 피를 상징하는 것이며, 그리스도의 고난을 기념하게 하는 표지인 것이다. 츠빙글리는 이와 같은 상징적 해석을 코르넬리스 호엔(Cornelis Hoen)에게서 배웠다. 그렇지만 츠빙글리가 말하는 상징과 표지라는 말이 16세기 당시 루터가 츠빙글리에 대해 오해했던 것처럼 "텅 빈 표지"(empty sign) 혹은 "벌거벗은 상징"(bare sign)

---

21) Martin Luther, 지원용 옮김, 『말틴 루터의 종교개혁 3대 논문』(서울: 컨콜디아사, 1993), 155-270을 참고하라.
22) W. P. Stephens, 박경수 옮김, 『츠빙글리의 생애와 사상』, 161-162.
23) W. P. Stephens, 박경수 옮김, 『츠빙글리의 생애와 사상』, 171.

은 결코 아니었다. 성만찬의 표지인 빵과 포도주는 거룩한 것의 표지, 즉 예수 그리스도를 가리키고 기억하게 하는 상징이었다. 츠빙글리가 강조하고자 했던 것은 표지는 표지일 뿐 그 자체가 그리스도의 몸이나 피는 아니라고 하는 점이었다.[24]

츠빙글리는 로마가톨릭의 화체설에 반대하는 만큼 루터의 육체적 임재설에 대해서도 비판하였다. 그러나 아쉽게도 자신과 다른 입장에 대해 논쟁하며 반대하는 데에 몰두하느라고 자신의 입장을 건설적으로 제시하며 수립하는 데는 소홀하였다. 사실상 츠빙글리는 신앙의 묵상이라는 개념을 통해서, "살리는 것은 영이니 육은 무익하니라."(요 6:63)는 말씀에 대한 강조를 통해서 이미 성만찬에서 그리스도의 임재는 영적 임재임을 간파하였다. 그러나 그는 이런 자신의 관점을 적극적으로 충분히 전개하지 못했고, 오히려 영적 임재설은 이후 칼빈에 의해 구체적으로 이론화되었다. 츠빙글리에 의해 뿌려진 씨앗이 칼빈에 의해 열매를 맺은 것이다.

D. 교회와 국가

츠빙글리는 교회란 그리스도를 머리로 하는 성도의 교제이며 보편적 공동체라고 믿었다. 교회의 머리는 그리스도이지 교황이 아니다. 교회의 일원이 된다는 것은 그리스도에게 연결되는 것이지 로마의 위계질서에 포함되는 것이 아니다. 츠빙글리는 앞선 교부들과 개혁자들과 마찬가지로 천상에 속한 '보이지 않는 교회'(invisible church)와 지상에 속한 '보이는 교회'(visible church)를 구별하였다.[25] 누가 천상의 보이지 않는 교회에 속한 알곡인지는 오직 하나님만 알고 있으며 사람들에게는 감추어져 있기 때문에 보이지 않는 교회라고 부르는 것이다. 천상의 보이지 않는 교회에는 알곡만 있는 것과는 달리 이 땅에 있는 보이는 교회 안에는 알곡과 가라지

---

24) 1526년 출판된 츠빙글리의 『주의 만찬론』은 *Zwingli and Bullinger*, 서원모, 김유준 옮김, 『츠빙글리와 불링거』, 212-269를 참조하라.
25) *Zwingli and Bullinger*, 서원모, 김유준 옮김, 『츠빙글리와 불링거』, 299-300.

가 섞여 있다. 츠빙글리가 볼 때 재세례파의 오류는 이 땅의 보이는 교회가 알곡만으로 이루어져야 한다고 주장하면서 지나친 파문을 행하고 교회를 분열시키는 과격한 분리주의에 빠진 것이다.

츠빙글리도 교회가 거룩한 공동체라는 것을 인정했지만, 그 거룩함은 그리스도로 말미암은 것이지 교인들 때문은 아니다. 물론 교회는 그리스도의 거룩함을 지키기 위해 노력하고 애써야 한다. 따라서 교회에서는 치리와 파문도 필요하다. 그렇지만 교회의 거룩함을 지킨다는 명분으로 자신들만 옳고 다른 사람들은 그르다는 잘못된 완전주의에 빠지거나 조그마한 잘못이라도 저지른 사람들은 무조건 파문해야 한다는 지나친 엄격주의 빠지게 된다면 결국 그리스도의 몸인 교회를 훼손시키는 분파주의의 함정에 빠지고 말 것이다. 츠빙글리는 치리와 파문의 필요성은 인정했지만, 그것을 행하는 목적이 교회의 거룩함을 지키고 또한 죄를 지은 사람들이 회개하고 회복되는 데 있음을 강조하였다. 따라서 치리는 그 목적을 달성할 수 있도록 온유한 방식으로 적절한 정도로 시행되어야 한다. 또한 치리와 파문을 행하는 주체가 특정한 개인이어서는 안 되고 교회 공동체여야 한다. 하지만 츠빙글리는 이후에 치리와 파문의 권한을 점차 교회에서 세속 정부에게로 돌렸다. 때문에 그는 파문의 권한을 가진 관료를 가리켜 교회의 목자들 중 하나라고까지 말하게 되었다. 이로 인해 치리권이 교회에 속한 것인지 정부에 속한 것인지를 둘러싼 논쟁이 일어나게 되었다.[26]

츠빙글리는 교회와 국가는 두 개의 분리된 공동체가 아니라, 동일한 하나님의 주권 아래 있는 하나의 공동체라고 생각했다. 마치 루터가 교회와 국가를 하나님의 오른손과 왼손으로 비유했던 것처럼, 츠빙글리도 교회와 국가는 하나님께서 자신의 뜻을 펼치시기 위해 이 땅에 세우신 동일한 목적을 지향하는 기구라고 믿었다. 굳이 경중을 따지자면 루터와 츠빙글리 모두 교회가 국가보다 더 중요하고 우선적인 하나님의 도구라고 믿었다. 그러나 국가가 없다면 정의와 질서가 세워질 수 없고 사회는 혼란에 빠질 것

---

26) W. P. Stephens, 박경수 옮김, 『츠빙글리의 생애와 사상』, 186-191.

이며, 결국 교회도 불구가 되고 무기력해질 것이라고 생각했다. 그렇기 때문에 츠빙글리는 국가의 통치자들을 교회의 목자들이라고까지 불렀던 것이다. 이러한 생각은 아직 교회와 국가가 분리되어 있지 않았던 16세기의 시대 상황을 반영하고 있는 것이다.

츠빙글리는 그리스도인은 국가에 복종할 의무가 있다고 보았다. 국가의 통치자는 하나님이 세우신 사람들이기 때문에 그리스도인들은 성서의 가르침에 따라 그를 존경하고 복종해야 한다는 것이다. 그러나 국가의 권력에는 분명 한계가 있다. 만일 국가가 하나님의 뜻에 어긋나는 것을 강요한다면 그 국가는 정당성을 잃은 것이다. 그때에는 그리스도인들은 하나님의 말씀을 가지고 통치자들에게 반대해야 할 불복종의 의무를 지닌다. 그렇지만 이때에도 폭력적인 방법이 아닌 적절한 절차에 따라 불복종이 이루어져야 한다. 이와 같이 츠빙글리는 잘못된 권력에 대해서는 저항할 수 있는 의무와 권리가 있다고 보았지만, 그 경우에도 폭력이나 반란이 아닌 정당한 절차를 따라야 한다고 주장했다. 이는 그가 활동했던 취리히의 의회주의 전통을 반영하고 있는 것으로 보인다.

츠빙글리가 재세례파에 대해 가졌던 가장 큰 우려는 그들이 교회와 국가를 전혀 다른 목적을 가진 공동체라고 주장하면서 양자를 분리시키고자 하는 경향이었다. 이것은 사회질서를 무너뜨려 혼란을 부추길 뿐만 아니라 종교개혁 운동을 고립시켜 실패로 만들 소지가 있었다. 츠빙글리에게 있어서는 교회와 국가는 하나님의 주권 아래 동일한 목적을 가지고 있는 공동체였다. 물론 목회자와 통치자의 역할은 다르다. 목회자는 말씀으로 하나님의 뜻을 이루고, 통치자는 권력으로 하나님의 뜻을 성취한다. 츠빙글리는 교회와 국가는 역할과 기능은 다를지라도 목적에 있어서는 동일한 동반자의 관계라고 믿었다. 취리히의 바서(Wasser) 교회 앞에 서 있는 츠빙글리의 동상은 오른손에는 성서를 왼손에는 칼을 들고 있다. 츠빙글리가 들고 있는 성서와 칼은 각각 교회와 국가를 상징하며, 이것은 교회와 국가 모두를 하나님의 뜻에 따라 개혁하고자 했던 츠빙글리의 정신을 대변하고 있다.

IV. 츠빙글리가 남긴 유산

개혁주의 전통의 아버지로서 츠빙글리는 우리에게 다음과 같은 유산을 남겨주었다. 첫째로, 하나님에 대한 절대적 신뢰이다. "오직 하나님께 영광"이라는 개혁교회의 표어는 바로 츠빙글리에게서 시작되었다. 츠빙글리에게 있어서 종교개혁의 본질은 하나님 외의 어떤 것 혹은 어떤 사람에게 한 조각의 마음이라도 빼앗기지 않는 것이었다. 츠빙글리는 오직 하나님께만 바쳐야 할 마음을 다른 것에게 빼앗기는 것이 바로 우상숭배라고 보았다. 츠빙글리의 철저한 하나님 중심 사상은 우리 신앙의 지향점이 어디여야 하는지 그리고 우리 삶의 중심이 무엇이어야 하는지를 분명히 보여준다. 이것은 오늘날 중심과 목표를 잃어버린 것처럼 보이는 한국교회에 경종이 된다. 둘째로, 성서에 대한 강조이다. 연속적인 성서 강해의 전통을 수립하고, 예언 모임을 조직하고, 성서 전체를 하나님의 말씀으로 받아들이는 태도야말로 츠빙글리의 독창성이었다. 츠빙글리는 철저한 말씀의 종이었고, 처음부터 끝까지 설교자였다. 츠빙글리가 추구한 개혁운동의 유일한 무기는 성서였다. 이런 점에서 성서는 츠빙글리 종교개혁의 심장이었다. 셋째로, 개인의 경건보다 공동체의 삶을 더 강조한 것이다. 루터의 종교개혁이 자기 구원의 확신에 대한 몸부림에서 출발했다면, 츠빙글리의 종교개혁은 스위스 국민들의 구원에 대한 갈망에서 시작되었다. 그는 뼛속까지 스위스 사람이었고 애국자였다. 그의 개혁은 공동체의 삶과 도덕에 집중되었으며, 사회와 정치의 유기적인 구조들을 개혁하려는 성격을 띠고 있었다. 츠빙글리는 참으로 하나님을 위해서, 그리스도의 나라를 이 땅에 이루기 위해서, 영혼의 구원을 위해서 하나님 앞에서 용감하고 치열하게 살았던 개혁자였다. 그의 책 『주석』의 마지막 문장은 그의 삶의 목표가 무엇이었는지를 그대로 보여준다. "내가 말한 모든 것은 하나님의 영광을 위한 것이며, 그리스도의 나라와 양심의 유익을 위한 것이다."

참고문헌

A. 1차 자료

1. 라틴어 및 독일어로 되어 있는 대부분의 츠빙글리 작품들은 근대적이고 비평적인 편집본인 *Huldreich Zwinglis Sämtliche Werks* (Berlin, Leipzig, Zurich, 1905–)에 실려 있다. 이것은 멜랑흐톤, 칼빈의 작품들과 함께 『종교개혁총서』(*Corpus Reformatorum*: CR)에 포함되어 있다. 『종교개혁총서』는 101권으로 이루어진 종교개혁자들의 작품집으로 멜랑흐톤(1–28, 28권), 칼빈(29–87, 59권), 츠빙글리(88–101, 14권)의 작품들을 포괄하고 있다. 이 『종교개혁총서』에 실리지 않은 저작들에 대해서는 19세기 판으로, M. Schuler와 J. Schulthess가 편집한 *Huldreich Zwingli's Werke* (Zurich, 1828–42)를 참조해야 한다. 츠빙글리가 여백에 써넣은 주석과 같은 다른 자료들은 아직까지 출판되지 않았거나 부분적으로만 출판되었다.

2. 츠빙글리 작품들 가운데 영어로 번역된 것들도 다수 있다. 무엇보다 20세기가 초에 S. M. Jackson에 의해 상당 부분이 영어로 번역되어 출판되었고, 이후 재간되었다. 한편 일부 미간행 번역들은 E. J. Furcha와 H. W. Pipkin가 편집한 2권으로 된 츠빙글리 작품집에 수록되어 있다. 이 외에도 G. W. Bromiley가 편집한 기독교고전총서(Library of Christian Classics) 제24권인 *Zwingli and Bullinger* (London, 1953)에 츠빙글리의 몇몇 작품이 수록되어 있는데 이것은 두란노아카데미 출판사를 통해 『츠빙글리와 불링거』라는 제목으로 2011년 번역 출간되었다. 아래에서는 알파벳 순서가 아니라 소개한 순서대로 정리하였다.

Jackson, S. M. *Huldreich Zwingli*. New York, 1901; repr. 1969.
_____. *The selected Works of Huldreich Zwingli*. Philadelphia, 1901; repr. Philadelphia, 1972.
_____. *The Latin Works and the Correspondence of Huldreich Zwingli I. 1511–1522*. New York, 1912, repr. as *Ulrich Zwingli Early Writings*. Durham, NC, 1987.
Hinke, W. J. *The Latin Works of Huldreich Zwingli ii*. Philadelphia, 1922; repr. as *Zwingli on Providence and Other Essays*. Durham, NC, 1983.

Heller, C. N. *The Latin Works of Huldreich Zwingli iii.* Philadelphia, 1929; repr. as *Commentary on True and False Religion.* Durham, NC, 1981.

Furcha, E. J. *Selected Writings of Huldrych Zwingli, i. The Defense of the Reformed Faith.* Allison Park, PA, 1985.

Pipkin, H. W. *Selected Writings of Huldrych Zwingli, ii. In Search of True Religion: Reformation, Pastoral and Eucharistic Writings.* Allison Park, PA, 1985.

Bromiley, G. W. *Zwingli and Bullinger.* Library of Christian Classics 24. London, 1953.

"The Marburg Colloquy and The Marburg Articles, 1529." *Luther's Works 38.* Philadelphia: Fortress Press, 1971: 5–89.

B. 2차 자료

1. 츠빙글리에 관한 참고문헌을 담고 있는 중요한 책은 G. Finsler, *Zwingli-Bibliographie* (Zurich, 1897)와 U. Gäbler, *Huldrych Zwingli im 20. Johrhundert* (Zurich, 1975)이다. 1972년 이후 저작들에 대해서는 매년 그 목록이 *Zwingliana* 에 실려 출판되고 있다. 영어로 된 참고문헌으로는 H. W. Pipkin, A *Zwingli Bibliography* (Pittsburgh, 1972)가 있다.

2. 영어로 된 츠빙글리에 관한 책으로는 다음과 같은 책들이 있다.

Courvoisier, J. *Zwingli: A Reformed Theologian.* London, 1964.

Farner, O. *Zwingli the Reformer.* London, 1952.

Furcha, E. J. and Pipkin, H. W. *Prophet Pastor Protestant.* Allison Park, PA, 1984.

Gäbler, U. *Huldrych Zwingli.* Edinburgh, 1987.

Garside, C. *Zwingli and the Arts.* New Haven, Conn, 1966.

Locher, G. W. *Zwingli's Thought.* Leiden, 1981.

Pipkin, H. W. *Zwingli: The Positive Value of his Eucharistic Writings.* Leeds, 1985.

Potter, G. R. *Zwingli.* Cambridge, 1976.

Richardson, C. C. *Zwingli and Crammer on the Eucharist.* Evanston, Ill, 1949.

Rilliet, J. *Zwingli.* London, 1964.

Sasse, H. *This is My Body*. Minneapolis, 1959.

Stephens, W. P. *The Theology of Huldrych Zwingli*. Oxford, 1986.

C. 한글로 번역된 츠빙글리 관련 자료

Aland, Kurt. Four Reformers. 『네 사람의 개혁자들』. 서울: 컨콜디아사, 1983:
    85-101.

Bromiley, G. W. ed. *Zwingli and Bullinger*. 서원모 · 김유준 옮김. 『츠빙글리와
    불링거』. 서울: 두란노아카데미, 2011.

Courvoisier, Jaques. *Zwingli Théologien Réformé*. 『개혁신학자 츠빙글리』. 서
    울: 한국장로교출판사, 2002.

Gäbler, Ulrich. *Huldrych Zwingli*. 박종숙 옮김. 『츠빙글리: 그의 생애와 사역』.
    서울: 아가페출판사, 1993.

George, Timothy. Theology of th Reformers. 이은선 · 피영민 옮김. 『개혁자들
    의 신학』. 서울: 요단출판사, 1994: 133-197.

Haas, Martin. *Huldrich Zwingli und Seine Zeit*. 정미현 옮김. 『훌드리히 츠빙글
    리』. 서울: 한국기독교장로회신학연구소, 1999.

Lindberg, Carter. *The Reformation Theologians*. 조영천 옮김. 『종교개혁과 신
    학자들』. 서울: 기독교문서선교회, 2012: 287-309.

Oehninger, R. H. *Das Zwingliportal am Grossmünster in Zürich*. 정미현 옮김.
    『츠빙글리의 종교개혁 이야기』. 서울: 한국장로교출판사, 2002.

Schaff, Philip. *History of the Chrisitan Church*. 8. 박경수 옮김. 『스위스종교개
    혁』. 고양: 크리스찬다이제스트, 2004.

Stephens, W. P. *Zwingli: An Introduction to His Thought*. 박경수 옮김. 『츠빙
    글리의 생애와 사상』. 서울: 대한기독교서회, 2007.

박경수. "마르부르크 회담 1529." 『교회와 신학』. 75권. (2008 겨울호): 36-44.

_____. 『교회사클래스』. 서울: 대한기독교서회, 2010: 152-170.

시몬 그리네우스의
생애와 학문적 여정

한병수 (합동신학대학원, 역사신학)

16세기 종교개혁 운동은 몇 사람의 특출 난 영웅들이 발휘한 교리적 목회적 지도력에 의해서만 주도되지 않았다. 여러 나라와 지역에서 하나님의 다양한 일꾼들이 각자에게 할당된 종교개혁 안에서의 배역을 충실히 소화하며 서로 조력한 결과였다. 이 장에서는 종교개혁 무대에 등장하여 당시의 여러 인물들에 의해서는 존경과 칭찬을 받았으나 이후의 사람들에 의해서는 그것에 부응하는 관심과 대우를 받지 못하였던 한 스위스의 종교개혁자 시몬 그리네우스(Simon Grynaeus, 1493-1541)를 다루고자 한다.

시몬은 지금까지 단행본급 연구서가 헝가리의 학자 블라지 아르파드(Blázy Árpád)[1] 에 의해 아주 최근에 헝가리 언어로 한 권 출간이 되었으나 한국과 영어권 내에서는 연구서가 전무할 정도로 학계에 잘 알려지지 않

---

[1] 블라지는 시몬이 부다페스트에서 3년동안 머물렀던 시기의 활동을 연구하여 2007년도에 박사학위 논문(제목: A humanista Simon Griner (Grynaeus) és Buda (1521-1523))으로 제출하여 최우수 논문(Summa cum laude)으로 인정을 받았고 이후 2010년에 그 논문을 확장하여 단행본 *Simon Gryner (Grynaeus) és Buda* (1521-1523) (Budapest: Károli Egyetemi Kiadó, 2010)으로 출간했다. 비록 시몬의 학문과 신학 전반을 아우르고 있지는 않으나 시몬에 대한 최초의 단독적인 연구서로 기억될 책임에는 분명하다.

앉지만, 종교개혁 초기에 바젤의 개혁자 요하네스 외콜람파디우스(Jo-
hannes Oecolampadius, 1482-1531)의 후계자로 지목되어 도시를
개혁주의 신앙으로 이끌었던 신실한 신학자요 멜랑흐톤 및 칼빈에게 학자
적 탁월성을 인정받은 출중한 학자였다. 시몬을 하나님의 뜻과 복음이 일
하도록 "막후에서"(hinter den Kulissen) 평강과 겸손의 자리에 어떻게
머물 수 있는지의 가능성을 보여준 탁월한 범례라고 한 블라지의 진술은 과
장이 아니라고 생각된다. 정밀한 번역가, 열정적인 문헌학자, 논리적인 철
학자, 경건한 신학자, 성실한 교육자, 잔잔한 개혁자, 평화의 지도자란 호
칭이 적합하나 이 모든 별칭들이 그냥 '위대한' 종교개혁자 칼빈의 로마서
주석이 헌정된 대상자란 지배적인 이미지 아래 묻히고 만 인물이기 때문이
다.

　시몬은 1493년 독일의 스와비아 베링겐(Veringen in Swabia)[2] 지역
에서 농부의 아들로 태어났다.[3]　14세가 되었을 때에 히브리어 및 헬라어
에 능통한 독일의 인문주의 학자 요하네스 로이흘린(Johannes Reuch-
lin, 1455-1522) 출생지로 유명한 포츠하임(Pforzheim) 지역의 라틴
어 학교에 입학했고 그곳에서 일평생 절친으로 지내게 될 필립 멜랑흐톤

---

2) 이 지역은 중세 및 15세기 여러 문헌에서 Veringen으로 불렸으나 지금은 독일의 Bavaria
　Vöhringen 지역이다.
3) 시몬의 단편적인 일대기에 대해서는 다음을 참조했다. Melchior Adam, *Vitae Germanorum*
　philosophorum (Frankfurt [Main], 1615), 119-121; Erasmus Middleton, (ed) *Bi-*
　ographia Evangelica: or An Historical Accunt of the Lives and Deaths of the Most
　Eminent and Evangelical Authors or Preachers (London, 1810), 149-151; Rudolf
　Thommen, *Geschichte der Universität Basel, 1532-1632* (Basel: Detloffs Buch-
　handlung, 1889), 109-112; Bursian, "Grynaeus, Simon," in *Allgemeine Deutsche*
　Biographie, band 10 (Leipzig: Duncker & Humblot: 1879), 72-73; Kurt Guggisberg,
　"Grynaeus, Simon," in *Neue Deutsche Biographie*, band 7 (Berlin: Duncker & Hum-
　blot, 1967), 241; Michael A. van den Berg, "Simon Grynaeus: An Exegetical
　Friend," in *Friends of Calvin* (Grand Rapids: Eerdmans, 2009), 68-77; Peter G.
　Bietenholz et al (ed.), *Contemporaries of Erasmus: A Biographical Register of the*
　Renaissance and Reformation (Toronto: University of Toronto Press, 1985), 2:142-
　146. 시몬과 칼빈과의 관계에 대해서는 Cornelis Augustijn et al., "Calvin in the Light of
　the Early Letters," in *Calvinus Praeceptor Ecclesiae*, edited by Herman J. Selder-
　huis (Geneva: Droz, 2004), 139-158, 특별히 145-147쪽을 참조하라.

(Philipp Melanchthon, 1497-1560)을 급우로 만났다. 이 라틴어 학교는 중세에도 유명세를 떨쳤으며 특별히 히브리어, 헬라어, 라틴어로 된 고전 문헌들에 대한 애착이 강하였던 곳이었고 시몬은 이렇게 인문주의 색채가 강한 학교에서 니콜라우스 게르벨(Nicolaus Gerbel) 및 게오르그 지믈러(Georg Simler)와 같은 인문주의 교사들을 통해 탄탄한 인문학적 기초를 배양할 수 있었다. 1511년 10월 13일, 시몬은 각종 고전어에 대한 첫번째 테스트를 통과한 후 비엔나 대학으로 진학하여 4년간의 석사과정 학업을 마치고 학위(Magister Artium)를 취득했다.

수년이 흐른 후 시몬은 부다페스트에 위치한 문법학교 교장직을 수락하게 되었다. 교장직 수락의 동기에 대한 판 덴 버그의 진단에 따르면, 부다페스트는 헝가리의 왕들이 거주하던 수도였고 그곳에는 당시 유럽에서 가장 방대한 문헌들을 소장한 도서관들 중의 하나인 왕립 코르비나 도서관이 있었기 때문이다.[4] 젊은 인문주의 학자에게 이런 곳보다 더 매력적인 고전학 연구의 '메카'는 없었겠다. 그러나 그곳에서 누리는 학문적 안락도 오래 지속되지 못하였다. 심각한 역병의 발생도 문제지만, 인문주의 정신에만 도취되지 않고 루터와 신앙적인 교분을 나누었고 그의 신학적 사상에도 심취했던 시몬은 무엇보다 종교개혁 정신에 기우는 자들을 대하는 그곳의 보수적 인문주의 학자들의 싸늘한 냉대와 뾰족한 등살에 떠밀려 투옥의 억울함을 겪어야 했고 몇몇 귀족들의 도움으로 풀려나긴 했으나 헝가리의 정든 도심을 떠나야만 했기 때문이다.

그러나 그런 불가피한 '피난'이 불행만은 아니었다. 1523년에 시몬은 베링겐을 방문하여 막달레나 스피렌시스(Magdalena Spirensis)를 만나 결혼까지 했다. 같은 해에 그는 당시 '종교개혁 수도'격인 비텐베르크로 이주했고 그곳에서 보다 짙은 종교개혁 숨결을 느낄 수 있었으며, 한걸음 더

---

4) Michael A. van den Berg, "Simon Grynaeus: An Exegetical Friend," 70.

나아가 1524년에는 하이델베르크 대학에서 헬라어 교수직도 취득하는 하나님의 특별한 섭리를 맛보았기 때문이다.

그러나 하이델베르크 대학에서 가르치는 일이 경제적 풍요가 뒤따르는 섭리는 아니었다. 시몬은 박봉으로 인해 생계의 유지조차 어려워져 1526년에는 수학도 가르쳐야 했고, 허마누스 부쉬우스(Hermanus Buschius)가 라틴어 교수직을 떠나자 그 빈자리도 매꾸어야 했다.[5] 당연히 과로로 인해 건강은 극도로 악화될 수밖에 없었다. 게다가 종교개혁 발발 이후에도 여전히 주류로 득세했던 '중세적' 학자들은 시몬과 같이 복음적 성향을 보이는 인물들이 같은 교수진에 속했다는 사실이 영 달갑지가 않았다. 더군다나 1524년에 칼쉬타트(Andrea Karlstad, 1486-1541)와 만난 이후에는 시몬이 성찬에 대한 루터의 입장을 등지고, 성찬에서 하신 예수님의 언급은 실질적인 자신의 몸과 피를 가리키지 않고 상징적인 언어일 뿐이며 오직 영적인 의미만을 가졌다는 스위스 개혁주의 입장을 수용했다.

1525년에 시몬은 요하네스 브렌츠(Johannes Brenz, 1499-1570)와 성찬론 문제로 논박의 대립각을 세웠으며, 1529년에는 옛 친구를 만나려고 슈파이어(Speyer) 지역을 방문하여 비엔나의 주교 요하네스 파브리(Johannes Fabri, 1478-1541)가 화체설을 주장하며 각종 오류들을 설교에 담아 강단에서 쏟아내자 파브리의 입장에 날카로운 비판을 가하였다. 시몬의 비판이 불쾌했던 파브리는 어떻게 이토록 출중한 학자가 하나님의 말씀과 대립되는 이렇게도 이단적인 사설을 내뱉을 수 있느냐며 역공을 가하였고 이 문제를 공공연히 떠벌리며 시몬의 사회적인 입장을 난처하

5) 라틴어를 가르치긴 했으나 본래 급여액의 1/3만 지급되어 경제적인 도움은 미미했다. 결국 1527년 3월에 라틴어 강의의 짐을 내려놓고 헬라어 강좌에만 집중했다. John L. Flood, *Johannes Sinapius* (1505-1560): *Hellenist and Physician in Germany and Italy* (Droz, 1997), 12쪽을 참조하라.

게 만들고자 했다. 그리고는 시몬을 함정에 빠뜨리기 위해 자신의 거처로 초청하여 화해의 무드를 조성하는 듯하였다. 그러나 시몬은 초청에 응하기 전에 옛 친구인 멜랑흐톤 거처로 이동하여 그 동안에 발생한 사태들을 친구에게 들려주며 누적된 회포를 풀었다. 그런데 그날 거기에서 특이한 일이 발생했다.[6]

멜랑흐톤의 다니엘서 주석에 의하면, 그가 시몬을 두고 잠시 응접실을 나왔을 때 대단히 심각한 표정으로 비범한 어법을 구사하며 특이한 옷차림을 한 노신사가 멜랑흐톤에게 다가와 왕이 시몬을 채포하기 위해 보낸 군사들이 자신의 집으로 들이닥칠 것이라고 말한 후 곧장 종적을 감춘 사건이 발생했다. 일단 그는 들은 이야기를 긴급한 목소리로 친구에게 전하였고 신속하게 도시를 벗어나 라인강 유역으로 무사히 빠져나갈 수 있도록 도왔다. 그런데 멜랑흐톤 증언에 의하면, 그 노신사를 이전에 한번도 만나본 적이 없었으며 이후로도 다시 만나지를 못했다고 한다. 그래서 그 노신사를 천사로 간주하고 천사를 통한 하나님의 특별한 보호가 없었다면 시몬은 도피할 수 없었을 것이라고 회고했다.[7]

여기서 시몬에 대한 멜랑흐톤 평가에서 우리는 시몬의 학자성과 성향을 엿볼 수 있다. 즉 시몬은 "탁월한 학식과 미덕"(excellentem erudi-tionem & uirtutem)을 갖추었고 "하나님에 대한 참된 경외심"(ueram Dei reuerentiam)과 빼어난 "웅변력"(eloquentiam)을 구비한 인물로 묘사된다.[8] 그리고 아담(Melchior Adam)이 시몬을 학문의 진흥은 물론

6) 이 놀라운 이야기는 멜랑흐톤이 다니엘서 주석에서 하나님은 우리를 보호하는 천사들(custodes angelos)을 우리에게 보내시는 은총을 베푸시는 분이라는 내용을 진술하는 중에 최근에 일어난 일이라면 든 예화로 등장한다. Philipp Melanchthon, *In Danielem prophetam commentarius* (Basel, 1543), 152-154 쪽을 참조하라.
7) Philipp Melanchthon, *In Danielem prophetam commentarius*, 154: "nisi ab angelis tectus fuisset Gyrnaeus, euadere non potuisset."
8) Philipp Melanchthon, *In Danielem prophetam commentarius*, 152.

이고 경건에 대한 열정에 있어서도 타고난 인물로 묘사한 것[9]과 유사하게 시몬은 모든 경건을 무작정 멸시하는 자들과 회의주의 대명사인 피로주의 사상처럼 모든 명제들의 부정적인 측면에만 논박의 혀를 움직이며 스스로를 실상보다 더 출중한 자라고 스스로 부풀리는 자들의 철학을 "극도로"(maxime) 싫어하는 학문과 경건의 균형을 추구한 학자였다.[10]

자신을 과장하는 철학적 허식으로 가득한 파브르의 설교는 시몬의 눈에 "하나님을 공적으로 모독하는 오류"(errores palam contumeliosos aduersus Deum)일 뿐이었고 이에 시몬은 이레니우스와 폴리캅을 비롯한 교부들의 위엄찬 증언을 인용하며 통쾌하게 논파했다. 시몬의 타율적 도피는 하나님에 대한 그의 이러한 경외심과 진리의 왜곡에는 결코 침묵으로 지나가지 않으려 했던 의분의 결과였다. 시몬의 조카 테오필루스를 위한 멜랑흐톤 추천서는 시몬이 그레니우스 가문의 주춧돌이 되었고 시몬을 "학식에 뛰어나고 하나님께 올바르게 간구하고 삶과 교회에 극도로 유익한 교리들을 연구함에 있어서 현저한 도움을 주는 기념비적 문헌들"을 남긴 인물로 묘사하고 있다.[11]

시몬의 상황을 파악한 바젤의 개혁자 외콜람파디우스는 그를 바젤의 헬라문헌 교수직(professione Graecarum literarum)에 앉히려고 1529

---

9) Melchior Adam, *Vitae Germanorum philosophorum*, 121: "homo ad promovenda bonarum artium ac pietatis studia natus."

10) Philipp Melanchthon, *In Danielem prophetam commentarius*, 152: "Simone Gryneo, qui ad excellentem eruditionem & uirtutem adiunxerat ueram Dei reuerentiam, & maxime philosophiam illorum detestabatur, qui putant eo se plus uidere caeteris, quod uel contemnere religiones audent, uel de omnibus sententijs pyrrhonio more in utranque partem disputare solent."

11) Jeanine de Landtsheer and Henk J.M. Nellen (ed.), *Between Scylla and Charybdis: Learned Letter Writers Navigating the Reefs of Religious and Political Controversy in Early Modern Europe* (Leiden: Brill, 2010), 120쪽에서 재인용함: "Nota est autem familia Grynea celebrata Simonis Grynei monumentis qui et eruditione excelluit, et Deum recte invocavit, et studia doctrinarum, quae sunt utiles vitae et ecclesiae foeliciter adiuvit."

년 4월에 설득과 초청의 서신을 띄웠다. 거기에서 외콜람파디우스는 시몬
의 진정성(sinceritatem)과 경건(pietatem)을 높이 평가했고 바젤의 매
력으로 청명한 하늘, 아름다운 도시와 평화를 보다 열렬히 추구하는 시민
들, 손만 뻗으면 가용한 출판 시설들, 그리고 도시의 공간적 청결함을 열
거하며 시몬의 교수진 발탁에 심혈을 기울였다.[12] 이에 시몬은 6월에 외콜
람파디우스의 지도력 하에 종교개혁 진영으로 편입된 바젤로 이동했고 그
곳에서 여생을 보내게 되었다. 동년 8월에는 바젤의 종교적 지도자인 외콜
람파디우스와 정치적 지도자인 야콥 마이어(Jakob Meyer, 1482-
1531)가 의회를 설득하여 바젤 대학의 헬라문학 교수로 시몬을 지명하게
했다.[13]

당시 바젤에는 루벵에서 수도자들, 학자들, 성직자들 그룹의 맹렬한 비
판과 소통의 단절과 내적 고립을 절감하고 피난처를 찾아 그곳으로 온 에
라스무스가 언론의 자유를 구가하며 높은 학자성을 발휘하고 있었다. 에라
스무스는 시몬이 라틴어와 헬라어에 능통하고 철학과 수학으로 무장되어
있고 어떠한 거만함도 없으며 과도함에 이르지 않는 극도의 고매한 품위를
갖춘 학자라고 평가했다.[14] 시몬은 자신을 총애하는 에라스무스의 영향으
로 고전에 더욱 각별한 애착을 가지게 되었고 재출판 가치가 있는 희귀한
고대 문헌들을 발굴하는 작업에 가담했고 아리스토텔레스 작품의 재출간
작업에도 관여했고 크리소스톰의 고린도전서 주석의 일부를 라틴어로 번

12) G. T. Streuber (ed.), *Simonis Grynaei...Epistolae* (Basel, 1847), 35: "Multa sane
hic commoda habiturus esses. Coelum salubre, urbs amoena: pleb nunc per Chris-
tum pacis studiosior, ac simplicitatis observantior: typographorum ad manum
prompta facilitas, loci claritudo."
13) G. T. Streuber, *Simonis Grynaei...Epistolae*, 40; Peter G. Bietenholz, *Contem-
poraries of Erasmus*, 2:142.
14) Erasmus, "'Si hanc epistolara reddit Simon Grinaeus, cujus nomcn est in praefa-
tione, rogo ut ei commodes in hoc negotio, quod quidem sine tuo incoinmodo pos-
sis. Est homo Latine Graeceque ad unguem doctus, in philosophia et mathematicii
disciplinis diligenter versatus, nullo supertilio, pudore pene immodico. Fertraxit
hominem isthuc Britannia; visendae cupiditas, sed praecipue bibliothecarum ves-
trarum amor."

역했고 1530년 8월에 출간된 5권짜리 크리소스톰 전집의 라틴어 역본을 편집하는 일도 거들었다. 나아가 수의학(Veterinarii medici, 1537)과 프톨레미 천문학 대전(Megalē Syntaxis tēs Astoronomias, 1538)의 헬라어 판본도 처음으로 세상에 선보였다.

　사실 시몬은 이미 1525-26년에 희귀문헌 발굴에 각별한 재능을 보였으며 새롭게 발견한 문헌들을 세바스티안 뮌스터(Sebastian Münster, 1488-1552)의 손에 넘겨주어 엘리아스 레비타(Elias Levita, 1469-1549)가 저술한 히브리어 문법서의 프로벤(Froben) 판본들을 개정하는 일에 활용하게 했다. 특별히 1526년에는 저명한 라틴 역사학자 리비우스(Titus Livius) 저작들 중에 그때까지 알려지지 않았던 다섯권의 문헌을 로르쉬(Lorsch)의 베네딕트 사원에서 발견하여 인문학의 권위였던 에라스무스의 손에 전달하여 당시의 학계를 흥분의 도가니로 내몰기도 했다.[15]

---

15) 이 문헌은 1526년 9월에 바젤의 출판업자 손에 들어갔고 1531년도 리비우스 판본에서 새로운 활자의 옷을 입었다. Peter G. Bietenholz et al (ed.), *Contemporaries of Erasmus*, 2:143 쪽을 참조하라. 시몬의 문헌 수집가적 전문성에 대한 동시대 인물들의 고평가에 대해서는 다음을 참조하라. G. W. Speth et al., (ed) *Ars Quatuor Coronatorum: Being the Transactions of the Quatuor Coronati Lodge* (Margate, 1897), 10:88-90.

16) 시몬의 왕성한 학문성을 보여주는 편집본과 번역본과 저작들은 다음과 같다. *Novus orbis regionum ac insularum veteribus incognitarum: una cum tabula cosmographica, & aliquot aliis consimilis argumenti libellis, quorum omnium catalogus sequenti patebit pagina...* (apud Io. Hervagium, 1532); *De Mundo Aristotelis et Scholion doctissimum in Aristotelis libellum de Mundo Simone Grynaeo authore* (mars 1533), 1 vol. in-8°, Bâle, impr. Johannes Walder; Στοικειον βιβλιον ...*in Euclidis Geometriae elementa Græca. Adiecta præfatiuncula in qua de disciplinis mathematicis nonnihil.* [시몬에 의해 최초로 헬라어 원문으로 편집된 책] (1533) – Bâle, impr. Johann Herwagen (Basileae : apud Ioan. Hervagium). Première édition imprimée en grec des *Éléments d'Euclide; Organon* Ὀργανον, η ή της φιλοσοφιας χειρ (1536), Bâle, impr. Johann Bebel, 1 vol. in-4°; *Aristotelis. De virtutibus libellus plane aureus, ... per Simonem Grynaeum*, (mars 1539), Bâle, impr. Robert Winter, 1 vol. in-8°; *in Ptolemaei magnae constructionis libros Graecos* (1538), Bâle; *Aristotelis philosophorum principis Octavus topicorum liber, absolutam quandam disputandi methodum continens, doctissimisque annotationibus D. Simonis Grynaei illustratus : Una cum epistola nuncupatoria Sebastiani Lepusculi Basiliensis, in qua aeditionis huius ratio redditur, simulque Academiae Basiliensis institutum obiter indicatur* (Basileae : [Per Hieronymum Curionem], 1545); *Chrysostomi in priorem ad Corinthios*, Bâle.

이는 우연한 발견이 아니라 고전들의 원본에 대한 애착과 지속적인 발굴과
연구의 결과였다.[16]

고전 문헌들에 대해 지대한 열정을 가진 시몬은 출판업자 베벨(Bebel)
회사의 의뢰를 받아 영국을 방문하게 되었고 에라스무스의 추천으로 그곳
에서 로마 카톨릭 신도요 영국의 대법관인 토마스 모어(Thomas More)
와 친분을 나눴으며 그를 통하여 헨리 8세(Henry VIII)의 신임까지 얻게
되었다. 그곳에서 거둔 고대문헌 수집의 성과는 대단했다. 이러한 성과를
후원해 준 사람들의 도움에 감사를 표하는 차원에서 시몬은 새롭게 출간된
문헌들을 헌정하되 헬라어로 간행된 프로크루스 문헌(1531)은 존 클레멘
트(John Clement)에게, 헬라어로 된 유클리드 기하학(1533)은 커쓰버
트 툰슈탈(Cuthbert Tunstall)에게, 자신이 번역한 플루타크 라틴어 역
본은 크랜머(Cranmer)에게 각각 헌정했다.[17]

시몬이 영국을 방문하던 당시에 헨리 8세는 첫번째 아내인 캐더린과 이
혼하는 문제와 반대하는 무리들에 둘러싸여 고뇌에 빠져 있었다. 헨리는
개신교 진영의 동의를 구하고자 시몬을 불러 독일과 스위스 학자들이 이혼
에 대해 긍정적인 입장을 취하게 해 달라고 부탁했다. 이에 시몬은 왕의 부
탁에 응하여 종교개혁 주역들을 설득했고 결국 츠빙글리 및 외콜람파디우
스의 동의를 이끌어 내었다.[18] 그러나 이렇게 헨리 8세와 캐더린의 이혼
에 호의적인 분위기 조성에 기여한 시몬은 국왕의 이혼을 반대해 온 어의
정치적 입김으로 영국을 떠나야만 했다.

1535년 7월에 영국에서 바젤로 돌아온 시몬은 1536년경에 신학부 교

---

17) Peter G. Bietenholz, *Contemporaries of Erasmus*, 2:143-144.
18) Wolfgang Capito, *The Correspondence of Wolfgang Capito: 1524-1531*, ed. and
    trans. by Erika Rummel (Toronto: The University of Toronto Press, 2009), 462-
    463쪽과 Michael A. van den Berg, *Friends of Calvin*, 73쪽을 참조하라.

수직에 들어가 헬라어 신약을 가르치되 특별히 로마서를 강의했고 1536-
7년에는 철학부 주임으로 활동하여 이중 교수직을 가지고 가르쳤다.[19] 자
료 수집가요 번역가요 편집자요 교육자인 시몬은 여러 활동들을 통하여 철
학 문헌들에 능통하게 되었고 성경 주석에도 조예가 깊어지게 되었고, 이
것을 발판으로 학문의 과학적 방법론 향상에 영향을 끼쳤으며 성경 해석학
의 발전에도 크게 공헌했다. 판 덴 버그의 확신처럼 1535년에 처음으로
바젤로 쫓겨난 칼빈은 시몬의 로마서 강의를 분명히 들었으며 성경 해석학
에 있어서 적잖은 영향을 받았을 것으로 추정된다.[20]

   시몬과 칼빈은 다양한 공감대를 가지고 있다. 엄밀하게 말하면 시몬은
신학자가 아니라 철학의 전방위적 전문가요 열렬한 고대문헌 수집가요 히
브리어, 헬라어, 라틴어에 능통한 고대언어 학자였다. 물론 17세기 최고
의 전기작가 멜키오르 아담(Melchior Adam)은 시몬을 당시의 철학자들,
문헌학 전문가들 및 신학자들 중에서 으뜸가는 인물로 묘사하고 언어와 철
학만이 아니라 신학에 관해서도 그에 못지않은 훈련을 받았다(nec minus
in Theologicis exercitatus)고 하였지만, '신학자' 시몬은 본류가 아니
라 추가되는(addo) 정도의 주변적인 성격을 띠는 부차적인 호칭이다.[21]

19) Peter G. Bietenholz, *Contemporaries of Erasmus*, 2:144.
20) Cf. Richard C. Gamble, "Brevitas et Facilitas: Toward an Understanding of
   Calvin's Hermeneutics," *Westminster Theological Journal* 47/1 (1985), 1-17;
   Michael A. van den Berg, *Friends of Calvin*, 75. 시몬이 칼빈의 성경 해석에 끼친 영향
   에 대해서는 판 덴 버그가 열거한 다음 문헌들을 참조하라. A. L. Herminjard, *Correspon-
   dance des Reformateurs dans las Pays de Langue Francaise*, 9 vols.
   (Geneva/Basel/Lyon/Paris, 1878-97), no. 838; W. de Greef, De Ware Uitleg (Ley-
   den, 1995), 194f; W. Balke, *Calvijn en de Bijbel* (Kampen, 2003), 54-56; Nicole
   Kuropka, "Calvins Romerbriefwidmung und der Consensus Piorum," in *Calvin im
   Kontext der Schweiver Reformation*, ed. Peter Opitz (Zurich, 2003), 147-167;
   Christoph Burger, "Calvins Beziehungen zur Weggefahrten in der Schweiz, 1536-
   1538," in Opitz, *Calvin im Kontext der Schweizer Reformation* (Zurich, 2003), 50-
   55.
21) Melchior Adam, *Vitae Germanorum philosophorum*, 119, 121: "Grynaeus, prin-
   ceps suae aetatis Philosophorum ac Philologorum, addo etiam Theologorum…
   Fuit vir in tribus linguis et universa Philosophia solide citra supercilium eruditus;
   nec minus in Theologicis exercitatus."

칼빈도 초기에는 언어적 감각이 뛰어났고 세네카의『관용론』을 주석할 정도로 고대 문헌들에 대한 조예도 깊었으나 제도적인 신학교육 수혜자는 아니었다. 시몬은 여러 지역에서 자신의 개혁적인 성향 때문에 무수한 불이익과 불편과 고독과 고립과 도피를 감수해야 했고 급기야 화해와 평화의 도시 바젤까지 이르게 되었다. 칼빈도 당시의 종교적 부패에 침묵하지 않고 능변과 정론과 직필로 저항하는 바람에 고국인 프랑스를 떠나 바젤을 일종의 유배지로 삼아야만 했다. 두 사람의 이러한 유사성은 그들의 관계성에 급속한 진전을 초래했고 끈끈한 신학적 동지로 발전하게 만들었다.

시몬이 16세기 초반에 유럽의 개혁주의 진영에서 차지하는 신학적 입지는 특별히 시몬의 막역한 해석학적 동지였던 칼빈의 언급에서 가장 뚜렷하게 확인된다. 칼빈은 자신의 첫번째 주석인 로마서 주석(1540)을 시몬 교수에게 헌정했다. 서문에서 그는 시몬을 "가장 고결한 사람(uiro ornatissimo)"이라 칭하였고, 1535년도에 "성경을 해석하는 최상의 방법에 관하여"(de optimo enarranae Scripturae genere) 친밀한 대화를 나누면서 "명료한 간결성"(perspicua brevitas)이 성경 주석가의 "으뜸가는 덕목"(praecipuam uirtutem)이란 사실에 깊은 공감대를 형성한 인물로 묘사했다. 그리고 자신에게 친밀하고 우호적인 사람의 이름을 서문에서 거명하면 순기능에 비해 역기능이 더 크다는 것이 "관행상 뻔한 일"(consuetudine perspectus)임을 알면서도 시몬의 경우는 그런 역기능의 예외적인 인물로 보았다. 이유는 시몬의 특출한 학자성 때문이다. 시몬의 그런 예외적 출중함은 "모든 학자들 중에 너무나도 공공연한"(apud omnes doctos praeclara) 사실이라 하였으며, "모든 사람들은 실제로 최상의 것에 경의를 표한다"(omnes plurimum iure deferunt)는 일반적인 사실과 동일한 맥락에서 자신도 시몬의 판단(cuius iudicio)에 경의를 표한다고 말하였다. 이런 맥락에서 칼빈은 자신이 쓴 주석의 가치에 대한 평가만이 아니라 칼빈 자신에 대한 판단과 공표를 그에게 내맡겼다.[22] 이는 시몬이 칼빈을 대단히 잘 알고 가장 공정한 판단을 내려줄 것이라는 칼빈 자신의 확신이 투영된 헌사라고 하겠다.

마이클 판 덴 버그의 지적처럼, 헌사라는 것은 저자가 영광을 돌리고자 하는 대상이 집필에 끼친 공헌의 막대함을 강조하고 해당 분야의 권위자로 통하는 인물에게 감사의 뜻을 전달하고 판단을 내맡기는 형식이다.[23] 칼빈은 그런 헌사의 대상으로 시몬을 지목했다. 이로 보건대 칼빈 자신이 주석계에 입문하며 쓴 첫번째 데뷔작을 헌정할 정도로 시몬을 존경했고 인정했고 동의했던 것으로 사려된다. 칼빈의 로마서 주석 헌정에 대해 시몬은 칼빈과 칼빈의 이름이 자신에게 자랑일 뿐만 아니라 "우리의 우정이 나에게 최고의 명예가 된다"고 하였으며 자신을 향한 칼빈의 우정과 신뢰(amicitia et fide)를 "이 세상의 모든 선한 사람들 중에 이보다 더 경건한 우정이 없을"(cui nihil in vita est sancta omnius bonorum amicitia potius) 정도로 높이 평가하며 당시 미래가 촉망되던 젊은 청년 칼빈에게 예를 갖추어 깊은 감사를 표하였다.[24]

여기서 주석가의 으뜸가는 덕목으로 칼빈과 시몬이 공감했던 "명료한 간결성"(perspicua brevitas)에 관한 칼빈 편에서의 개념은 상당한 연구가 이루어진 상태다.[25] 그러나 이 방법론에 대한 시몬 편에서의 개념적 배경은 전혀 연구되지 않았다. 시몬이 칼빈보다 인생의 16년치 선배이고 칼빈

---

22) John Calvin, *Commentarij in Epistolam Pauli ad Romanos* (Argentorati: Vuendelinum Rihelium, 1540), praefatio, a2: "Sed, quoniam de me uel statuere uel pronunciare meipsum non decet, libenter hanc censuram tibi permitto: cuius iudicio si omnes plurimum iure deferunt, ego nihil non deferre debeo."

23) Michael A. van den Berg, *Friends of Calvin*, 69.

24) Simon Grynaeus, "Grynaeus Calvino," in *CO* 10-2:427.

25) 주요한 연구로는 Richard Gamble, "*Brevitas et Facilitas*: Toward an Understanding of Calvin's Hermeneutics," *Westminster Theological Journal* 47/1 (1985), 1-17; Myung Jun Ahn, "*Brevitas et Facilitas*: A Study of A Vital Aspect in the Theological Hermeneutics of John Calvin" (Ph.D. diss., Universiteit van Pretoria, 1998); E. Kayayan, "Calvin between facilis brevitas, confessio, and institutio: instruction of faith in Geneva," *Koers - Bulletin for Christian Scholarship* 74/4 (2009), 619-642를 언급할 수 있겠다.

이 시몬의 수업을 들었을 것이라는 높은 가능성에 비추어 본다면 "명료한 간결성" 덕목에 대한 시몬 입장의 중요성은 작지 아니함이 분명하다. 고전적인 철학 문헌들을 번역하고 편찬하고 출간하고 게다가 철학까지 강의했던 시몬이 명료성과 간결성을 성경 해석학의 으뜸가는 방법으로 여겼다는 것은 전혀 이상하지 않다. 그러나 그 방법의 결정적인 동기는 시몬의 기하학 이해에서 찾아진다.

명료성과 간결성을 강조하는 시몬의 해석학적 태도에 대해 특별히 주목할 부분은 시몬이 1533년에 『유클리드 기하학의 원리들』(Εὐκλείδου Στοιχείων βιβλιά)을 헬라어 원문으로 처음 학계에 소개했고 서문에서 유클리드 기하학 안에서는 공리적-연역적 방법론(axiomatic-deductive method)이 활용되고 있음을 의식하고 있다는 점이다. 시몬은 기하학적 방법(mos geometricus)이 확실한 지식을 보증하고 모든 학문에 적용될 수 있다고 확신했다. 그는 당시 수학에 거부감을 표하는 이들의 오류를 아리스토텔레스, 프로클루스, 갈레누스 등의 권위를 빌어 반박하며 기하학을 소개한다. 시몬에 의하면, 고결한 마음은 하나님의 영으로 말미암아 사물의 지극히 캄캄한 것에서 빛나는 지식을 길러내며 인간의 어떠한 노고와 땀으로도 산출하지 못하고 오직 모든 사람에게 수여된 고결한 유산처럼(velut praeclarum patrimonium universae posteritati consecratum) 증여되는 것이다.[26] 시몬이 보기에 수학은 그렇게 증여된 지식을 길러내는 기초적인 학문이다. 나아가 수본성에 대한 사색의 토대인 기하학은 다른 모든 학문들이 추구해야 하는 "가장 경이로운 명료성의 범례와 규범"을 제공하는 학문이며 "다른 모든 학문의 원리"(artium omnium caeterarum ratio)이며 "기하학은 모든 방법론의 완전하고 절대적인 체계"(geometria, quae methodologicae Totius absoluta et perfecta formula est)라고 하였다. 그 이유에 대해서는 무엇보다 "경이로

26) Simon Grynaeus, "Praefatio," in Στοικειον βιβλιον...in Euclidis Geometriae elementa Græca, a3.

운 단순성"이 있기 때문이고 있는 그대로의 자연에 "어떠한 치장도 허락하지 않기" 때문이며 "자체의 빛과 타고난 검약성"에 만족하기 때문이라 하였다.[27] 다른 학문에서 혼돈과 복잡과 난해와 모순처럼 보이는 것들도 기하학의 명료성과 단순성 앞에서는 저항과 거부의 기운을 상실하게 된다고 시몬은 해석한다.

여기서 우리는 시몬이 유클리드 기하학의 서문을 작성한 것은 1533년이고 칼빈이 시몬을 찾아온 것은 1535년이라는 연대기적 순서에 기초하여 성경 해석학의 간결성 및 용이성 방법론에 있어서 칼빈이 시몬을 의존하고 있다는 단정적인 해석은 곤란하다. 왜냐하면 칼빈이 자신의 로마서 주석 서문에서 '명료한 간결성'을 주석가의 첫째가는 미덕으로 이해한 것은 두 사람 모두가 동일하게 생각했던 것이기 때문이다(sentiebat enim uterque nostrum).[28] 그럼에도 불구하고 논리학과 기하학과 철학와 관련된 방법론적 조애의 깊이를 생각할 때에 불링거, 멜랑흐톤, 부써 등이 저술한 주석들의 걸출함도 상대적인 것으로 밀어낸 '명료한 간결성' 접근법의 확립에 있어서 사이몬의 공감과 격려와 체계화가 칼빈에게 끼친 영향은 결코 부인될 수 없다고 사료된다.

칼빈과 시몬의 돈독한 관계성은 칼빈의 로마서 주석이 출간된 1539년에 비로소 시작되지 않았다. 그 이전에 두 사람이 교환한 서신에서 상호간의 두터운 신뢰가 어떻게 형성되어 왔는지가 읽어진다. 특별히 칼빈과 파렐이 1537년에 로잔에서 작성한 제네바 신앙고백 및 교리문답 문헌에 근거하여 아리우스 사상의 혐의가 있다고 비방하는 소르본 신학자 삐에르 카롤리

---

27) Simon Grynaeus, "Praefatio," in Στοιχειον βιβλιον ...in Euclidis Geometriae elementa Græca, a2: "cum solae hae, supra quam ex professo docent, recte disciplinas omnes caeteras persequendi, illustre maxime claritate sua exemplum, & uelut normam prebeant. Ac cogitanti mihi quae causa sit, de his cur minus sentiatur, mira primum occurrit simplicitas, ornamentum nullum, nullum natura fucum admittunt, luce sua, & frugalitate natiua contentae."

28) John Calvin, *Commentarij in Epistolam Pauli ad Romanos*, praefatio, a2.

(Pierre Caroli)와 심각한 신학적 대립에 부딪혔고 그런 대립의 소식이 바젤에도 전해지자 칼빈은 1537년 5월에 시몬에게 서신을 띄워 카롤리의 터무니 없는 비방과 관련된 사태 전체를 설명하며 바젤에 흩어져 있는 경건한 사람들로 하여금 왜곡된 소문에 호도되지 않고 사태의 실체를 정확히 파악할 수 있도록 제네바 교회의 신앙고백 및 칼빈의 이 서신을 다른 동료들과 두루 공유해 달라고 부탁했다.[29] 이에 시몬은 카피토(Wolfgang Capito, 1478-1541)가 여러 차례 서신을 통해서 괴이한 소문(rumor)과 이로 인하여 겪는 제네바 교회의 고초에 대해 알려 주었다고 말하였고, 제네바 고백서(confessio)가 바젤에 도착했을 때에 이 고백서가 "자신에게 충분하지 않다(non sibi satis)고 생각한 사람은 아무도 없었다"는 전적인 찬동을 표하였다.[30] 1538년 2월 12일에는 바젤의 한 집사 요하네스 가스트(Johannes Gastius)가 고백서를 비판하여 칼빈을 불쾌하게 한 사실을 알고 사과의 뜻을 전해 달라는 부탁을 받고, 시몬은 칼빈에게 서신을 띄우면서 바젤의 교회들은 칼빈을 형제로 여기고 있기에 가스트에 대한 감정을 풀어 달라고 부탁했다.[31]

칼빈의 교리에 대한 시몬의 전적인 찬동에서 우리는 칼빈이 서신에서 밝힌 교리가 시몬의 신학적 견지를 투영하고 있음을 확인한다. 서신에서 칼빈은 제네바 고백서에 나타난 자신의 삼위일체 교리가 아리우스 및 사벨리안 사상과 다르지 않다는 모함과는 달리 "모든 경건하고 건강한 정신의 소유자를 충분히 만족시킬"(piis omnibus ac integris viris satisfieri abunde) 교리임을 공언하고 있다.[32] 이전에 작성된 제네바 교리문답 안에서 분명히 밝혔듯이, 칼빈 자신은 성부와 성자와 성령이 하나님의 한 실체로 계시지만 여전히 각 위격이 서로 구별됨(sub una Dei essentia

---

29) John Calvin, "Calvinus Grynaeo," in *CO* 10-2:106-109.
30) Simon Grynaeus, "Grynaeus Calvino," in *CO* 10-2:109-110.
31) Simon Grynaeus, "Grynaeus Calvino," in *CO* 10-2:151.
32) John Calvin, "Calvinus Grynaeo," in *CO* 10-2:107.

patrem, filium et spiritum, alterum tamen ab altero)을 추호의 애매함과 의심도 없이 믿는다고 하였고 그리스도 예수는 영원부터 성부와 더불어 하나의 신성(unam cum patre divinitatem ab aeterno)을 가졌으며 하나님의 참되고 본성적인 아들(verum et naturalem Dei filium)이라 하였다.[33] 시몬은 이러한 칼빈의 삼위일체 교리를 전적으로 수용하고 있었다. 자신의 글을 남기지는 않았으나 믿음의 벗이 정교하고 신중한 붓으로 풀어낸 기독교 교리의 핵심은 공감하고 있었다.

칼빈과 시몬의 관계에 순풍만 분 것은 아니었다. 칼빈과 파렐에게 보내어진 1538년 3월 4일자 시몬의 편지[34]가 역풍의 대표적인 사례이다. 두 사람 사이의 친밀감이 짙었던 기존의 서신과는 달리 여기서는 비판과 대립의 차가운 기운이 느껴진다. 이 서신은 베를린의 루터주의 성직자 피터 쿤츠(Peter Kuntz)와 세바스찬 마이어(Sebastian Meyer)에 대한 칼빈과 파렐의 적대감을 주목한다. 서신의 특징은 수신자로 칼빈보다 파렐의 이름이 먼저 등장하나 주로 3인칭 단수로 처리되고 있으며 내용상의 주요 수신자는 칼빈이란 사실에 있다. 시몬의 논지는 간단하다. 즉 칼빈과 파렐이 적대감을 거두어야 한다는 것이다. 정치적인 이유는 쿤츠가 지금 베를린 교회에서 지도적인 위치를 점하고 있어서다. 신앙적인 이유로는 지금의 갈등이 "사탄이 광기를 발산하되 가장 강력한 모든 방법을 동원하여 우리를 파괴하기 위해 시도하는"(Satanam saevire potentissime et conari modis omnibus nos divellere) 상황의 일환으로 보았기 때문이다.[35] 눈에 관찰되는 가까운 원인에 과도히 반응하여 사단의 꾀임에 말려 들지 말라는 이야기다.

---

33) John Calvin, "Calvinus Grynaeo," in *CO* 10-2:107.
34) Simon Grynaeus, "Grynaeus Farello et Calvino," in *CO* 10-2:158-161.
35) 시몬이 사단을 거명한 이유는 1537년 5월에 칼빈이 자신에게 보낸 편지에서 카롤리의 근거없는 비방과 자신에 대한 잘못된 소문의 진상을 밝히는 글에서 자신이 처한 신학적 난관의 배후에는 "괴이하고 믿을 수 없는 사단의 계략"(mirificas et incredibiles Satanae artes)이 있다고 한 칼빈 자신의 말을 상기시켜 설득력을 높이고자 함이었다. John Calvin, "Calvinus Grynaeo," in *CO* 10-2:106쪽을 참조하라.

서신의 전반적인 논조는 칼빈에게 양해를 구하는 차원이 아니라 칼빈이 쿤츠와 화평해야 한다는 당위적인 뉘앙스가 강하게 풍긴다. 시몬이 보기에, 갈등에 임하는 자세에 있어서 쿤츠와 마이어는 칼빈과 파렐에 대해 그래도 "지극히 친밀하게"(amicissime) 다가서는 자세를 취하는데 "가장 친애하는"(carissime) 칼빈은 "너무나도 심하게 적대적인"(longe infensissimum) 태도를 취했다고 진단했기 때문이다. 칼빈이 분개한 이유를 시몬이 이해하지 못한 것은 아니었다. 시몬은 베를린의 두 성직자가 "극도로 야만적인"(perquam rusticani) 성향을 가졌으며 그들의 무례함에 대해서는 자신도 불쾌함을 감추지 못한다고 인정했다. 그러나 한 형제가 아무리 미개하다 할지라도(quantumvis inculti) 마음의 목적과 인간에 대한 신뢰와 교회에 대한 열심을 보고서도 그 "형제를 내버릴 수는 없다"(non possum fratrem abiicere)며 시몬은 지나치게 감정적인 칼빈의 처신을 책망했다. 그리고 부드럽게 변하여 쿤츠와 화해하게 된 파렐의 본을 따르라고 권고했다. 그리고 하나님의 양떼를 삼키려는 이리들의 광란을 잠재우는 것은 하나됨 속에서만 가능함을 역설했다. 이렇게 20대 후반의 젊은 칼빈에게 서신으로 전한 시몬의 책망과 충고는 결코 두 사람의 사이를 이간하지 못하였다. 오히려 서로에 대한 신뢰를 더욱 견고하게 다졌다는 사실이 앞에서 살핀 1539년 칼빈의 로마서 주석 헌정에서 분명히 확인된다.

그렇다고 칼빈이 시몬의 모든 것들을 다 수용한 것은 아니었다. 이는 시몬이 가진 취약점도 잘 간파하고 경계하는 태도도 취하였기 때문이다. 특별히 칼빈은 성찬에 대한 시몬의 미간행 저작에 대해 비록 그것이 자신을 불쾌하게 만들지는 않지만 시몬이 "애매한 교수법"(ambigua docendi ratione)을 사용하고 있다고 생각하며 경계했다.[36] 이러한 경계는 미미한

---

36) John Calvin, "Calvinus Gratarolo," in *CO* 17:431: "Scriptum Grynaei quamquam mihi non displicet, commodum tamen non sensui refutandis deliriis quibus hodie ecclesia turbatur. Itaque ab illa ambigua docendi ratione consulto abstinui." Cf. Jean-Francois Gilmont, *John Calvin and the Printed Book*, trans. Karin Maag (Kirksville: Truman State University Press, 2005), 176.

것이었고 칼빈과 시몬 사이에는 대체로 선후배와 친구의 우호적인 관계성을 계속 유지했다.

첫번째 아내와 사별한 이후 수년이 흐른 1539년에 시몬은 두번째 아내 캐더린 롬바르드(Catherine Lombard)와 결혼하여 같은 해에 아들 사무엘의 아버지가 되었다. 1540년에는 로마 카톨릭과 개신교가 회합한 보름스 회의(Worms conference)에 스위스의 유일한 개혁교회 대표로 참석했고 이듬해인 1541년 8월 1일에 바젤을 강타한 역병으로 유명을 달리했다. 가계를 간단히 살피자면, 아들 사무엘(Samuel Grynaeus, 1539-1599)은 바젤에서 법학부 교수가 되었고 시몬의 조카인 토마스(Thomas Grynaeus, 1512-1564)도 바젤에서 교수로 봉직했고, 로텔른 지역에서 목회자로 섬겼으며 토마스의 자녀들 중에 네번째 아들인 요한(Johann Jakob Grynaeus, 1540-1617)은 바젤을 종합적인 면에서 가장 선명한 개혁주의 도시로 이끄는데 강력한 지도력을 발휘한 학자였다.

시몬은 지금까지 학문적 조명이 미약했던 종교개혁 인물이다. 필자는 시몬에 관한 2차 문헌들을 참조하되 가능하면 16세기 당시에 그를 가까이 한 지인들의 평가를 중심으로 역사적 객관성을 최대한 살리면서 시몬의 신앙과 학식과 인품과 행실과 교수의 어떠함을 기술하려 했다. 시몬은 자연에 심겨진 하나님의 흔적과 질서를 발견하기 위한 기하학적 소양과 더불어 간단하고 명료한 것을 좋아하되 성경 해석학에 있어서도 칼빈과 더불어 그런 기호를 강하게 보였으며, 고전의 중요성을 인지하여 교부들의 문헌들과 고대 철학자들 문헌까지 발굴하고 수집하고 번역하고 편집하고 출간하는 일에 매달리며 문헌학적 재능을 선보였고, 여러 종교개혁 인물들과 교류하며 가능하면 화목을 도모하되 성찬론에 있어서는 개혁주의 입장을 취하였던 인물이다. 그리고 비록 왕성한 신학적 집필보다 고전문헌 발굴에 보다 집요한 애착을 보였으나 보름스 회의에 유일한 스위스 대표자 자격으로 참석할 정도의 공인된 권위를 가지고 개혁주의 신학을 바젤에 공고하게 정착시킨 유력한 가문을 일으키는 주역으로 활약한 점은 간과하지 말아야 하겠다. 막후에서 종교개혁 운동의 성공적인 정착과 진전의 밑거름이 된 시몬과 같은 인물들도 무대의 전면에 등장한 인물들에 버금가는 존중과 관심이 필요하다. 시몬은 소수의 특정한 인물들을 영웅으로 만들고 추앙하는 태도를 지양하고 그리스도 예수의 거룩한 몸이 다양한 재능을 가지고 각자의 고유한 역할을 적정하게 수행하게 하고 그것에 상응하는 서로간의 존중과 배려와 관심과 신뢰가 각자에게 골고루 주어지는 것이 교회 전체에 큰 유익이란 사실을 보여주는 대표적인 사례임에 분명하다.

참고문헌

Adam, Melchior. "Simon Grynaeus." In Vitae *Germanorum philosophorum* (Frankfurt [Main], 1615): 119–121.

Ahn, Myung Jun. "Brevitas et Facilitas: A Study of A Vital Aspect in the Theological Hermeneutics of John Calvin." Ph.D. diss., Universiteit van Pretoria, 1998.

Árpád, Blázy. *Simon Gryner (Grynaeus) és Buda (1521–1523)*. Budapest: Károli Egyetemi Kiadó, 2010.

Augustijn, Cornelis, et al. "Calvin in the Light of the Early Letters." In *Calvinus Praeceptor Ecclesiae*, edited by Herman J. Selderhuis (Geneva: Droz, 2004): 139–158.

Berg, Michael A. van den. "Simon Grynaeus: An Exegetical Friend." In *Friends of Calvin* (Grand Rapids: Eerdmans, 2009): 68–77.

Bietenholz, Peter G., et al. (ed) "Simon Grynaeus." In *Contemporaries of Erasmus: A Biographical Register of the Renaissance and Reformation*, vol.2 (Toronto: University of Toronto Press, 1985):142–146.

Bursian. "Grynaeus, Simon." In *Allgemeine Deutsche Biographie*, band 10 (Leipzig: Duncker & Humblot: 1879): 72–73.

Calvin, John. Confessio Dei. *Ioannis Calvini Opera quae supersunt omnia (CO)* vol. 10, edited by G. Baum, E. Cunitz, and E. Reuss. Brunswick: C. A. Schwetschke, 1863–1900.

Capito, Wolfgang. *The Correspondence of Wolfgang Capito: 1524–1531*. Edited and translated by Erika Rummel. Toronto: The University of Toronto Press, 2009.

Flood, John L. *Johannes Sinapius (1505–1560): Hellenist and Physician in Germany and Italy*. Droz, 1997.

Gamble, Richard. "*Brevitas et Facilitas*: Toward an Understanding of Calvin's Hermeneutics." Westminster Theological Journal 47/1 (1985), 1–17.

Gilmont, Jean-Francois. *John Calvin and the Printed Book*. Translated by Karin Maag. Kirksville: Truman State University Press, 2005.

Grynaeus, Simon. "Praefatio," in Στοικειον βιβλιον …in *Euclidis Geometriae elementa Græca*. Basel, 1533.

Guggisberg, Kurt. "Grynaeus, Simon." In *Neue Deutsche Biographie*, band 7 (Berlin: Duncker & Humblot, 1967): 241.

Kayayan, E. "Calvin between facilis brevitas, confessio, and institutio: instruction of faith in Geneva," *Koers - Bulletin for Christian Scholarship* 74/4 (2009): 619–642.

Landtsheer, Jeanine de and Nellen, Henk J.M. (ed.) *Between Scylla and Charybdis: Learned Letter Writers Navigating the Reefs of Religious and Political Controversy in Early Modern Europe*. Leiden: Brill, 2010.

Melanchthon, Philipp. In *Danielem prophetam commentarius*. Basel, 1543.

Middleton, Erasmus. (ed.) "Simon Grynaeus." In *Biographia Evangelica: or An Historical Accunt of the Lives and Deaths of the Most Eminent and Evangelical Authors or Preachers* (London, 1810): 149–151.

Speth, G. W., et al. (ed) "Simon Grynaeus." In *Ars Quatuor Coronatorum: Being the Transactions of the Quatuor Coronati Lodge*, vol. 10 (Margate, 1897):88–90.

Streuber, G. T. (ed.) *Simonis Grynaei…Epistolae*. Basel, 1847.

Thommen, Rudolf. *Geschichte der Universität Basel, 1532–1632*. Basel: Detloffs Buchhandlung, 1889.

종교개혁자 무스쿨루스의 생애과 신학

김요섭 (총신대 신학대학원, 역사신학)

1. 들어가는 말

16세기 종교개혁 시대 등장한 "개혁파"(reformed) 교회와 신학은 로마가톨릭이나 재세례파, 또 루터파와 달리 특정 제도나, 의식, 혹은 인물이 아닌 "개혁"(reformation)이라는 시대적 소명이 그 전통을 부르는 명칭으로 사용되었다. 실제로 개혁파 종교개혁은 어떤 지역이나 제도, 인물에 국한되지 않고 성경의 진리를 기준으로 삼은 "개혁"의 대의를 따르는 여러 교회들과 다양한 인물들의 공동의 작업으로 전개되었다. 이와같은 개혁파 전통의 특징은 한편으로는 다양성으로 인한 갈등과 논쟁의 가능성을 의미하지만, 다른 한편으로는 특정 인물이나 지역이 중심이 되지 않음으로써 그리스도께서만 유일한 주인이 되시기를 원했던 개혁파 지도자들의 소망을 잘 반영한다. 다양성의 인정하는 가운데 공동의 작업으로 개혁을 이루어내려 했던 개혁파 전통은 이후 16세기 나타나 발전한 그 어떤 전통보다더 폭이 넓고 국제적인 성격을 가지고 발전했다.

그러므로 공동 작업을 특징으로 하는 개혁파 신학은 츠빙글리나 칼빈과 같은 한 두 명의 두드러진 종교개혁자의 신학이나 취리히와 제네바의 교회

제도만으로는 다 설명할 수 없다. 그러므로 개혁파 교회의 역사와 개혁주의 신학의 발전을 이해하기 위해서는 반드시 이제까지 상대적으로 많은 관심을 받지 못했던 여러 개혁파 종교개혁자들의 신학과 그들의 개혁적 사역을 포괄적으로 검토할 필요가 있다. 볼프강 무스쿨루스(Wolfgang Musculus, 1497-1563) 역시 당시 그의 역할이 가졌던 중요성과 17세기의 영향력에 비해 충분한 조명을 받지 못한 인물이다.[1] 그러나 그는 16세기 중반 칼빈과 같은 시기에 활동하면서 개혁파 교회가 남부 독일과 독일어권 스위스에 확립될 수 있도록 기여했던 중요한 종교개혁자였다. 그 뿐 아니라 그의 신학적 유산들은 17세기 이후 개혁파 정통주의의 발전을 위한 유용한 방법론적인 틀과 중요한 주제들을 제공했다.

이와 같은 중요성에 비해 무스쿨루스의 생애와 신학에 대해서는 한국 신학계에는 거의 알려지지 않았던 아쉬움을 조금이라도 채우기 위해 간략하게나마 무스쿨루스의 생애를 소개하고 그의 신학의 중요한 요점들을 소개하는 것은 유익한 작업이 될 것이다. 이 글에서는 전반부에서 무스쿨루스의 종교개혁자로서의 활동과 그 의의를 그가 사역했던 지역의 상황을 배경으로 설명하고, 후반부에서는 그의 신학을 신학방법론, 신학적 인식론, 언약 신학, 그리고 교회와 국가에 대한 이해를 중심으로 소개하고자 한다.

2. 무스쿨루스의 생애

2.1. 스트라스부르: 종교개혁자로서의 준비

무스쿨루스는 1497년 9월 8일 당시 독일 제국 영토였으며 현재는 프랑

---

1) 20세기말까지 나타난 무스쿨루스에 대한 주요 연구들에 대해서는 Craig S. Farmer, *The Gospel of John in the Sixteenth Century:The Johannine Exegesis of Wolfgang Musculus* (Oxford: Oxford University Press, 1997), 4-6 참조. 더 최근 Ballor는 무스쿨루스의 언약 신학과 그 형이상학적 배경, 그리고 적용에 대한 유용한 연구서를 출판했다. Jordan J. Ballor, *Covenant, Causality, and Law: A Study in the Theology of Wolfgang Musculus* (Göttingen: Vandenhoeck & Ruprecht, 2012).

스 영토인 로렌의 작은 도시 디우즈(Dieuze)에서 뮈슬린(Müslin) 집안의
아들로 태어났다. 그는 이후 당시 지식인들의 관습을 따라 자신의 본래 독
일어식 이름인 뮈슬린과 출생지명인 디우즈를 모두 라틴어식 이름으로 표
기해 두자누스의 무스쿨루스(Musculus of Dusanus)라는 이름을 사용
했다. 그의 가정적 배경에 대해서는 많이 알려져 있지 않지만 어린 시절 고
향 디우즈의 라틴어 학교에서 공부했고 이후 라폴츠바일러(Rap-
poltsweiler), 콜마르(Colmar), 슐레트슈타트(Schlettstadt) 등 알자
스의 여러 도시의 라틴어 학교에서 수학한 것은 확실하다. 무스쿨루스는
대학에서 교육받지 않았고 대신 그가 받은 대부분의 신학교육은 그가 16
세였던 1517년 가입한 로렌지방 릭스하임(Lixheim)의 베네딕트 수도원
에서 이루어졌다. 그는 이 수도원에서 사제로 서품을 받고 1527년까지 10
년 간 수도원과 주변 도시들에서 오르간 연주자와 설교자로 활동했다.[2]

　수도사로서의 활동 기간 동안 무스쿨루스는 당시 알자스 로렌 지역에 유
입된 루터의 저술과 사상을 접했고 알자스 지방 제국 도시들의 자유로운 분
위기와 인문주의적 학문 분위기의 영향을 받아 당시 로마 가톨릭 교회의 부
패와 신학적 오류에 대한 비판적인 경향을 갖게 되었다. 하급 성직자로서
무스쿨루스의 개혁적 성향은 설교자로 사역하면서 성경을 직접 읽고 연구
하며 더 급속히 발전했고 그의 설교를 통해 표면화되었다. 그의 설교를 들
었던 회중들과 소속 수도회는 무스쿨루스가 루터의 가르침을 따르고 있음
을 알고 무스쿨루스를 "루터파 수도사"라고 부르기까지 했고, 무스쿨루스
가 소속되어 있던 베네딕트 수도회는 그의 설교 사역을 제한할 수밖에 없
었다.

　점차 수도회 내에서 입지가 불안정해진 무스쿨루스는 1527년 수도원장
의 허락을 받아 수도사 서약을 파기하고 수도원을 떠났다. 그는 새로운 개
혁자로서의 활동을 준비하기 위해 당시 알자스 지역의 인문주의와 종교개
혁의 중심지였던 스트라스부르로 향했다. 이 때 무스쿨루스는 자신의 아내

---

2) J. Wayne Baker, "Wolfgang Musculus," *The Oxford Encyclopedia of the Reforma-
tion*, vol. 3 (Oxford: Oxford University Press, 1996), 103-104.

가 될 마가레타 바르트(Margaretha Barth)라는 여인과 동행했는데 이 여인은 그의 서약 파기를 허락해 준 수도원장의 조카였다. 릭스하임의 수도원장은 비록 무스쿨루스를 수도회에서 추방할 수밖에 없었지만 끝까지 우호적인 태도로 무스쿨루스의 장래를 격려해 주었을 뿐 아니라 자신의 조카와의 결혼도 축복해 주었다. 이와 같은 사실을 살펴볼 때 무스쿨루스가 종교개혁에 동참할 수 있었던 중요한 배경들 가운데 한 가지는 당시 알자스 로렌 지역의 지역 교회와 수도원들에 빠른 속도로 확장되고 있던 종교개혁 사상이었다고 생각할 수 있다. 사실 16세기 초 불붙은 종교개혁운동과 그 사상의 씨앗은 인문주의의 영향을 받고 바른 신학과 신앙을 가르치기 원했던 지역 교회의 하급 성직자들과 수도원의 젊은 수도사들을 통해 자라고 있었던 것이다.

루터는 1517년 95개조를 발표하기 이전부터 이미 에어푸르트(Er-fuhrt)의 아우구스티누스파 수도사로서 당시 로마 가톨릭의 신학과 제도가 드러낸 여러 문제들을 비판적인 시각으로 바라보기 시작했다. 그리고 자신의 영적 질문을 해결하기 위해 성경 연구를 통해 "이신칭의"의 가르침을 재발견해 정립했다. 무스쿨루스가 수도사로 활동한 알자스 로렌 지역은 루터가 출현한 삭소니 지역보다 더 르네상스 인문주의와 자유로운 학문적 분위기가 발전해 있었다. 알자스 지역은 이탈리아에서 시작한 르네상스의 문물들이 유통되던 교통의 요지에 위치해 그 어느 지역보다 인문주의의 영향을 많이 받았기 때문이다.[3] 이 지역의 교회들과 수도원의 신앙적 경향 역시 당시 로마 가톨릭의 문제들을 비판하며 새로운 대안을 찾고자 하는 개혁적 성격을 갖고 있었다. 이 지역의 하급 사제들과 수도사들이 가지고 있던 이와 같은 개혁적 분위기는 루터의 저술과 사상이 유입됨으로써 하나의 대안을 발견했다. 그 결과 첼(Mathias Zell), 부써(Martin Bucer), 카피토(Wolfgang Capito) 등 젊은 수도사들이 새로운 개혁적 사상과 성경적 신학에 관심을 가지고 스트라스부르를 중심으로 개혁을 시도했다. 무스

---

3) James Kittelson, *Toward an Established Church* (Mainz: Philip von Zaben, 2000) 참조.

쿨루스 역시 이런 알자스 로렌 지역의 개혁적 분위기를 배경으로 종교개혁 사상에 동참하게 되었다. 그는 수도회를 떠난 후 이미 종교개혁이 시작된 스트라스부르에서 탁월한 설교자들과 신학자들과의 긴밀한 관계 속에서 훈련을 받으며 유능한 종교개혁자로서 준비되었다.

무스쿨루스가 스트라스부르에 도착하자 그의 설교자로서의 재능과 개혁적 열정을 알아본 시의회 지도자(Bürgermeister) 자콥 슈투름(Jacob Sturm)과 종교개혁 지도자 부써는 그에게 우선 인근 도를리츠하임(Dor-litzheim)이라는 마을의 설교직을 맡겼다. 무스쿨루스는 일 년 동안 주일에는 이 마을에서 설교 사역을 감당했으며 주중에는 스트라스부르에서 부써의 개인 비서로서 사역했다. 다음 해인 1528년 스트라스부르 시의회는 무스쿨루스를 대성당의 설교인 첼의 보조사역자로서 임명해 안정적인 급여를 지급했다.[4] 그는 이곳에서 2년 간 대성당의 보조사역자로서 사역하는 동안 부써와 카피토의 신학 강의를 수강하여 체계적인 신학적 훈련을 받았다. 또 이 기간 그는 계속해서 주변 도시의 설교 사역을 병행하면서 개인적으로는 성경주석을 위한 히브리어와 아람어, 헬라어 연구를 계속했다.[5]

비록 무스쿨루스가 다른 종교개혁자들처럼 대학 교육을 통해 인문주의적 인문학적 훈련을 받은 것은 아니지만 그의 3년에 걸친 스트라스부르의 사역과 연구는 이후 그를 유럽의 중요 도시들의 종교개혁을 주도할 수 있을 정도의 능력을 갖출 수 있게 해주었다. 스트라스부르에서의 무스쿨루스의 신학적 훈련은 훌륭한 스트라스부르 개혁자들의 학문적, 목회적 가르침을 통한 것이지만 무엇보다도 무스쿨루스 자신의 부단한 개인적인 노력과 연구를 통해 이루어진 것이었다. 이와 같은 스트라스부르에서 받은 무스쿨루스가 받은 신학적, 목회적 훈련의 결과는 이후 그가 아욱스부르크에서 전개한 성경적 설교를 중심으로 한 교회 개혁 사역과 베른에서 펼친 성경적이면서도 체계적인 탁월한 성경 해석과 신학적 저술들이었다.

---

4) Farmer, 6.
5) Ballor, 37.

2.2. 아욱스부르크: 종교개혁자로서의 사역

2년 간 스트라스부르 대성당의 보조사역자로 사역한 무스쿨루스는 1531년 제국 직할도시인 아욱스부르크의 성십자가 교회(Heilig-Kreuz Kirche)의 설교자로 초빙되었다. 아욱스부르크는 16세기 이전부터 바이에른 지역의 가장 중요한 도시들 가운데 하나였을 뿐 아니라 종교개혁 당시 중요한 회의들이 열려 의미 있는 문서들이 제정된 곳이었다. 1524년부터 아욱스부르크 안에는 종교개혁 사상이 전파되어 주로 노동자 계층을 중심으로 새로운 교회 제도와 예배 개혁의 요구가 커져갔다. 특별히 1530년 아욱스부르크 회의 이후 종교개혁의 열망은 시민들 사이에 더 널리 퍼졌고 이제까지 종교적 문제에 관해 중립적 입장을 표명하고 있던 시의회는 이제 더 이상 시민들의 요구를 더 이상 무시할 수 없는 상태에 처해있었다. 초창기 보급된 아욱스부르크의 종교개혁 사상은 기본적으로 츠빙글리적이었다.[6] 그러나 시의회는 성경에 부합하지 않는 가르침이라면 황제의 명령도 거부해야만 한다고 가르친 쾨츨러(Franz Kötzler)나 하크(Hans Hagk)와 같은 츠빙글리파 설교자들의 급진적인 개혁 주장을 있는 그대로 받아들 수는 없었다.

시의회의 불명확한 종교적 입장 속에서 1530년대에 들어서서도 여전히 아욱스부르크 안에는 기존의 로마 가톨릭 세력과 더불어 루터파, 츠빙글리파, 그리고 재세례파 등 다양한 세력들이 혼재하여 논란을 벌이는 종교적인 혼란이 계속되고 있었다. 아욱스부르크 시의회는 이와 같은 혼란을 극복하고 종교개혁 신앙을 정착시키기 위해 안정된 종교개혁을 진행하고 있던 스트라스부르의 지도자 부써에게 유능한 설교자를 요청했다. 이 요청에 응해 부써는 그의 개인 비서였던 무스쿨루스를 이 중요한 사역의 적임자로 생각해 파견한 것이다. 부써는 무스쿨루스에 이어 그의 제자였던 볼프하르트(Boniface Wolfhart)를 파견했고 그는 아욱스부르크의 성 안나(St.

---

6) Gordon, *The Swiss Reformation* (Manchester: Manchester University Press, 2002), 293-294.

Anne) 교회의 설교자로 무스쿨루스와 동역을 했다. 슈바르츠(Theobald Schwarz)와 마이어(Sebastian Meyer) 역시 스트라스부르로부터 아욱스부르크에 와서 종교개혁의 확립을 위해 무스쿨루스와 함께 노력했다.[7]

아욱스부르크는 1530년대 들어서 스트라스부르 출신의 개혁파 개혁자들의 사역을 통해 새로운 종교개혁의 활력을 얻게 되었다. 아욱스부르크가 인근 루터파 도시들보다는 스트라스부르의 종교개혁을 모범으로 삼고 그 곳 출신 개혁자들을 영입한 데에는 경제적 정치적 상황이 중요한 요소로 작용했다. 두 도시는 모두 제국 직할 도시라는 정치적 상황과 무역을 중요한 수입원으로 삼고 있었다는 경제적 유사성뿐 아니라 왕이나 제후와 같은 한 귀족 가문에 의한 통치보다는 도시의 상권을 장악하고 있던 여러 상인 세력의 공동 통치를 시행하는 정치적 특징도 공유하고 있었다. 따라서 아욱스부르크 시의회는 그들의 경제적 이익을 잘 반영할 수 있는 정치 체제를 추구했고 이와 더불어 이런 정치 체제와 조화를 이룰 수 있는 교회 제도를 선호했다. 이와 같은 정치 경제적인 이유와 더불어 아욱스부르크 지도자들이 스트라스부르로부터 목회자들을 청빙한 것은 아욱스부르크가 인접한 스위스 연방(Swiss Confederate)과 맺고 있던 긴밀한 문화적, 사상적 연관성을 고려한 결과라고 볼 수 있다.[8]

다른 한편, 1530년 대 아욱스부르크에 스트라스부르 출신 목회자들이 초청된 것은 성찬론을 둘러싼 루터파와 츠빙글리파 사이의 결별이 중요한 원인이었다. 거의 모든 주제들에 대해서 같은 입장을 가지고 있던 루터와 츠빙글리는 결국 성찬론에 있어서의 결정적인 의견 차이를 해소하지 못하고 결국 1529년 말부르크 회담(Marburg Colloquy) 이후 완전히 결별했다. 그 결과 아욱스부르크를 비롯한 남부 독일 도시들은 종교개혁의 첫 발걸음을 뗀지 얼마 되지 않아 루터파와 츠빙글리파의 성찬론의 갈등으로 인해 심각한 신학적 갈등이 겪게 되었다. 아욱스부르크 시의회 역시 두 진영의 루터파와 츠빙글리파 사이에서 한 편을 완전히 배제할 수 없는 상황 속

---

7) Hastings Eells, *Martin Bucer* (New Haven: Yale University Press, 1931), 119-120.
8) Gordon, 293.

에서 중도적 길을 추구했던 스트라스부르의 부써가 추진하고 있던 개혁 노
선을 선택한 것이다. 무스쿨루스와 그의 동료들은 이와 같은 복합적인 정
치 경제적인 상황과 논쟁적인 신학적 상황 속에서 1530년대 아욱스부르
크에 들어와 종교개혁의 안정적 도입을 위해 개혁자로서의 역량을 펼쳐야
만 했다.

　무스쿨루스는 아욱스부르크에 도착한지 얼마 지나지 않아 그의 탁월한
설교자로서의 역량과 협상력을 토대로 목회자들 가운데 지도적 위치에 서
게 되었다. 기본적으로 츠빙글리의 성찬론을 취했던 무스쿨루스는 무엇보
다도 아욱스부르크 내의 루터파 지도자들과의 성찬론을 중심으로 한 신학
적 갈등을 해소하는데 힘을 기울였다. 그는 이를 위해 1536년 개혁파와
루터파 사이에서 열린 비텐베르크 회담의 대표자로 참석했고, 같은 해 성
찬론의 중재를 위해 멜랑흐톤이 작성한 비텐베르크 합의(Wittenberg
Accord)에 서명했다.[9] 그러나 곧 자신의 이런 활동과 서명이 아욱스부르
크와 취리히 사이의 갈등을 불러올 것을 확인하고는 서명을 철회할 수밖에
없었다.[10] 비록 무스쿨루스가 성찬론의 대립과 관련해 일관된 입장을 지켰
다고 보기 어려울 수도 있지만 그는 기본적으로 개혁파의 성찬론을 확실히
따르면서도 루터파의 입장을 충분히 이해하고 대화하려고 했다는 점에서
부써와 입장을 같이 했다. 또 이후 성찬론의 발전적 일치를 위해 노력했던
칼빈과 더불어 성찬론을 둘러싼 갈등을 해소하려 노력했던 중요한 2세대
개혁파 신학자들 가운데 한 명이라고 평가할 수 있다.

　무스쿨루스는 루터파뿐 아니라 로마 가톨릭 신학자들과의 대화에서 적
극 참여했으며 재세례파에 대해서도 적극적인 태도를 가졌다. 그는 아욱스
부르크의 대표로서 부써, 멜랑흐톤과 함께 보름스 회의(1540)와 레겐스부
르크 회의(1541)에도 참석해 개신교 진영과 로마 가톨릭 진영 사이에 논
란이 되고 있는 칭의 교리를 비롯한 신학적 주제를 함께 토론했다. 한편
1535년 뮌스터 사건 이후 재세례파는 이제 유럽 국가 어느 곳에서도 환영

---

9) Baker, 104.
10) Gordon, 295.

을 받을 수 없는 상황에 처했다. 그러나 무스쿨루스는 시의회가 아욱스부르크에 유입된 재세례파에 대해서도 좀 더 온건한 정책을 펼칠 것을 요청했다. 또 자신이 목회적 계획을 세워 직접 투옥되어 있던 재세례파들을 방문하여 바른 신앙을 가르쳤다. 그 결과 적지 않은 재세례파들이 개혁파 신앙으로 돌아오는 결과를 얻어내기도 했다.[11] 이와 같은 화해와 대화의 노력은 아욱스부르크의 정치적 종교적 상황에 따른 활동이었을 뿐 아니라 그의 스승이었던 부써로부터 배운 대화의 정신을 따른 사역이라고 말할 수 있다.

그러나 무스쿨루스의 이처럼 대화와 화해를 위해 노력하면서도 종교개혁이라는 그의 핵심적인 과제의 중요성을 결코 간과하지 않았다. 그는 이 과제를 감당하기 위해 아욱스부르크의 사역 기간 동안 바른 성경적 신앙의 확립을 위해 확고한 의지를 가지고 지속적으로 노력했다. 무엇보다도 종교개혁의 정착을 위해 가장 시급하게 처리해야 할 문제는 로마 가톨릭의 우상숭배적인 미사의 폐지를 통한 바른 예배의 확립이었다. 따라서 그는 아욱스부르크 사역을 시작하면서부터 설교를 통해 바른 예배의 회복을 가르치고 그 실현을 시의회에 촉구했다. 그와 동료 개혁자들의 열성적인 개혁의 노력의 결과로 아욱스부르크 시의회는 1534년 7월 22일 시내 여덟 곳의 교회에서만 미사를 드릴 수 있도록 명령했으며, 결국 1537년 1월 17일 모든 교회에서 개신교 예배를 시행하도록 명령하고 거의 모든 로마 가톨릭 사제들을 추방했다. 이후 무스쿨루스는 로마 가톨릭 미사가 드려지던 대성당(Dom)의 설교자로서 1548년 아욱스부르크를 떠날 때까지 이 도시와 주변 남부 독일 바이에른 지역의 종교개혁을 위해 성경의 진리를 선포하며 바른 예배를 정착시키는 사역에 최선을 다했다.[12]

아욱스부르크에서 전개한 무스쿨루스의 종교개혁을 위한 활동은 그의 열정적인 설교 사역뿐 아니라 성경 주석들의 출판을 통해 이루어졌다. 그는 1544년 그의 최초의 주석서인『마태복음 주석』을 출판했고 이어서

---

11) Farmer, 7.
12) Gordon, 295.

1545년과 1548년 두 번에 걸쳐 요한복음 주석을 출판했다.[13] 비록 1551년 그가 베른에 도착한 이후 출판되었지만 무스쿨루스의 가장 분량이 큰 주석인 『시편 주석』 역시 아욱스부르크 체류 기간 동안 집필되기 시작했다. 이와 같은 무스쿨루스의 주석서 저술은 설교 사역을 위한 과정의 산물이기도 했지만 이 주석 출판을 통해 무스쿨루스가 얼마나 바른 성경적 가르침을 통해 아욱스부르크와 주변 도시들에 종교개혁을 확립하기 위한 노력했는지 이해할 수 있다. 실제로 무스쿨루스는 아욱스부르크 뿐 아니라 주변 도시인 도나우뵈르크(Danauwörth)에 종교개혁을 도입하기 위해 대표자들을 파견했고 그들의 설교 사역은 석 달 만에 이 도시에 새로운 예배와 교회 제도를 성공적으로 확립시키는 결과를 낳기도 했다.[14]

2.3. 베른: 신학자로서의 사역

아욱스부르크에서 본격적으로 진행했던 무스쿨루스의 종교개혁자로의 열성적인 사역은 1548년 끝이 났다. 1547년 슈말칼덴 전쟁에서 독일 내 루터파 제후들이 황제와 로마 가톨릭 제후 연합군에게 패한 후 종교개혁을 추진해 오던 독일의 모든 영주들과 시의회들은 황제가 강요한 잠정안(Interim)을 받아들일 수밖에 없었다. 1548년 독일 전역에 강요된 잠정안은 로마 교황청으로부터 공식적이고 최종적인 신학적, 제도적 입장이 표명되기 전까지 독일 전역의 종교개혁을 중단시키고 로마 가톨릭의 예전과 제도를 복구하기 위한 조치였다. 이 잠정안에 동의할 수 없었던 독일 제국 내의 개혁자들은 자신의 사역지를 떠나야만 했다. 부써는 스트라스부르를 떠나 크랜머(Thomas Cranmer)의 초청으로 영국 캠브리지로 떠났다. 잠정안 수용의 결과 1537년 추방당했던 로마 가톨릭 사제들이 아욱스부르크 시로 다시 돌아와 과거의 제도와 미사를 복구시키자 무스쿨루스와 그의 동료들 역시 아욱스부르크를 떠나야만 했다.

---

13) Ballor, 34.
14) Baker, 104.

무스쿨루스는 아욱스부르크를 떠나 먼저 콘스탄스를 거쳐 취리히로 갔다. 그가 스위스 취리히를 피난의 장소로 택한 이유는 그곳이 거리로도 가까울 뿐 아니라 성찬론에 있어 그가 우호적인 이해를 가지고 있던 츠빙글리에 의한 종교개혁이 확립된 곳이었기 때문이었다. 무스쿨루스는 취리히에서 츠빙글리의 후계자인 불링거(Heinrich Bullinger)의 영접을 받았지만 그곳에서 특별한 사역을 하지는 않았다. 얼마 후 그는 바젤로 옮겨 그곳에서 자신이 아욱스부르크에서 저술한 책의 출판을 위해 출판업자인 헤르바겐(Johann Herwagen)을 만났다. 그리고 조금 후에는 아내와 8명의 자녀들을 돌보기 위해 장크트갈렌(St. Gallen)으로 가서 그곳에서 수개월간 머물며 방랑 생활로 인해 악화된 가족들의 건강을 살펴야 했다. 무스쿨루스와 가족들은 건강이 회복된 이후 1548년 가을 취리히로 돌아와 겨울을 보냈다. 이와 같은 정착할 곳이 없는 각박한 피난민의 삶은 많은 16세기 종교개혁자들이 경험했던 공통적인 삶의 여정이었다. 무스쿨루스 역시 비록 그 어떤 개혁자들보다 더 평화를 사랑하고 대화를 추구했었지만, 종교개혁자로서 바른 진리와 신앙과 예배의 문제와 관련해서는 결코 타협하지 않았고, 그 결과 자신의 편안한 삶과 가족의 안위까지 희생하며 타국을 떠도는 나그네의 삶을 살아야만 했다.

피난의 삶 가운데에서도 무스쿨루스는 다른 많은 종교개혁 지도자들로부터 주목을 받는 유능한 설교자이며 교회 지도자로 인정을 받았다. 한 예로 오키노(Bernard Ochino)는 무스쿨루스에게 1548년 7월 편지를 보내 영국 캔터베리 대주교 크랜머가 그를 런던과 캔터베리에서 강의하는 교수직을 제안하려 한다고 알렸다. 그러나 많은 수의 가족들과 함께 피난 중에 있던 무스쿨루스는 새로운 사역지를 찾는데 있어 신중할 수밖에 없었다. 또 이미 취리히에서 곧 베른에서의 공식적인 초청이 올 것이라는 사실을 알고 있었기 때문에 결국 그는 도버 해협을 건널 수 없다고 정중히 거절의 답신을 보냈다. 이와 같은 영국으로부터의 교수직 제의는 무스쿨루스가 아욱스부르크에서 출판한 주석적 연구들과 그의 유능한 설교 사역이 부써를 통해 영국에까지 소개된 결과였다고 할 수 있다. 무스쿨루스의 개혁자로서의 자질과 능력을 인정한 이와 같은 국제적 인식은 이후에도 계속되었다. 베른에 정착한 이후에도 1552년 팔츠의 영주 오토 하인리히(Otto Heinrich)는 무스쿨루스의 요한복음 주석을 헌정 받은 후 무스쿨루스를 노이부르크(Neuburg)의 교수직으로 초청했으며, 1553년에는 그의 영향을 받았던 에라스투스(Thomas Erastus; Thomas Lüber)가 그에게 하이델베르크 대학의 교수로 함께 할 것을 요청하기도 했다.[15]

무스쿨루스는 결국 1549년 2월 바젤로 사역지를 옮긴 슐처(Simon Sulzer)의 후임으로 그를 초청한 베른 시의회의 공식적인 초빙을 수락해 베른으로 향했다. 그러나 당시 베른은 다양한 종교적 분파들의 갈등 가운데 적지 않은 내적 혼란을 겪고 있었다. 1540년 무스쿨루스의 전임자 슐처가 베른 신학교의 교수로 부임하기 전인 1530년대 내내 베른은 츠빙글리적인 성찬론을 지지하던 대성당 설교자 메간더(Kaspar Megander)와 리터(Erasmus Ritter), 그리고 루터적인 입장을 취한 마이어(Sebastian Meyer)와 쿤츠(Peter Kunz) 사이의 신학적 대립이 계속되고 있었다. 두 진영의 신학적 논쟁에 대해 베른 시의회는 1537년 5월 21일 목회자 총회를 소집해 성찬에 있어 그리스도의 몸의 "실질적 임재"라는 용어를 일절 사용하지 말 것을 명령했다. 그럼에도 불구하고 츠빙글리적 성찬 이해를 강하게 가르쳤던 메간더의 목회적 영향력이 베른 시내뿐 아니라 주변 지역 교회들에 영향을 확대해 나갔다.

한편 이 무렵 베른은 여러 차례 방문한 부써는 메간더가 1537년 도입한 교리교육서(Catechism)가 지나치게 츠빙글리적인 성찬 이해를 가르치고 있다고 생각하여 이 교리문답의 수정을 베른 시의회에 요청했다. 부써는 만일 베른 교회가 메간더의 교리교육서를 표준 문서로 사용하게 된다면 이후 독일의 루터파 교회와 협력하기 어려워질 것이라고 주장했다. 메간더의 교리문답 수정을 둘러싼 논의로 인해 성찬론을 둘러싼 신학적 논쟁은 다시 시작될 형편이었다. 그러나 신학적 논쟁으로 인한 갈등의 재현을 원하지

---

15) Farmer, 4.

않았던 베른 시의회는 부써의 우려를 받아들여 메간더의 교리문답서를 수
정 보완하기로 결정했다. 이와 같은 타협을 받아들일 수 없었던 메간더는
결국 1538년 베른을 떠나 취리히로 떠났고 후임으로 비텐베르크 합의서
를 지지하던 슐처가 베른의 신학 교수 겸 대성당 설교직을 맡게 되었다.

슐처는 메간더의 지도아래 철폐되었던 여러 루터파적인 가르침과 신앙
형식들을 도입하기 시작했다.[16] 마이어와 쿤츠, 그리고 슐처의 사역으로
인해 베른은 점차 루터파적인 개혁 노선을 따르기 시작했고 취리히를 비롯
한 스위스 연방 도시들과의 유대보다는 오히려 독일 루터파 교회들과 가까
워지기 시작했다. 그러나 이미 상당 기간 동안 메간더의 영향을 많이 받았
던 베른의 지방 교구 목회자들은 슐처의 루터적인 가르침과 신앙 형식들에
반감을 가지고 있었기 때문에 그들은 시의회의 침묵 명령에도 불구하고 계
속 루터파적인 종교개혁 노선에 대해 의문을 제기했다.

1540년에 들어서서 베른에는 1546년 사망한 리터와 그의 후임자로서
신학교 교수로 부임한 킬히마이어(Jodocus Kilchmeyer) 이외에는 츠빙
글리적 견해를 가진 지도자가 남아있지 않았다. 칼빈은 비록 츠빙글리의
성찬론을 그대로 지지하지는 않았지만 베른에서 진행되고 있던 슐처의 개
혁 방식을 지지하지 않았다. 칼빈이 베른의 입장을 지지하지 않았던 더 큰
이유는 슐처와 쿤츠가 그들의 루터파적인 개혁을 진행하는 가운데 중요한
영적 권한은 시의회에 양보하여 교회의 독립성을 포기하고 있다는 우려였
다. 칼빈이 보기에 신학적인 문제는 시의회의 정치적 협상을 통해 결정할
성격의 문제가 아니라 성경의 가르침을 따라 신학자들과 목회자들의 독립
적인 합의를 통해 결정되어야 할 문제였다.[17]

그러나 루터파의 방향으로 흘러가던 1540년대 베른의 종교개혁은 1547
년 슈말칼덴 전쟁에서의 루터파 제후들의 패배로 인해 더 이상 지속될 수
없었다. 베른 시의회는 전쟁에서 패배한 독일 루터파 세력과의 발전적인

---

16) 슐처가 도입한 대표적인 루터파적인 신앙 형식은 개인적 고백성사, 비상 세례, 환자들을 위한 개
인적인 성찬 시행 등이었다. Gordon, 156.
17) Gordon, 157.

연대를 더 이상 기대할 수 없었기 때문에 다시 스위스 연방 도시들과의 대화에 주력하기 시작했다. 이와 같은 시의회의 정책적인 판단의 결과 루터파의 신학을 가르치던 그레네이우스(Thomas Grynaeus)가 해임되고 대신 츠빙글리파였던 륌랑(Eberhard von Rümlang)이 그 자리를 대신했다. 또 베른 시의회는 독일의 루터파 계열 신학교에서 공부하고 있던 베른 출신의 젊은이들을 모두 소환했다. 결국 1548년 4월 슐처는 그의 동료들과 함께 시의회로부터 모든 직임을 사임하고 베른을 떠나줄 것을 요청 받았고 스위스 연방 가운데 유일하게 루터파 신학에 우호적이었던 바젤로 옮겨 그곳의 종교개혁 지도자로서 1584년까지 사역했다. 베른 시의회는 슐처가 떠난 자리에서 개혁을 시도할 인물을 스위스 연방 도시가 아닌 아욱스부르크에서 찾았다.

슐처의 후임으로 대성당 설교자로 부임한 인물은 할러(Johannes Haller)였다. 그는 부임 직후 황제 카알 5세의 잠정안을 거부하고 이어서 베른 교회에 남아 있던 루터파적인 성찬 이론과 신앙 형태들을 철폐하기 시작했다. 할러를 비롯한 베른의 새로운 개혁자들은 신학적 논쟁을 종결하고 수정된 츠빙글리적 형태의 성찬 이론을 기초로 점진적인 개혁을 추진하고자 했다. 이를 위해 그들은 새로운 성찬 이론의 대안으로서 1549년 칼빈의 노력으로 제네바와 취리히 교회 사이에 제정된 취리히 합의안(Consensus Tigurinus)을 베른 교회의 입장으로 채택했다.[18]

그러나 이와 같은 베른의 입장은 불링거의 취리히와는 충분히 공감할 수 있는 것이었지만 제네바의 칼빈과 로잔(Lausanne)의 비레(Pierre Viret), 뇌샤텔(Neuchâtel)의 파렐(Guillaume Farel) 등 프랑스어권 스위스 연방 도시 교회들과는 두 가지 면에서 여전히 차이를 가지고 있었

---

18) John Calvin, *Consensus Tigurinus* (1549), *Defensio sanae et orthodoxae deoctrinae de Sacramentis*··· (1555), OS. 2: 241-287. 한글 번역은 "취리히 합의와 해설," 박건택 편역, 『칼뱅 작품선집』, V, (서울: 총신대학교출판부, 2011), 545-613. 취리히 합의에 이르기까지 칼빈의 성찬론의 역사적 배경에 대해서는 Timothy George, "John Calvin and the Agreement of Zurich (1549)," in *John Calvin and the Church: A Prism of Reform*, ed., Timothy George (Louisville: Westminster John Knox, 1990), 43-47.

다. 첫째, 칼빈과 프랑스 출신 개혁자들은 점진적인 개혁을 추구하던 베른 교회가 여전히 지키고 있는 과거의 신앙 행태들을 로마 가톨릭의 위험한 잔재들이라고 생각했다. 특히 칼빈은 베른 교회가 주일 이외의 여러 축일들을 준수하는 것과 교회 안의 세례단의 위치, 성찬 시행에서의 무교병 사용에 대한 집착, 지역 성자들의 이름을 아이들의 이름으로 삼는 행태 등을 비판했다. 둘째, 칼빈과 비레, 파렐은 이런 신앙의 문제들을 시의회가 권위를 가지고 결정하여 교회에 요구하고, 더 나아가 교회가 아닌 시의회가 권징을 시행하는 베른의 상황을 비판했다. 칼빈과 동료들이 보기에 교리와 예배, 그리고 권징의 시행은 시의회의 세속권한에 속한 것이 아니라 교회의 독립적이며 영적인 권한에 속한 것이어야 했다.[19] 이와 같은 입장의 차이가 스위스 내 개혁파 교회들 사이에 갈등을 발생시킬 가능성이었던 이유는 당시 베른이 강력한 군사력을 바탕으로 프랑스어권 스위스의 도시들을 지원하고 있었기 때문이다. 베른은 그들이 제공하고 있던 군사적인 지원을 구실로 삼아 제네바 역시 베른과 같은 형식의 신앙 행태들과 교회 제도를 시행할 것을 계속 요구했지만 교회의 독립성을 주장하던 칼빈은 이 요구를 받아들이지 않았다. 그럼에도 불구하고 제네바와 베른 교회 사이에 발생한 이런 입장의 차이가 스위스의 개혁파 교회의 결정적인 분열로 발전되지는 않았다. 이는 칼빈을 비롯한 프랑스어권 스위스 도시들의 교회 지도자들이 끊임없이 베른과 취리히, 바젤 등 독일어권 연방 도시들의 교회 지도자들과 대화를 추구했으며, 이와 동시에 독일어권 교회 지도자들 역시 진행 속도의 차이에도 불구하고 함께 대화하며 성경적이며 합리적인 종교개혁을 함께 추구했기 때문이었다.

무스쿨루스는 할러의 동역자로 1548년 베른의 신학교 교수로 부임한 이후 스위스 내에서 개혁파 종교개혁이 심각한 분열 없이 발전할 수 있도록 기여한 독일어권 교회 지도자들 가운데 한 명이었다. 불링거의 소개를 통해 베른의 교수직 청빙을 받아들여 이 도시로 온 무스쿨루스는 이후 1563

---

19) Gordon, 160-161.

년 8월 30일 사망할 때까지 베른의 종교개혁자로서 사역했다. 그가 주로 강의했던 베른의 "고급학교"(Hohe Schule)는 츠빙글리가 취리히에 설립한 "예언자모임"(Prophezey)을 모범으로 삼아 1528년 세워진 목회자 양성을 위한 신학 교육기관이었다. 무스쿨루스는 이 학교에서 강의하며 그의 저술들을 출판하는 데 많은 시간을 보냈다. 이 기간에 그는 베른의 교회를 위해서는 할러와 동역하면서 중요 정책의 조언자로서 역할을 담당했다. 또 대외적으로는 칼빈의 제네바와 불링거의 취리히를 비롯한 스위스 연방 도시들 사이의 신학적 논의와 관련한 중재자로서의 중요한 역할을 수행했다. 특히 교회 권징과 관련해 제네바에서 발생한 문제들을 놓고 취리히의 불링거와 의견을 같이하는 가운데 베른의 입장을 대변해 칼빈과 협상을 전개했다.[20] 그러나 무스쿨루스는 베른에서 설교자로서 일하지는 않았는데 이는 개인적으로 스위스식 독일어에 익숙하지 않았기 때문이며, 베른에서는 아욱스부르크에서와 같은 목회 사역보다는 목회자들을 양성하고 그가 직면한 신학적 쟁점들을 정리하는 교육자와 학자로서의 사역에 집중하려 했기 때문이었다.[21]

2.4. 저술 활동과 신앙적 유산

베른에서의 신학교수 사역 기간 동안 무스쿨루스는 많은 신학적 저술들을 출판했다. 그 가운데 그가 가장 노력을 기울인 저술은 성경 주석들이었다. 무스쿨루스는 부써의 주석 출판과 유사하게 공관복음에 이어 요한복음, 그리고 바울 서신 순으로 신약 주석들을 출판했다. 이미 아욱스부르크에서 출판했던 마태복음과 요한복음 주석에 이어 로마서(1555), 고린도전후서(1559), 갈라디아서와 에베소서(1561) 주석에 이어 빌립보서, 골로새서, 데살로니가전후서, 디모데전서 주석(1565)을 연달아 저술해 출판했다.[22] 그는 이와 같은 순서로 신약 주석들을 저술하는 사이에 구약 주석

20) Baker, 104.
21) Farmer, 7-8.

들도 부써가 출판한 순서를 따라 연달아 출판했다. 1551년 출판한 시편 주석에 이어 신명기(1553), 창세기(1554), 그리고 이사야(1557) 주석들 이 출판된 것이다.[23] 베른에서 저술해 출판한 무스쿨루스의 주석들은 베른 의 신학생들을 위한 훌륭한 교재가 되었을 뿐 아니라 곧 독일어, 프랑스어, 영어로 번역되어 유럽 전역에 영향을 준 그의 중요한 신학적 업적이 되었 다.[24]

무스쿨루스는 신학 교육을 위한 초대 교부들의 전집 편집 발간에도 많은 노력을 기울였다. 특별히 에라스무스 이후 인문주의자들이 충분히 주의를 기울이지 않았던 동방 교부들의 저술을 재편집해 발간하는데 많은 공헌을 했다. 그는 1536년부터 1556년의 20년간 크리소스톰과 가이사랴의 바 질, 알렉산드리아의 키릴, 유세비우스의 교회사, 나지안주스의 그레고리, 그리고 아타나시우스의 저술들을 편집해 출판했다.[25]

그러나 무엇보다도 무스쿨루스의 신학을 잘 요약하여 이해하게 해 주는 작품은 그가 베른에 정착한 뒤인 1550년 이후 10년 간 저술해 1560년 출 판한 *Loci Communes*이다.[26] 무스쿨루스는 이 책에서 그의 교부 연구와 성경 주석을 바탕으로 중요한 75개의 신학적 주제들을 순서를 따라 다루 었다. 그는 이 책의 첫 46개 주제에서 하나님, 하나님의 사역, 창조, 자유 의지, 죄, 율법, 언약, 은혜, 구속, 성육신, 그리스도의 복음, 서경, 목회, 믿음, 선택, 회개, 칭의, 선행, 죄 용서, 교회, 성례, 전통을 순서대로 다 룬다. 그리고 두 번째 29개 주제에서는 하나님의 신적 속성, 인간을 향한 계시, 교회 안에서의 인간과 하나님의 관계, 그리스도인의 삶과 같은 중요 한 주제들을 다룬다.[27]

---

22) Farmer, 3.
23) Ballor, 37-38.
24) Farmer는 당시 무스쿨루스의 주석들이 광범위하게 번역되어 17세기까지 널리 읽힌 점에 주목하 면서 16세기 이후 개혁과 교회에 대한 무스쿨루스의 가장 중요한 업적은 그의 주석들을 통한 개혁 주의 성경해석에 있었다고 평가한다. Farmer, 3.
25) Ballor, 33.
26) Wolfgang Musculus, *Loci communes sacrae theologiae, iam recens recogniti & emendati* (Basel, 1564).

학자들은 무스쿨루스의 *Loci Communes*의 내용과 형식이 어떤 특징을 가지고 있는지에 대해 다양한 분석과 의견을 제시했다. 그러나 일반적으로는 멜랑흐톤의 *Loci Communes*를 기초로 삼았으며 좀 더 구체적이며 체계화된 하부 구조를 가지고 저술했다고 생각해 왔다.[28] 멜랑흐톤의 *Loci*와 비교해 볼 때 무스쿨루스의 *Loci*가 보여주는 가장 중요한 특징은 개혁파 신학저술 등 가운데 거의 최초로 언약 교리(doctrine of covenant)를 독립적인 신학적 주제(locus)로 다루었다는 점이다. 무스쿨루스는 그의 저술에서 율법에 대한 주제와 대속적 은혜를 다루는 주제 사이에서 "언약"이라는 개념을 독립적인 주제로 삼아 본격적으로 다루었고, 이후 대표적인 개혁주의 신학의 중요한 주제로 부각시키는 데 기여했다.[29] 그는 처음에는 신학생들을 위한 일종의 교과서를 집필해 달라는 베른 시의회의 요청에 응해 이 작품의 저술을 착수했다. 이 작품이 학교에서 학생들을 위한 교과서로 쓰였다는 점에서 스콜라적인 성격을 지니게 된 이유를 찾을 수 있다. 그러나 무스쿨루스는 모든 신학적 주제들을 총체적으로 다루는 일종의 『신학대전』(*Summa*)을 기획하지는 않았다. 그는 목회자는 무엇보다도 성경을 연구하고 설교하는 데 능숙한 설교자여야 한다고 생각했다. 따라서 신학생들이 성경을 연구하는 데 집중할 수 있도록 신학적 주제들은 별도로 구별된 교과서를 통해 연구할 수 있기를 원했고 *Loci Communes*는 이와 같은 목적을 위한 저술이었다.[30] 이와 같은 무스쿨루스의 *Loci Communes* 저술의 목적과 이 작품이 그의 주석들과 갖고 있는 관계는 칼빈의 『기독교 강요』와 그의 주석들 사이의 관계와 유사하다.

그럼에도 불구하고 평생에 걸친 신학적 작업은 그의 성경 주석에 집중되어 있었다. 실제로 무스쿨루스는 1563년 열병에 걸려 사망할 때까지도 디모데전서 주석 집필에 몰두하고 있었다. 비록 무스쿨루스의 66년간의

---

27) Richard A. Muller, *Post-Reformation Reformed Dogmatics*: vol.1, *Prolegomena to Theology* (Grand Rapids: Baker, 1985), 58.

28) Ballor, 39-40.

29) Ballor, 15-16.

30) Ballor, 39.

삶은 더 많은 성경 주석을 저술하지 못하고 끝났지만 무스쿨루스의 신앙적 유산은 그의 제자들뿐 아니라 후손들을 통해 계승되었다. 무스쿨루스의 아들 중 여섯 명은 아버지의 뒤를 이어 목회자로 헌신했고 그의 후손들은 계속해서 19세기까지 무스쿨루스의 신앙과 사역을 본받아 스위스와 독일어권 일대의 종교개혁과 개혁주의 신앙의 보급을 위해 헌신했다. 1821년 죽을 때까지 베른 대성당에서 뛰어난 설교자로 사역한 데이비드 뮈슬린 (David Müslin)은 가장 대표적인 무스쿨루스 설교자 가문의 후예였다.[31]

3. 무스쿨루스의 신학

3.1. 신학 방법론

베일러는 무스쿨루스의 신학이 이후 개혁주의에 기여한 점은 무엇보다도 그가 제 2세대 종교개혁자로서 종교개혁 신학을 정립하고 특히 이후 개혁파 신학이 체계적으로 발전할 수 있는 방법론적 토대를 제공한 데 있다고 평가한다.[32] 특히 17세기 개혁파 스콜라주의가 16세기 종교개혁자들의 신학과 연속성을 가지고 있음을 주장하는 멀러는 무스쿨루스가 저술한 *Loci Communes*의 주제별 신학 저술 방식은 중세 신학의 전통적 신학적 방법론을 발전적으로 계승해 이후 개혁주의 신학이 더 체계적이고 정교하게 신학적 진술을 제시할 수 있는 방법론적 기초를 제공했다고 분석한다.[33] 무스쿨루스와 칼빈을 비롯한 이른바 2세대 종교개혁자들의 과제는 가톨릭의 오류에 대한 비판과 종교개혁 이념의 선언을 목적으로 했던 루터와 츠빙글리 등 1세대 종교개혁자들의 과업과 다른 것이었다. 그들의 신학적 과제는 종교개혁이 시작된 후 이제 건설 중인 새로운 교회를 위한 신학적 기초를 제공하고 또 그 교회의 목회자를 양성하기 위한 교육 체계를 세우는

---

31) Farmer, 187.
32) Ballor, 213.
33) Richard A. Muller, *After Calvin* (Oxford: Oxford University Press, 2003), 43.

것이었다. 그들은 이 새로운 과제를 위해 인문주의적 방법론뿐 아니라 전통적인 주제별(Loci) 저술 방식을 적극 활용했다. 그리고 이들의 이와 같은 2세대 종교개혁자들의 노력은 16세기 후반과 17세기 이른바 개신교 스콜라주의의 교육과 저술 형식으로 계승 발전되었다. 무스쿨루스의 베른 사역과 이 기간 저술된 *Loci Communes*는 이와 같은 발전 과정에서 등장한 가장 주목할 만한 신학적 작업들 가운데 하나였다.[34]

그러나 무스쿨루스가 주제에 따른 전통적인 신학 방법론을 사용했다고 해서 그의 신학이 중세 신학의 단순한 답습이라고 볼 수는 없다. 앞서 언급한 것처럼 무스쿨루스의 신학적 작업의 초점은 또 다른 교리체계의 제시보다는 성경을 충실하게 해석하는 데 있었기 때문이다. 그는 "오직 성경"(Sola Scriptura)이라는 종교개혁자들의 공통적인 인식을 공유했고, 따라서 신학 교육은 성경의 진리를 더 확실히 설명하여 가르치는 것이라고 확신했다. *Loci Commues*와 같은 신학적 저술의 목적 역시 좀 더 효과적인 성경 교육과 해석을 위한 일종의 지침서를 제공하는 것이었다. 따라서 무스쿨루스는 성경의 진리를 밝히려 한 종교개혁 신학의 뚜렷한 초점의 범위 안에서 주제별 저술이라는 중세적인 신학 서술 방법을 제한적으로 사용했다. 실제로 *Loci Communes*는 신학과 관련한 광범위한 형이상학적 주제들을 총괄하는 사변을 전개하지 않고 다만 성경 해석을 위해 필수적인 핵심 주제들만을 선택해 그 순서를 따라 진술한다. 따라서 *Loci Communes*는 각각의 신학적 주제를 다룰 때 반 사변적(anti-speculative), 구원론 중심적(soteriology-centred), 목회적 초점(ministerial focus)이라는 특징을 분명히 보여준다.[35]

3.2. 하나님을 아는 지식

무스쿨루스의 *Loci Communes*는 그 첫 주제로 하나님에 대한 지식의

---

34) Muller, *Post-Reformation Reformed Dogmatics*, vol.1, 49-52.
35) Ballor, 214-215.

가능성과 그 내용에 대해 다룬다. 멀러는 무스쿨루스의 *Loci Communes*
는 신지식에 대해 논의하면서 이 주제와 관련한 칼빈과 비레가 보여주는 개
혁주의 신학의 특징 가운데 하나인 "이중적 신지식"이라는 설명의 틀을 따
른다고 분석한다.[36] "이중적 신지식"을 말한 16세기의 개혁주의 신학자들
은 하나님에 대한 지식에 대해 논할 때 하나님에 대한 자연적인 지식과 초
자연적인 지식, 즉 구원의 은혜와 관련한 지식을 구별했다. 대표적으로 칼
빈의 『기독교 강요』 최종판은 처음부터 인간 자신을 아는 지식과 하나님을
아는 지식을 말한다. 그리고 『기독교 강요』(1559) 1권은 "창조주 하나님"
에 대한 지식을 다루며 창조 질서를 통해 드러내시는 하나님에 대한 일반
적 지식과 성경이 말하는 보편적 신지식을 논한다. 이어지는 2권은 "구속
주 하나님"에 대한 지식을 다루면서 예수 그리스도의 은혜를 믿음으로 구
원을 받은 자들에게 드러내시는 하나님에 대한 지식을 설명한다.[37]

　칼빈의 동료였던 비레 역시 동일한 틀을 가지고 "심판자로서의 하나님"
에 대한 지식과 "아버지로서의 하나님"에 대한 지식을 설명한다. 하나님께
서는 창조주로서 심판주로서 창조하신 자연의 질서와 선악간의 판단으로
서 모든 사람들에게 주권자이며 선악 판단의 기준으로 자신을 나타내신다.
그러나 죄와 타락의 결과 하나님의 본 모습을 이해할 수 없으며 그 앞에 설
수도 없는 인간들은 하나님에 대한 불확실한 지식에 근거하여 도리어 우상
숭배와 위선에 빠진다. 참다운 하나님에 대한 지식은 예수 그리스도를 믿
는 자들에게 모든 율법의 정죄를 사해 주시며 진정한 아버지로 자신을 나
타내실 때 얻어질 수 있는 것이다. 따라서 인간이 가질 수 있는 하나님에
대한 지식은 크게 세 가지 종류의 지식으로 구별된다. 그것은 첫째, 부분
적이며 타락하여 비성경적인 창조주 신에 대한 지식, 둘째, 성경이 가르치
는 창조주 하나님에 대한 지식, 그리고 셋째 그리스도 안에서 드러나는 구
원주 하나님에 대한 지식이다.[38]

---

36) Muller, *Post-Reformation Reformed Dogmatics*, vol.1, 288-290.
37) John Calvin, *Institutes of the Christian Religion* (1559), 김종흡 외 역, 『기독교강요』
　　(서울: 생명의말씀사, 1988).

무스쿨루스 역시 하나님에 대한 보편적이며 자연적인 지식, 그리고 특별하며 초자연적인 지식을 구별한다. 그리고 이 두 가지 모두와 관련해 하나님을 아는 지식에 있어서 인간 이성의 한계와 불가능성을 강조한다. 즉 "자연적이며 육적인 사람" 뿐 아니라 "영적인 사람" 역시 "하나님의 일들"에 대한 지식을 가질 수 있고 "하나님 자신"에 대해서도 이해할 수 있지만, 결코 "분명하고 완전한" 지식을 가질 수 없다는 것이다. 무스쿨루스는 인간 스스로의 지식이 불완전할 수밖에 없는 것은 하나님의 위엄이 피조물의 생각이나 이해가 결코 이해할 수 없는 접근 불가능한 광채에 휩싸여 있기 때문이라고 말한다.[38] 그러므로 사람이 하나님에 대한 진정한 지식을 가질 수 있는 것은 오직 자신을 드러내 주시고 또 깨닫게 하시는 하나님의 은혜 때문이다.

무스쿨루스는 이어서 하나님의 은혜로 인해 인간이 얻게 되는 하나님에 대한 바른 지식 획득 과정에 여러 단계를 설명한다. 첫째 단계는 불경건을 극복하고 하나님의 존재를 고백하는 시작의 단계이다. 둘째는 또 다른 어떤 창조의 신에 대한 지식을 부정하고 참된 한 분 하나님을 고백하는 단계이다. 셋째, 넷째, 다섯째 단계는 성경의 가르침을 따라 각각 천지의 창조주 하나님을 알고, 세 위격 가운데 한 본질이신 분을 알고, 하나님의 충족성과 전능성, 진리이심, 선하심, 사랑과 자비와 공의와 같은 속성들을 아는 단계들이다. 여섯째 단계는 "우리의 구원을 위해 그 아들을 세상에 보내신 우리 주 예수 그리스도의 아버지로서 하나님을 아는 것"이다. 무스쿨루스는 이 여섯째 단계의 지식으로 인해 그리스도인들이 그리스도와 무관한 모든 백성들과 구별된다고 주장한다. 일곱 번째 단계는 그 하나님 아버지를 특별히 우리를 사랑하며 우리를 위해 자비를 베푸는 "가장 확실한 구원자"로 깨닫고 인정하는 단계이다. 마지막으로 여덟 번째 단계의 지식은 그것으로 끝나는 것이 아니라 사랑과 섬김, 그리고 순종으로 표현되는 믿음의 결과를 낳는 단계이다.[40]

---

38) Muller, *Post-Reformation Reformed Dogmatics*, vol.1, 289-290.
39) Musculus, *Loci Communes*, loc. i.

무스쿨루스는 이와 같은 여러 단계의 하나님에 대한 지식의 단계적 발전
이 가능한 것은 다음의 두 가지 인식론적 근거 때문이라고 말한다. "그 한
가지 근거는 사람이 추구하는 그 대상은 참으로 알려질 수 있는 대상이어
야 한다는 점이다. 또 다른 근거는 지식을 갖는 사람은 먼저 자신의 이해력
을 사용해 알고자 하는 그 대상이 어떤 대상인지를 이해할 수 있어야만 한
다는 점이다."[41] 즉 하나님을 알고자 하는 추구가 인간에게 있다면 하나님
은 사람에게 알려질 수 있는 대상임에 틀림없다. 그러나 인간이 참으로 하
나님을 알기 위해서는 먼저 자신의 앎의 가능성이 하나님에 대한 지식을 얻
는 데 있어 분명한 한계가 있음을 제대로 인식해야만 한다.

무스쿨루스는 하나님께서 세 가지 방식을 통해 사람들에게 자신을 드러
내신다고 말한다. "그 첫 번째이자 가장 보편적인 방식은 그의 일들로부터
일어나는 것이다. 둘째는 그의 말씀을 통해 선포되는 좀 더 특별한 것이다.
셋째 방식은 무엇보다 가장 특별한 방식으로서 그의 비밀한 영감을 통한 것
이다."[42] 첫 번째 계시의 방식은 모든 민족 모든 사람들에게 보편적으로 적
용되는 것이다. 둘째 말씀을 통한 계시의 방식은 모든 사람들에게 나타나
지 않고 구약의 이스라엘 백성들과, 신약의 일부 이방인들에게 "모든 사람
을 향한 구원의 일반 은총"으로 주어진다는 점에서 좀 더 "특별하다." 세 번
째 영감에 의한 계시 방식은 가장 특별한 방식인데 이는 성령의 감동이라
는 것은 오직 하나님의 일의 빛이나 말씀의 선포를 넘어서 하나님에 대한
가장 분명한 지식을 소유한 선택자들에게만 제한적으로 주어지기 때문이
다. 무스쿨루스는 첫 번째, 두 번째 계시의 방식은 다만 하나님 앞에서 "변
명할 수 없게"하는 수준까지 하나님을 알게 하지만, 세 번째 계시의 방식은
사람들의 마음을 변화시켜 하나님을 진정으로 섬기게 하는 참다운 지식을
주는 것이라고 말한다. 그리고 그리스도만이 하나님을 아는 지식의 단계가
결정적인 여섯 번째 단계로 넘어가는 유일한 길이며 성령께서 깨닫게 하시

---

40) Musculus, *Loci Communes*, loc. lxi.
41) Musculus, *Loci Communes*, loc. lxi.
42) Musculus, *Loci Communes*, loc. i.

는 계시의 세 번째 방식의 내용이라고 주장한다. 멀러는 무스쿨루스의 이와 같은 하나님에 대한 지식에 대한 체계적인 설명은 칼빈을 비롯한 16세기 후반 개혁파 신학자들의 이해와 같은 논의의 틀을 대표하는 것일 뿐 아니라, 이와 같은 논의의 틀은 이후 17세기 개혁파 정통주의의 신학 서론에 해당하는 주제들이 발전할 수 있는 중요한 기초를 제공한 것이라고 평가한다.[43]

3.3. 언약신학

앞서 이미 언급한 것처럼 무스쿨루스가 발전시켜 논의한 중요한 신학적 주제들 가운데 이후 개혁주의 신학의 발전에 가장 큰 영향을 준 것으로 평가되는 주제는 "언약" 개념이다. 무스쿨루스는 *Loci Communes*에서 열세번째 주제로 "율법"을 다룬 후 열 네번째 주제로서 "언약"을 다루다. 그리고 이와 같은 순서의 이유를 설명하면서 언약에 대한 자신의 기본적인 이해를 다음과 같이 말한다.

거룩한 성경 안에서 하나님의 언약(foedus)과 증언(testamentum)에 해당하는 것들이 자주 나타나기 때문에 우리가 여기에서 이 주제를 다루는 것은 잘못된 일이 아니다. 더군다나 우리가 율법에 대해 다룬 다음 부분에서 언약을 다루는 것은 부당한 것이 아닌데, 율법은 그 자체로 신적인 언약의 일부분이기 때문이다.[44]

위의 진술에서 볼 수 있듯이, 무스쿨루스가 "율법"을 "언약"의 일부라고 이해하는 것은 구약과 신약의 관계, 그리고 그리스도 이전의 하나님의 언약과 그리스도를 통해 성취된 새로운 언약 사이에 대한 이후 개혁파 언약신학의 기본적인 사상적 틀을 대표하는 설명이다. 무스쿨루스는 이후 하나님의 언약이라는 큰 틀 안에서 구약의 율법을 위치시키고 이 언약의 한 부

---

43) Muller, *Post-Reformation Reformed Dogmatics*, vol. 1, 292-293.
44) Musculus, *Loci Communes*, loc. xiv.

분인 율법이 그리스도의 은혜의 구속 사역을 통해 어떻게 성취되었는지 설명한다. [45]

베일러는 무스쿨루스의 언약 신학이 이후 개혁파 언약 신학의 중요한 개념들을 소개한 선구적인 역할을 했음을 인정하면서도 무스쿨루스의 언약 이해가 이후 개혁파 정통주의 신학에서 제시한 "행위 언약"(Covenant of Works)과 무조건적으로 동일한 것은 아니라고 주장한다. [46] 물론 무스쿨루스가 생각한 은혜 언약 역시 신자의 합당한 반응이 이루어짐으로써 하나님께서 주신 약속이 완성된다는 면에서 조건적(conditional) 성격을 갖는다. 그러나 그의 언약 개념은 결코 신구약의 모든 언약을 통틀어 어떤 종류의 언약도 하나님 측면에서 미완성적 성격을 가지고 있다고 말하지 않는다. 도리어 그는 일관되게 모든 언약의 기초와 성취는 전적으로 하나님의 은혜에 있음을 강조한다. 베일러는 이런 점에서 볼 때 무스쿨루스가 하나님께서 아브라함과 체결하신 "특별 언약"(special covenant)과 구별하여 말하는 "일반 언약"(general covenant)을 하이델베르크의 신학자 우르시누스(Zacharias Ursinus)가 말한 "자연 언약"(covenant of nature)과 동일한 것으로 간주하는 것은 바른 해석이 아니라고 주장한다. 즉 무스쿨루스가 말하는 "일반 언약"과 "특별 언약"의 차이는 각각의 무조건성과 조건성의 차이를 의미하는 것이 아니라 그 언약의 대상의 차이에 있다는 것이다. 무스쿨루스는 그의 주석적 논의를 근거로 삼아 "일반 언약"은 노아 홍수 이후 하나님께서 노아의 후손, 즉 모든 인류와 체결하신 무조건적인 번성과 보존의 언약이라고 주장한다. 반면 아브라함과 체결하신 "은혜 언약"은 그리스도를 통해 성취될 구원의 역사를 위해 택한 자들과 맺으신 조건적인 언약이라고 말한다. 이 언약은 하나님의 구원의 은혜에 믿음과 순종으로 반응하는 자들에게만 성취되는 구원의 약속이기 때문이다.

17세기 개혁주의 언약신학의 발전이 언약에 대한 다양한 이해를 가지고 있으며 은혜의 조건적인 성격에 주목하여 하나님의 은혜에 응답하는 신자

45) Ballor, 217-218.
46) Ballor, 218.

의 믿음과 순종의 중요성을 강조한 것이 사실이다. 그리고 무스쿨루스의 언약 개념이 이후 개혁주의 언약신학의 중요한 기초들을 제공한 것도 사실이다. 그러나 무스쿨루스의 언약 신학은 철저히 하나님의 은혜의 따른 언약의 제정과 은혜에 의한 그 언약의 성취를 강조하고 있음을 간과해서는 안된다. 무스쿨루스가 언약을 강조하고 이 주제를 독립적인 주제로 삼아 "율법"과 "은혜" 사이에 위치시켜 다룬 것은 인간의 타락을 설명하는 과정에서 하나님의 은혜에 대한 인간의 마땅한 반응의 법적 당위성을 제시하는 데 있었다. 따라서 그는 언약이라는 주제를 다룰 때 "언약"과 "율법"의 관계에 대한 중세적인 철학적 사변을 자제했고, 언약의 성취 문제와 예정에 대한 문제 역시 철학적인 논변을 통해 다루려 하지 않았다.[47]

무스쿨루스는 그의 인간론에서 언약 개념과 긴밀하게 관련되어 있는 하나님의 뜻과 인간의 자유 사이의 관계를 다룰 때에도 중세 신학의 중요한 입장들을 충분히 염두에 두면서도 분명한 그의 신학적 초점을 놓치지 않는다. 즉 무스쿨루스는 스코투스(John Duns Scotus)의 설명처럼 하나님의 "절대적인 능력"(potential absoluta)을 작용적인(operational) 것으로 보지 않는다. 또 이 주제를 철학적인 영역으로 끌고 가 하나님의 능력의 작용과 인간의 자유 의지에 대한 사변적 논의를 전개하지도 않는다. 그는 다만 인간의 자유 의지가 타락 전이나 후나 본질적으로는 "자유로움"을 설명하고, 그럼에도 불구하고 타락 이후에는 모든 인간이 필연적으로 죄를 범할 수밖에 없게 되었음을 성경에 따라 설명할 뿐이다. 이런 초점을 가지고 무스쿨루스는 "자유의지"와 관련한 신학적 주제를 성경의 가르침을 넘어서는 사변적인 철학적 논제로는 다루지 않는다. 그의 언약 신학의 일관된 초점은 구속사적인 관점 위에서 타락과, 타락 이후, 그리고 구속 이후의 각 단계에서 인간의 자유의지가 어떻게 드러나는가에 대한 성경적 설명이다.[48]

47) Ballor, 222-223.
48) Ballor, 223.

3.4. 교회와 국가의 관계

무스쿨루스의 신학 가운데 주목해야 할 또 다른 중요한 주제는 교회와 국가의 관계, 달리 말해 영적인 권세와 세속적 권세의 관계에 대한 그의 신학적 이해이다. 앞서 살핀 바대로 교회와 국가의 관계에 대해 취리히와 베른을 비롯한 독일어권 스위스의 개혁파 교회들은 제네바와 로잔 등 프랑스어권 스위스 교회들과는 서로 다른 입장을 취했다. 제네바의 칼빈은 오랫동안 극심한 난관을 겪으면서도 세속적 권세에 대해 교회에게 맡겨진 영적 권세의 독립성을 강조하고 세속 정부로부터 독립적으로 시행되는 교회의 권징을 시행하려 노력했다.[49] 이를 위해 칼빈은 출교(excommunication)로 대표되는 영적 권징의 독립적 시행을 위해 목사와 장로로 구성되는 컨시스토리(Consistory)를 구성하고 이 모임은 매주 소집해 교리와 신앙생활과 관련한 문제들을 다룰 수 있도록 했다.[50] 그러나 과거 정치적 목적을 위해 남용된 사보이 공국 주교들의 출교와 파문을 경험했던 세속 권력자들은 권징의 권한을 전적으로 그들이 새로 초빙한 교회 지도자들의 손에 맡기려 하지 않았다. 그러나 칼빈과 비레 등 개혁자들에게 교회의 영적 사법권의 독립은 단순한 정치적 문제가 아니었다. 컨시스토리를 통한 권징의 바른 시행은 교회의 유일한 머리이신 예수 그리스도의 통치를 교회의 공적 예배와 성도들의 삶 가운데 실질적으로 구현하려 한 신학적 이해에 따른 노력이었다.[51]

이에 반해 취리히와 베른에서는 권징의 권한 뿐 아니라 신학적 논쟁에 대한 최종 결정권한도 시의회가 가지고 있었다. 취리히의 종교개혁자였던 불

---

49) François Wendel, 『칼빈: 그의 신학사상의 근원과 발전』, 김재성 역 (고양: 크리스챤 다이제스트, 2002), 100-102.
50) 제네바 컨시스토리의 특성과 운영에 대해서는 Robert M. Kingdon, "The Geneva Consistory as Established by John Calvin," On the Way 7 (1990), 30-44 참조.
51) 칼빈의 교회 권징(ecclesiastical discipline)에 대한 주장과 그 신학적 기초로서의 "그리스도의 머리이심"(Headship of Christ)에 대해서는 김요섭, "철저함과 온건함"(Severitas et Clementia): 칼빈의 교회 권징의 두 원리와 교회론적 배경 연구,"『개혁논총』 12권 (2009), 37-72 참조.

링거와 버미글리(Peter Martyr Vermigli), 그리고 베른의 무스쿨루스는 이런 교회와 국가의 관계를 수용했을 뿐 아니라 이 제도를 위한 신학적 근거를 제시했다.[52] 특히 교회의 영적인 권한과 세속 권세의 권한의 유기적 관계를 강조했던 무스쿨루스의 사상은 이후 에라스투스의 사상으로 이어져 이후 영국을 비롯한 폴란드, 헝가리 등 여러 나라의 "국가교회"(established church)의 개념의 사상적 기초를 제공했다.[53]

무스쿨루스가 종교적 문제를 위한 세속 권세의 역할을 좀 더 적극적으로 이해한 것은 그의 언약신학에 기초한 율법 이해에 기인한다. 그는 율법을 하나님의 언약의 일부분이라고 이해하면서 율법이 그리스도인들에게는 개인적, 사회적 차원에 교육적 역할(pedagogical function)을 계속 수행한다고 생각했다. 또 율법은 그리스도인 개인과 하나님의 관계뿐 아니라 그 개인이 속한 사회적 삶의 영역까지 다루는 것이므로, 하나님이 사회적 영역의 주권자로 세운 세속 집권자들은 일종의 "교사"로서의 책무를 감당해야 한다고 보았다. 율법은 교사로서의 세속 집권자가 그리스도인의 시민 생활을 지도할 때 사용하는 교육적 도구이다.[54] 율법의 교육적 사용에 대한 그의 이해와 더불어 세속 권세의 적극적 역할에 대한 무스쿨루스의 사상의 근본에는 그리스도인의 영적인 영역과 사회적 영역을 이분법적으로 구별해 보지 않은 "그리스도의 몸"(corpus Christianum)에 대한 일원론적 이해가 자리잡고 있다. 그는 그리스도의 한 몸 안에서 하나님의 자녀들을 위해 세워진 교사로서 교회에서 가르치는 직분을 맡은 목회자들이 신자들의 사회생활에 대해 가르칠 수 있듯이, 같은 몸에 세워진 또 하나의 교사인 세속 집권자들도 시민들의 신앙생활에 대해 가르치며 지도할 책임을 맡았다고 보았다. 이와 같은 "그리스도의 몸"개념에 기초하여 그는 신앙적 문

---

52) 무스쿨루스의 정치 사상에 대해서는 James T. Ford, "Wolfgang Musculus on the Office of the Christian Magistrate," *Archiv für Reformationsgeschichte 91* (2000): 149-67 참조.
53) Baker, 104; Ballor, 228.
54) 이런 이해의 근거로 무스쿨루스는 "교사"를 의미하는 "magister"와 집권자를 의미하는 "magistratus" 사이의 어떤 내포적 의미가 있음을 주장하기도 했다. Ballor, 228.

제에 대한 세속 집권자들의 특별한 책임을 주장한 것이다.[55]

그러나 세속 권세의 우선권을 긍정하는 무스쿨루스의 사상은 교회의 국가 종속에까지 나아가지는 않는다. 그는 도리어 교회와 국가의 상호 보완적 역할을 강조한다. 그는 교리적 논쟁의 결정과 권징의 시행에 있어서는 세속 권세가 최종적인 권한을 가지지만, 교회는 반드시 바른 결정의 내용과 절차를 위한 조언을 제공하는 "보완적" 역할을 담당해야 한다고 주장했다. 무스쿨루스가 생각한 "보완성"(subsidiarity)이라는 개념은 상위 기구가 하위 기구를 일방적으로 통제하거나 지배한다는 의미가 아니다. 이 개념은 한 공동체 안에서 주도적인 역할을 부여 받은 상위 기관이 하위 기관의 역할을 침해하지 않는 가운데 주도권을 발휘하며, 도리어 하위 기관의 필요가 발생할 때에는 적극적으로 도움을 제공하여 사회 내의 모든 구성원들이 상호 조화를 이루면서 자신의 역할을 수행할 수 있도록 해야 함을 의미한다.[56]

이런측면에서 무스쿨루스가 말하는 상호 보완의 개념은 이후 확립된 개혁파 교회의 장로교제도의 이념과도 맥락을 같이 한다. 즉 장로교제도에서 상위 기관인 총회와 하위 기관인 노회, 혹은 개교회의 당회 사이의 관계는 감독 제도의 감독과 일반 사제 사이와 같은 위계체계 내의 종속적 관계가 아니다. 1571년 엠덴(Emden)에서 열린 저지대 지방 개혁파 교회 총회는 총회와 개교회 사이의 관계를 위계질서의 지배 체계가 아니라 상호 협력과 견제를 통해 그리스도의 통치 구현을 이루고자 하는 "보완적 관계"라고 명확히 규정했다. 비록 칼빈의 제네바와 이후 17세기 네덜란드, 스코틀랜드의 장로교회들은 권징과 관련해 교회의 영적 권세의 주도권을 강조하고, 불링거와 무스쿨루스는 세속 권세의 주도권을 인정했지만 개혁파 내에 나타났던 두 가지 입장 모두 "상호 보완"이라는 개념으로 상위의 권위와 하위의

---

55) Ballor는 칼빈의 교회와 국가의 관계에 대한 이해를 일종의 "두 왕국 이론"이라고 분석하는 Van Drunen의 주장을 반박한다. 칼빈 역시 그리스도의 왕국은 영적인 영역과 세속적 영역을 구별하여 나타나는 두 왕국이 아니라 하나의 왕국으로서 교회와 국가는 이 한 국가 내에서 구별되지만 조화를 이루어야 하는 역할을 담당한 것으로 이해하기 때문이다. Ballor, 231.

56) Ballor, 233.

권위 사이의 관계를 이해했다. 이 점에서 취리히와 제네바로 대표되는 개혁과 내외 두 가지 주된 입장들은 그 차이에도 불구하고 근본적으로는 공통적 이해를 가지고 있음을 이해할 수 있다.

무스쿨루스는 신앙적 문제에 대한 세속 권세의 보호와 지도의 역할을 인정하지만, 이와 동시에 황제, 혹은 특정 계급에 의한 독재적 지배를 부인하고 베른의 시의회와 같은 공동체적인 세속 통치권의 "보완성" 사역을 인정한다.

비록 하나의 권세가 또 다른 권세에 종속되는 것이라 할지라도, 이와 같은 권세들은 모두 하나님께로부터 받은 것이다. 더군다나 이 권세들은 서로 파괴하는 것이 아니라 광범위한 영역에 걸쳐 서로 돕는 것이다. 황제가 우위에 있다는 것은 결코 그가 자신의 백성들의 유익과 하나님의 영광을 위해 더 낮은 권한을 합법적으로 사용하는 낮은 위치의 집권자들의 권한을 침해할 정도로 높다는 의미가 아니다. 황제는 도리어 백성들의 유익과 하나님의 영광을 위해 더욱 더 낮은 위치의 집권자들을 도와야 한다.[57]

베일러는 무스쿨루스의 사상을 분석한 후 일단 로마 가톨릭의 입장이나 재세례파의 입장과의 차이와 비교할 때 칼빈의 제네바와 무스쿨루스의 베른의 교회와 국가의 관계와 관련한 제도적 견해 차이를 너무 절대적인 것으로 생각할 필요는 없다고 주장한다. 이는 당시 스위스의 개혁파 개혁자들은 교리적 논쟁에 대한 세속 권세의 역할과 권징의 시행 주체에 대한 의견 차이에도 불구하고 모두 교회와 국가의 협력을 통한 하나님 나라의 확립과 바른 신앙의 발전을 추구했고 이 점에 있어서는 로마 가톨릭이나 재세례파의 사상과 분명히 구별되는 특징을 공유했기 때문이다.[58] 실제로 16세기 종교개혁 시대 이후 개혁파 교회는 하나님께로부터 받은 그리스도의 한 몸으로서의 사회 전체의 영적 회복과 총체적 교화를 위해 교회의 영적

---

57) Musculus, *Loci Communes*, loc. lix.
58) Ballor, 228.

권세와 국가의 세속적 권세가 상호 보완적으로 협력함으로써 유일한 주권자이신 그리스도의 통치를 개인의 영적인 삶과 사회적 삶 모두에서 실질적으로 구현하려 했다. 무스쿨루스의 교회와 국가의 관계에 대한 입장과 그의 신학적 주장 역시 동일한 개혁주의적 이해를 공유하고 있다.

4. 나오는 말: 무스쿨루스의 개혁주의적 유산

비록 그동안 충분한 주목을 받지 못했지만 무스쿨루스는 목회자와 신학자로서 아욱스부르크와 베른에서 위기에 처한 종교개혁이 정착되는 데 주도적인 역할을 감당했던 가장 중요한 2세대 개혁파 종교개혁자이다. 이제까지 살펴 본 그의 삶과 사역에서 발견할 수 있는 의미 있는 특징은 첫째, 많은 종교개혁자들과는 달리 인문주의적 대학 교육을 받지 못했음에도 불구하고 스스로의 부단한 성경 연구와 신학적 훈련을 통해 탁월한 설교자와 성경 주석가로 사역했다는 점이다. 둘째, 그가 사역했던 아욱스부르크와 베른의 여러 가지 어려운 상황 속에서도 자신이 맡은 역할의 범위 내에서 다른 동료들과 동역을 이루기 위해 힘쓰고 자신과 의견을 달리하는 사람들과도 대화와 화해를 위한 노력을 계속했다는 점이다.

안타깝게도 오늘날 교회의 현실 속에서는 "개혁"을 말하면서도 그 개혁의 유일한 기준이 되어야 하는 하나님의 뜻과 성경의 가르침보다는 또 다른 인간적 목적이 개입되고, 동역을 위한 절제와 화해를 위한 인내보다는 자신의 편협한 주장을 관철하기 위한 판단과 정죄가 앞서는 모습이 나타나곤 한다. 개혁의 기준으로서의 성경의 진리와 동역과 대화를 위한 지속적 노력이라는 이 두 가지 면에 있어 무스쿨루스의 종교개혁자로서의 삶과 그의 신학적 유산은 진정한 "개혁"을 위한 신앙이 무엇인지를 생각해 보아야 하는 오늘날에도 여전히 기억해야 할 개혁주의 전통의 귀중한 유산들 가운데 하나이다. (*)

아 라스코의 삶과 신앙, 그리고 개혁교회

김재윤 (아세아연합신학대학교, 조직신학)

I. 서론

　요하네스 아 라스코(Johannes à Lasco, 폴란드식 이름은 Jan Laski, 1499–1560)는 폴란드 태생의 종교개혁자이다. 그는 여타의 종교개혁자들에 비해 많은 조명을 받지 못했고 따라서 연구도 많지 않았다. 오히려 아브라함 카이퍼가 이 알려지지 않았던 인물에 대해서 박사학위 논문을 쓰고 그에 대한 전기를 처음 구상했다는 일화가 더 유명할 정도이다. 아 라스코에 대한 최초의 본격적인 연구자라 불릴 수 있는 젊은 카이퍼는 흐로닝언 국립대학 신학부로부터 칼빈과 아 라스코의 교회관을 비교하는 논문을 제안 받고 작업을 시작하였다. 그러나 그는 네덜란드 뿐 아니라 유럽의 유명 대학 도서관에서도 이 폴란드 출신의 개혁자에 대한 정보를 거의 얻지 못했다. 자료 부족으로 이 작업을 포기하려고 했던 젊은 연구자에게 드 프리스(De Vries) 교수는 목회자인 자신의 부친을 소개해 주었다. 아버지 아브라함 더 프리스 목사는 자신이 소장하고 있다는 사실도 모르고 있던 아 라스코의 전집에 해당되는 소장도서를 내어 주었다. 카이퍼는 이를 거의 믿을 수 없는 체험으로 말하면서 자신의 영혼에 깊은 인상을 새겨 주었고 아 라스코의 전집에서 하나님의 놀라운 섭리에 도달하게 된다고까지 서술하였다. 물론 이 시기에 카이퍼가 칼빈주의자나 아 라스코의 사상에 깊이 빠져든 것은 아니었다. 단지 역사적으로 흥미 있는 인물들로 다루었을 뿐이다.[1] 이 사건은 비로소 아 라스코의 저작 그리고 이 인물이 빛을 보게 되는 계기가 되었다. 카이퍼는 아 라스코가 활동했던 동–프리스란트, 프랑크푸르트, 런던 등을 여행하면서 자료를 수집했고 136편에 달하는 서신들을 발굴하였다. 카이퍼는 아 라스코에 대한 전기를 저작하려는 계획을 추가로 세웠지만 이 작업은 아 라스코와 매우 유사한 배경을 가진 헤르만 달톤에 의해서 완성된다. 독일이 조국이었고 영국에서 태어나 폴란드에도 잘 알려진 상트 페테르부르크(Saint Petersburg)의 목사였던 그는 카이퍼가 수집한 자료들을 이용하여 1881년에 아 라스코에 대한 전기를 완성할 수 있다.

아 라스코는 이런 길을 통해서 좀 더 구체적으로 우리에게 다가오게 되었다. 이 글에서는 우리에게 여전히 친숙하지 않은 종교개혁자인 아 라스코의 생애를 전반적으로 소개하면서 그가 종교개혁에 미친 영향들을 고찰해 보는 것에 중심을 두려고 한다. 그리고 그의 가장 두드러진 저작인 *Forma ac ratio*을 중심으로 그의 교회론적 관심을 신학적 내용으로 제시하고자 한다. 독특한 삶의 여정과 다양한 사역지에서 개혁자로서의 목회를 감당했던 그의 삶과 신학을 통해서 종교개혁의 또 다른 풍성함을 맛보았으면 하는 바램을 가져본다.

II. 생애와 사상

1. 출생과 성장

아 라스코는 1499년 폴란드에서 태어났다. 달톤(Dalton)은 그의 이름

---

1) Frank Vanden Berg, 『수상이 된 목사, 아브라함 카이퍼』, 김기찬 역 (서울: 나비, 1991), 33-36.

이 라스크(Lask)의 세례 받은 사람들의 명단에 등장하지 않는다는 이유로 크라쿠프(Krakau)나 바르샤바(Warschau)에서 태어났을 가능성도 있다고 주장한다.[2] 그러나 일반적으로 아 라스코의 출생은 라스크로 알려져 있다.[3] Leczyc의 귀족으로 구성된 지방의회의장이자 전시에는 군대를 지휘하는 지위(palatine)를 가졌던 아버지 야로슬라브 라스키(Jaroslaw Laski)보다 존의 실질적인 후원자는 그의 숙부인 요하네스 라스키(Johannes Laski, 1456-1531)였다. 그는 당시 폴란드에서 수도인 그니에노즈(Gnesen)의 대주교였다. 아 라스코의 두 형제인 히에로니무스(Hieronymus)와 스탠니슬라우스(Stanislaus)는 모두 정치에 관심이 많았기 때문에 숙부는 조카 중에서도 자신과 같은 이름을 가진 아 라스코가 종교적으로 자신의 후임이 될 것을 염두에 두고 있었다. 당시 폴란드의 일반적인 고위층의 자제들과 동일하게 아 라스코도 대학을 프랑스의 파리나 이탈리아의 파두아, 볼로냐 혹은 프라하로의 진학을 염두에 두고 있었다. 대주교인 요하네스 숙부는 1512년에서 1517년에 열린 라테란 공의회에 참석하게 되는 길에 이 세 명의 조카들을 동반하게 되었다. 그는 이 공의회에서 서열 7위에 자리할 정도로 존경받았다. 공의회 참석 길에 숙부와 동반했던 세 형제는 모두 로마에서 15달간 체류하면서 공부하게 되었다.(1513년) 이 때 로마에는 메디치가의 후손인 레오 10세가 교황이었는데 그는 인문주의에 매우 동정적이었다. 라파엘이나 미켈란젤로의 성 식스티나 성당의 작품이 완성되던 시기였다. 로마 체류동안의 기록은 전혀 없지만 아 라스코가 자연스럽게 인문주의를 접했던 것은 미루어 짐작할 수 있을 것이다.

2) Hermann Dalton, *Johannes à Lasco: Beitrag Reformationsgeschichte Polens, Deutschlands und Englands* (Gotha: F.A.Berthes, 1881), 20.
3) Henning P. Jürgens, "Auctoritas Dei und auctoritas principis: à Lasco in Ostfriesland" in *Johannes à Lasco: Polnischer baron, humanist und europäischer Reformator*, edited by Christoph Strohm (Tübingen: Mohr Siebeck, 2005), 188.

2. 인문주의

1514년 가을에 이 세 형제는 세계적으로 유명했던 볼로냐의 대학으로 진학한다. 이곳에는 가장 오랜 법률학교가 있었다. 바우메이스터(G. Bouwmeester)는 이 시기에 아 라스코가 숙부에게 보낸 편지에서 그가 무엇보다도 교회법(canonical law)에 관심을 표명하고 있었다고 소개한다.[4] 그러나 세 형제는 공히 인문주의에 심취해 있었는데 그리스, 로마의 고전적인 저작 뿐 아니라 성경이 원어로 출판되었던 시기였다. 1514년에는 에라스무스의 헬라어 성경이, 1516년에 시편이 네 개의 언어로 제노바에서 출판되었다. 특별히 아 라스코는 이런 새로운 인문주의 신선한 흐름을 깊이 체험하고 있었다. 아 라스코는 볼로냐 체류 중에 이미 성직수사로 임명받는데 이 직책은 역설적이게도 당시 매우 유행하던 성직매매에 의해서 숙부가 교황에게 일천 근의 금을 보내고 받아낸 성직들 중의 하나였다. 숙부는 이와 함께 1517년 아 라스코에게 큰 재산을 넘겨주는데 이는 이 조카를 자신의 후계자로 만들어 가는 과정의 일부였다. 1517년에 그는 정식 신부로 임명받고 수도인 크라쿠프 교회에서 봉사하게 되었다.

당시의 폴란드의 종교적인 배경 속에서 아 라스코는 어떤 고민을 하면서 자신의 진로를 생각했는가? 폴란드는 왕과 귀족들, 그리고 성직자들 모두 매우 로마교에 충실하였다. 그러나 독일에서부터 피난 온 유대인들은 폴란드에서 어느 정도의 보호를 누리고 있었다. 소수의 모하메드주의자들과 동방정교회 신도들이 공존하였다. 그러나 무엇보다도 폴란드의 기독교에 가장 특별한 색채를 더한 것은 보헤미안들이다. 후스주의자들은 핍박을 피해 폴란드의 귀족들의 그늘 아래서 피난처를 찾았다. 그러나 얀 후스는 결국 화형을 당했다. 외면적으로 폴란드는 이들을 외면했지만 보헤미안 형제들은 점점 더 폴란드에서 영향력을 행사하였다. 보헤미안 설교자들은 자유롭게 설교할 기회를 더 많이 얻게 되고 로마교의 타락한 영성에 혐오감을 느

---

4) G. Bouwmeester, *Johannes à Lasco: Een uitverkoren instrument Gods* ('s-Graven-hage: De Willem de zwijgerstichting, 1956), 16.

끼고 있었던 사람들에게 이들의 경건은 상당한 호응을 얻게 되었다. 아 라스코는 그의 말년에 고국에서 사역하게 되는데 이 때 보헤미안 형제들이 모여 있는 소-폴란드에서 이들과 교류하며 사역하게 된다. 1521년 이후 그 다인스크(Danzig), 토른(Thorn), 엘브라크(Elbing)등 중요한 5개 도시에는 종교개혁의 물결이 이미 영향을 미치고 있었다. 그러나 1523년의 폴란드의 교회는 루터와 후스는 이단으로 정죄하고 개혁주의적인 흐름을 적그리스도로 규정하였다. 이때까지 아 라스코는 여전히 숙부의 그늘에서 그 노선을 충실하게 따르고 있었다. 그럼에도 불구하고 그는 인문주의에 대한 사랑을 가지고 있었기 때문에 다시 한 번 해외에서 공부하기를 희망하고 있었다. 더구나 숙부의 정적들이 아 라스코를 겨냥하고 있었기 때문에 그는 이런 실망스러운 영적인 상황에서 벗어나고 싶었다. 1520년에 그는 파리와 바젤 등의 서유럽행에 오른 것으로 보인다.

아 라스코가 당대 최고의 인문주의가였던 로테르담의 에라스무스(Erasmus Rotterdamus, 1466-1536)가 활동하고 있었던 바젤에 도착한 것은 1525년 3월로 추정된다. 초기에 루터에 대한 비방을 자제하던 이 인문주의자는 1524년에 침묵을 깨고 '자유의지를 혹평함에 대하여'라는 글을 쓰게 된다. 에라스무스가 이 글을 쓰기 전에 루터는 에라스무스의 정확한 입장에 대해서 질문하였고 마침내 에라스무스와 이 종교개혁자 사이에 확연한 차이가 있다는 것이 확인되는 시점이었다. 아 라스코의 형제인 히에로니무스는 폴란드안의 루터의 영향력을 차단하기 위해서 1524년에 에라스무스를 방문하여 이 논쟁에 대해서 듣고자 하였다. 에라스무스는 루터에게서 받은 편지들을 내어놓고 조목조목 설명하였고 아 라스코의 형제는 이는 잘 기록하여서 당시 황제인 카를 5세에게 보냈다. 그는 에라스무스가 더 이상 루터의 친구가 아니라는 사실을 황제에게 확인시켜 주었다. 이 사건은 아 라스코가 에라스무스 곁에 체류하던 시기의 바젤의 분위기를 잘 보여주는 한 장면이다. 아 라스코는 종교개혁자들에게서도 멀어져 가고 로마교로 부터로 배척당하면서 최고의 시간이 이미 지나간, 점점 더 고립되어 가고 있던 에라스무스를 만나게 된 것이다.

폴란드 남작인 아 라스코에게 미친 인문주의자 에라스무스의 영향은 매우 깊고 또 상당한 시간 지속되었다. 아 라스코는 그의 집에서 당시 바젤에 머물고 있었던 또 다른 종교개혁자인 파렐(Farel)과 교제하기도 하였다. 그의 편지에는 파렐이 에라스무스의 집에 머물면서 함께 살았던 것을 기록하기도 하였다. 물론 파렐과 에라스무스의 관계는 오래 지속되지 못했다. 이런 만남은 아 라스코가 에라스무스와 함께 식탁교제를 나누고 그의 지인들과도 교제하는 관계까지 나아갔음을 보여주는 좋은 증거가 된다. 특별히 에라스무스와 아 라스코의 관계를 잘 보여주는 것이 에라스무스의 서재도 서관을 아 라스코가 구입하려고 시도했던 사건이다. 아 라스코와 에라스무스사이에 이루어지는 편지들에는 사실 이 도서관을 팔고 사는 문제를 많이 다루고 있다. 1525년 당시 좋은 대학에서 일하던 교수의 일 년 연봉에 해당하는 돈으로 아 라스코는 그의 서재를 구입하는 계약을 하게 된다. 그러나 이 인문주의자가 죽기 전까지 서재는 그의 소유아래 있었고 그는 추가로 구입한 책에 대한 추가적인 비용을 바젤을 떠난 아 라스코에게 흥정하는 편지를 보내기도 했다. 결국 이 서재는 1536년에 크라쿠프로 보내지게 된다.

에라스무스와 아 라스코는 서로 깊이 존경하는 관계였다. 에라스무스는 그의 편지에서 자주 이 폴란드 사람에 대한 찬사를 표현하였다. 반대로 아 라스코는 에라스무스를 자신의 영혼을 처음으로 영적인 세계로 향하게 한 사람이었다고 회고하였다.[5] 시간이 흐른 후에도 다른 개혁자들과는 달리 아 라스코는 에라스무스의 나약한 성격과 확실한 종교개혁적 입장을 취하지 못한 것에 대해서 매우 부드러운 톤으로만 판단하였다.

마이클 스프링거는 아 라스코에게 미친 에라스무스의 영향력을 매우 강하게 지속된 것으로 평가하면서 다음과 같은 점들을 지적한다. 1)모든 종교적 논쟁을 다루는데 있어서 성경의 중요성을 인식하고 있다. 2)아 라스코의 저작에서 등장하는 교부들의 사용들, 특별히 잘 알려지지 않은 교부

---

5) Bouwmeester, *Johannes à Lasco*, 25.

들-Theophylactos, Sedulius, Haymo of Auxere-이 사용되는데 이는 에라스무스의 명백한 영향으로 보인다. 3)동-프리스란트와 런던에서 작성된 교회론의 문서에서 교육과 도덕적 삶에 대한 강조는 인문주의 영향이 분명하다. 4)에라스무스가 소망한 모든 우주적 교회의 온전한 연합의 사상이 아 라스코에게도 지속적으로 나타난다.[6] 성경에 대한 생각에서 스콜라적인 중세신학보다 성경과 고대교부들의 연구가 더 우위에 있다고 믿었던 이 인문주의자의 생각은 아 라스코에게도 직접적인 영향을 주었던 것으로 보인다. 그러나 아 라스코가 신앙교육을 강조하면서 모든 교회에 속한 성도들이 신앙고백적 성실성을 가져야 한다고 강조한 것이 인문주의 영향으로 보기에는 무리인 것 같다. 나아가 아 라스코는 특별히 권징을 강조했는데 이를 도덕적 삶을 강조한 에라스무스의 직접적인 영향이라고 보는 것 또한 타당하지 않다. 교회론적인 맥락에서 권징을 강조한 아 라스코와 인문주의가 강조하는 개인의 도덕적 삶은 거리가 먼 것으로 보인다. 이처럼 아 라스코에게 인문주의자인 에라스무스의 영향력은 적지 않은 것이 사실이지만 그것이 당시의 종교개혁이 아 라스코에게 준 유산을 능가하는 정도는 아니었다.

3. 엠던

바젤에서 다시 폴란드로 돌아온 아 라스코는 폴란드내의 종교개혁적 흐름들에 동정적이었다. 그다인스크 라는 도시는 당시 폴란드를 통치하고 있었던 지기스문트 1세의 의도에 반해서 로마교회를 전적으로 따르지 않고 종교개혁으로 기울었다. 왕은 이를 종교적 이유가 아니라 왕과 귀족들에 대한 혁명으로 간주하고 여기에 대한 강한 조치를 취하고 있었다. 그다니스크의 일부 귀족과 농민들은 1526년에 이미 무기를 들고 있었다. 그러나 그들은 곧바로 항복하는데 그렇다고 해서 종교개혁의 불씨들이 완전히 사

6) Michael Stephen Springer, *Restoring Christ's Church: John a Lasco and the Forma Ac Ratio* (Hampshire: Ashgate Publishing, 2007), 3.

그라든 것은 아니었다. 아 라스코는 이런 문제를 다루는 교회 회의들에 참석하면서 점점 폴란드 로마교회의 쇠퇴해 가는 모습에 안타까움을 가지게 되었다.

한편으로 그는 계속해서 공부에 열중하는데 루터와 에라스무스 사이의 차이에 대해서 여전히 관심을 가지고 있었다. 다만 에라스무스와의 서신교환은 매우 소원해져가고 있었다. 그는 블레스라우의 요하네스 헤쯔(Hesz)라는 반 교황주의 학자에게 이런 문제들에 대해서 자주 질의를 하였다. 나아가 그는 사돌레 추기경에 대한 연구도 진행하였다. 이 추기경은 부써나 멜랑흐톤과 서신으로 교류하면서 오직 믿음으로 의롭게 되는 교리를 존중하였으나 여전히 로마교회에 충실한 채로 남아있었다. 그는 로마 교회안에 일어난 분열을 종결하고자 했지만 종교개혁자들을 따르지는 않았다. 사돌레 추기경에 대한 관심은 1527년경에 아 라스코의 입장 또한 이 추기경과 매우 유사했음을 간접적으로 반영하고 있다.

1537년 12월에 아 라스코는 라이프찌히에서 멜랑흐톤을 만난다. 그리고 이어서 프랑크푸르트를 방문하고 후에 함께 활동하게 되는 신학자이자 인문주의 학자인 알버트 하르덴베르그(Albert Hardenberg, 1510-1574)를 만나게 된다.[7] 아 라스코는 마인츠에서 하르덴베르그의 박사논문 방어식에 참석했고 이어서 함께 루벵으로 이동한다. 루벵 체류 시기는 1538-1539년으로 보인다. 그러나 1537년과 1539년 사이에 아 라스코가 여전히 폴란드 왕의 사신으로 혹은 그의 형에 의해 중요한 폴란드 도시의 주교로 임명되도록 추천된 기록들이 나온다. 따라서 여전히 아 라스코가 폴란드 로마교와 완전히 결별하지 않았음을 짐작케 한다. 루벵에 있는 대학은 이 시기 이후 철저하게 반 종교개혁으로 돌아선다. 1545년에는 대학에 속한 모든 학생들이 루터와 칼빈에 반대하는 서명을 해야 했다. 그러

---

7) 하르덴베르그는 아 라스코와 같은 시기에 회심했다. 그는 보나드 수도승으로 루벵에서 공부하였다. (1530-1538). 이어서 그는 종교개혁에 동참하는데 쾰른 대주교 헤르만 폰 비트(Hermann von Wied)와 함께 쾰른의 복음 사역을 위해서 일했다. 1547-1561까지 브레멘의 목사로 일했고 1567년에 엠던의 목사로서 죽을 때 까지 사역했다. Springer, *Restoring Christ's Church*, 4.

나 루벵에도 하나님의 말씀을 읽고 공부하는 종교개혁을 따르는 모임들이 존재했고 서적들이 유포되었다. 아 라스코는 이런 모임에 참석하고 있었다. 무엇보다도 아 라스코의 루벵 체류 기간에 일어난 가장 확실하고 최종적인 변화, 곧 로마교회와의 완전한 결별을 상징하는 사건은 그가 바바라(Barbara)라는 여인과 결혼한 것이다. 결혼은 아 라스코가 20년의 긴 여정 끝에 완전히 종교개혁으로 돌아선 가장 확실한 증거가 되었다.[8] 나아가 엠던에서 형의 죽음에 맞춰 폴란드를 방문하고 다시 돌아온 후인 1542년에 그는 그의 신부직에 대한 선서를 내려놓게 됨으로써 완전히 로마교와 결별한다.[9]

아 라스코는 1539년 말과 1540년 초에 걸친 기간에 엠던으로 가게 된다. 여기서 이미 하르덴베르그가 수도원에서 설교하면서 사역하고 있었다. 에노 백작이 다스리다가 1540년에 죽었고 이어서 백작부인 안나가 통치하던 엠던에는 이미 종교개혁을 따르는 피난민들이 많이 정착하고 있었다. 교회적 상황은 간단하지 않았다. 재세례파인 메노 시몬스(Menno Simons) 헨드릭 니콜라스(Hendrik Niclaes)등도 피난민들 속에 속해 있었다.[10] 브레멘에서부터 루터파 목사들도 일부 넘어오기도 했지만 이들은 1538년에 다시 돌아가야 했다. 로마교회와의 끈이 완전히 단절되지 못하고 있었다. 오직 믿음으로만 의롭게 되는 설교를 들은 사람들이 같은 교회에서 이어서 행해지는 로마교회의 미사도 지켜보기도 했다. 프란시스코 수도승들이 수도원에서부터 엠던에 와서 세례를 주고 미사를 행하며 성상들에 절을 하는 일을 하기도 했다. 백작부인 안나의 형부인 요한 백작이 안나를 위협하면서 아 라스코를 추방할 것을 권고하기도 하였다. 앞서 정착했던 재세례파들의 움직임도 더 활발해졌고 이와 유사하지만 독자적이었던 많은 메노나이트들도 엠던에 존재했다. 이런 상황에서 아 라스코는 엠

---

8) Springer, *Restoring Christ's Church*, 4.
9) Bouwmeester, *Johannes à Lasco*, 25.
10) Henning P. Jürgens, *Johannes à Lasco in Ostfrisland* (Tübingen: Mohr Siebeck, 2002), 245ff.

던 뿐 아니라 동-프리스란트 전체 교구를 다 관장하는 지위(Superin-
tendent)에 임명받아서 사역하였다. 그는 이 지역 언어에 전혀 능통하지
않았고 이 지역의 풍토 또한 그를 매우 힘들게 했다. 그러나 그는 매우 빠
른 시간 안에 이 지역민들의 신뢰를 얻었다. 그는 스스로 이방인이었지만
그것이 장애가 될 수 없었다. 무엇보다도 아 라스코는 엠던에 있는 종교개
혁을 따르는 교회의 상황 속에서 좀 더 강한 교회의 권징을 분명히 고수하
고자 하였다. 그리고 유아세례를 반대하는 뚜렷한 흐름이 있었음에도 유아
세례의 중요성도 각인 시켰다. 이런 점에서 엠던이 유럽북부 지방의 제네
바라고 불린 것은 놀라운 일은 아니었다.[11] 그리고 그는 목회자들을 지도
하는 일도 잘 감당하였다. 아 라스코가 처음으로 독창적으로 내어놓은 아
이디어는 목회자들의 정기적인 회합(coetus)이었다. 이는 일종의 초보적
인 단계의 총회나 노회에 해당하였다. 부활절에서 9월까지 매주 월요일에
목회자들은 회합하였고 여기에는 의장과 서기를 선출하였다. 의장이 기도
로 시작하는 이 모임은 실로 노회나 총회의 모체라고 볼 수 있다. 목회자들
의 도덕적인 부분을 점검하고 교회에서 제기된 문제제기나 고소건도 안건
으로 처리되었다. 그 어떤 누구도 이런 규정에서 자유로울 수 없었다. 나
아가 목사후보생에 대한 점검과 시험이 다루어졌다. 목사후보생에 대한 예
비적인 훈련을 통해 은사를 점검한 후 이 회합에서는 설교와 면접을 하도
록 했다. 마지막으로 교리에 대한 중요한 부분들을 다루었는데 특별히 한
사람이 중요한 부분에 대해서 발제하고 이를 논찬하며 토론하였다. 예를
들어 이 회합의 프로토콜에는 아 라스코의 성찬에 대한 생각이 표현되어 있
기도 하다. 그는 루터의 입장과는 거리를 두었다. 그러면서 츠빙글리를 언
급하지만 그와도 완전히 일치된 견해를 가지고 있지 않았다. "그리스도의
몸과 피와의 연합은 믿음으로 받아먹는데 있고 우리는 여기서 이 떡의 신
비한 교제에 참여하게 된다. 성찬은 이를 인치는 것이다. 바로 그리스도 그
분 자신과의 완전한 연합을…우리는 우리 눈으로 이 연합을 보고 우리의 심

---

11) Bouwmeester, *Johannes à Lasco*, 51.

령으로 그것을 새롭게 한다. 성령께서 흔들리지 않은 그리스도에 대한 믿음으로 전적으로 이를 확정하신다."[12]

1546년에 아 라스코는 엠던에서 동료목회자들과 함께 요리문답을 출판했다. 250개의 문답으로 이루어진 이 요리문답은 1-103문답이 계명, 104-193문답이 사도신경, 194-214가 기도, 215-250까지가 성찬에 대한 것으로 구성되었다. 여기서도 아 라스코는 계명을 긍정적으로 강조하면서 교회 권징의 중요성을 암시하고 있다. 칼빈과 아 라스코는 1555년에야 프랑크푸르트에서 직접 만나게 된다. 그러나 아 라스코는 이미 1545년에 칼빈에게 청소년들을 위한 요리문답을 요청하였고 칼빈은 여기에 대한 답으로 1545년에 제네바 요리문답을 작성하여 아 라스코에게 건네주었다. 이런 점에서 1546년의 엠던에서 작성된 요리문답은 칼빈의 제네바 요리문답과 무관하다고 할 수 없겠다.

엠던 시절의 아 라스코의 사역 중에서 주목할 만한 것은 쾰른의 종교개혁에 영향을 준 점이다. 쾰른의 대주교 헤르만 폰 비트(Hermann von Wied)는 레겐스부르그에서 1541년 있었던 제국회의 이후 종교개혁을 선택했다. 그는 부써와 멜랑흐톤을 본에서 만나 이 지역의 종교개혁을 확산시키는 일을 논의하였다. 이 시도는 교황의 방해로 성공적이지 못했지만 폰 비트는 계속해서 종교개혁의 편에 서 있게 된다. 아 라스코는 이 대주교와 매우 긴밀한 연락을 취하면서 조언자 역할을 하였다. 하르덴베르그는 쾰른에서 목사로서 안수 받고 사역하다가 이어서 독일의 캄펜에서 목사로서 청빙되기도 했다. 판 엇 스페이커르는 이 시기 아 라스코의 한 편지를 소개하면서 엠던과 쾰른의 교류에 대해서 언급한다. 이 편지에는 아 라스코가 엠던에서 네 명의 교회 지도자급인 남자들을 치리한 것에 대해서 말

12) Bouwmeester, *Johannes à Lasco*, 53. 판 엇 스페이커르는 아 라스코의 성찬론을 다음과 같이 본다. 아 라스코는 루터의 성찬론은 충분히 일관되지 못하다고 보았다. 반면에 츠빙글리와도 완전히 일치하지 않는다. 아 라스코는 독자적인 성찬론을 추구했다고 볼 수 있지만 다만 그리스도와의 신비의 연합을 중심으로 생각했다는 점에 있어서는 부써와 칼빈에 가깝다고 봐야 한다. Willem van't Spijker, "Die Bedeutung des Kölner Reformationsversuchs für a Lasco", in *Johannes a Lasco: Polnischer baron, humanist und europäischer Reformator*, edited by Christoph Strohm (Tübingen:Mohr Siebeck, 2005), 257.

하는데 이 일을 진행하는데 쾰른교회에서 작성된 교회법이 많은 도움을 주었다는 구절이 있다. 당시 교회의 순결성을 무시하던 에피큐로스주의자들과 투쟁하면서 아 라스코는 부써에게 보낸 편지에서도 교회의 권징의 필수성을 매우 강조한다. 교회는 교회법에 의해 다스려져야 위와 같은 분파주의가 사라질 것이라는 믿음을 피력한다.[13]

4. 런던

엠던을 중심으로 동-프리스란트에서 일하던 아 라스코의 런던행을 가져온 결정적인 사건은 개신교와 로마교 사이에 맺어진 아욱스부르크의 잠정적인 화해(Interim)이다. 종교개혁진영은 계속해서 전적인 연합에 이르기 위해 노력하였고 몇 번의 기회를 가지기도 하였다. 1540년 보름스 논쟁을 앞두고 멜랑흐톤과 칼빈은 공동작업을 할 수 있었다. 1541년 레겐스부르크 논쟁은 황제 앞에서 이루어진 것인데 부써와 멜랑흐톤이 협력해서 참여했다. 그러나 1546년까지 몇 번의 주어진 기회는 실질적인 연합으로 결실을 맺지 못했다.[14] 황제 칼 5세와 교황 바울루스 3세 사이의 불화가 종교개혁진영이 숨 쉴 수 있는 유일한 틈바구니였다. 로마교측의 트렌트 공의회는 이미 시작되었고 황제는 아욱스부르크에서 제국회의를 개최해서 혼잡해진 종교적인 상황을 정리하고자 하였다. 그래서 일단의 잠정적인 합의가 형성되는데 이는 종교개혁진영과 로마교의 주장을 적절하게 혼합한 내용물로 채워졌다. 사제들의 결혼을 허락하고 성찬에서 분병이 허용되며 금식에 관련된 문헌들이 다시 해석되어야 한다는 등의 내용은 종교개혁측의 입장을 수용한 것이지만 교황의 수위권, 로마교의 화체설, 성인숭배등도 받아들여져야 했다. 이 합의에 근거해서 동-프리스란트에도 로마교와 화해해야 한다는 주장이 황제의 압력에 굴복한 백작부인을 통해서 교회를

---

13) Willem van't Spijker, "Die Bedeutung des Kölner Reformationsversuchs für a Lasco", 251
14) Springer, *Restoring Christ's Church*, 15-16.

누르게 되었다. 개혁자들이 목숨을 걸고 지킨 내용들은 가치중립적인 것(adiaphora)으로 여겨져서 교회가 수용하도록 요구되었다. 독일 황제의 이 합의에 대항해서 왕들과 귀족들이 연합을 구성하는 일들도 확산되면서 아 라스코는 프로이센의 알버트와 아버지 지기스문트를 대신해서 폴란드의 왕이 된 지기스문트(Sigismund August)가 확실히 종교개혁을 지지하는 입장에 서 줄 것을 기대하였다. 알버트는 아 라스코와 친분이 있었고 쾰른의 대주교였던 폰 비트에게서 교육을 받았으며 오시안더 아래서 회심했다는 배경이 있었다. 폴란드의 새로운 왕은 아버지의 노선을 따를 것이라는 기대를 가지게 했다. 그러나 이들은 버팀목이 되어 주지 못했고 마침내 엠던의 백작부인은 아욱스부르크 잠정합의에 완전히 굴복하고 엠던교회도 이에 완전히 굴복할 것이 강요되었다. 교회는 폐쇄되었고 목사들은 교회 안이 아니라 지붕에서 설교해야 했다. 1549년 영국을 방문하고 엠던으로 돌아온 아 라스코는 굴복하기를 거부하고 엠던의 성도들과 함께 견디면서 교구책임자의 지위도 내려놓게 된다.

이후 아 라스코는 핍박으로 인해 또 한 번의 피난을 떠나게 된다. 그가 완전히 엠던을 떠나기 전 런던을 방문했을 때 그는 이미 초대를 받았다. 당시 런던에는 이탈리아 출신의 저명한 종교개혁자인 피터 마터 버미글리와 같은 이탈리아 출신의 설교인인 버나드 오키노(Ochino)가 체류하고 있었다. 버미글리는 이미 부써에게서 아 라스코에 대해서 듣고 알고 있었으며 그가 런던으로 오도록 적극 주선하였다. 무엇보다도 에드워드 4세의 주치인인 터너 박사가 엠던에 피난와서 체류하면서 이미 아 라스코와 친분을 맺었고 그가 에드워드 왕에게 아 라스코에 대해서 자주 언급한 상태였다. 후에 네덜란드 개혁교회의 형성과 연합에 지대한 공헌을 하게 되는 헨트(Gent) 출신의 위텐호프(Johannes Utenhove)도 아 라스코의 든든한 후원자가 되었다.

당시 대륙에서는 아욱스부르크 합의의 그 결과로 많은 피난민들이 발생하게 되었다. 그들은 대륙을 떠나 런던으로 오게 되었는데 이 시기에 나온 어떤 팜플렛에서는 네덜란드에서 온 피난민이 전 영국에 6만명 정도 거주한다고 기록되어 있다. 아 라스코가 도착한 1550년 이전에 이미 홀란드와 플람스, 이탈리아와 프랑스에서 온 피난민들의 회합들이 존재하고 있었다. 그러나 이들은 영적으로 방치되어 있었고 재세례파나 반삼위일체론자들의 영향력도 증가하고 있었다. 캔터베리 대주교인 토마스 크랜머(Thomas Cranmer)와 에드워드 4세는 1550년에 아 라스코를 모든 피난민교회들을 주관하는 교구책임자의 지위(Superintendent)에 임명하고 그에게 국왕의 승인서를 수여하였다.[15]

이 시기 아 라스코의 사역은 그 어떤 개혁교회의 상황과도 다른 독특한 환경에 처하게 된다. 그것은 국가로부터 완전히 독립된 자치적인 교회의 치리가 가능한 상황이 조성된 것이다. 16세기 상황에서는 그 어떤 종교개혁자라 할지라도 국가나 정부, 의회와의 관계를 고려하지 않을 수 없고 그것이 때로는 교회를 바르게 세워 가는데 난관이 되기도 하였다. 그러나 적어도 런던에 있던 피난민 교회들은 영국국왕과 국교회로부터 완전한 독립권을 가지면서 세워져 갔다. 피난민들은 나라와 배경, 특별히 언어에 있어서 통일성을 갖추기에 매우 힘든 부분이 있었다. 그럼에도 불구하고 개혁신앙이라는 통일성이 이들 교회들을 가능하게 했다. 무엇보다도 교회의 모든 성도는 신앙고백에 서명을 해야 했다. 공교회됨을 무엇보다도 뼈저리고 절실하게 생각했던 아 라스코는 엠던에서의 경험을 통해서 신앙고백의 하나됨이 교회의 일치를 가져오고 분열을 막는 유일한 길임을 분명히 알고 있었기 때문에 모든 성도들에게 서명하도록 한 것이다. 서명을 한 후 짧고 쉽지만 신앙고백에 대한 매우 핵심적인 질문을 모든 성도들은 받게 되었다. 그리고 어떤 시련이 있어도 이 신앙고백을 지키며 무엇보다도 교회의 권징에 충실히 따를 것에 대해서도 분명한 대답을 받았다. 이런 절차 후에 비로소 공식적으로 성도의 한 사람으로 받아들여졌다.[16] 6살에서 10살의 아이들은 소 신앙고백서로 11살 이후는 대 신앙고백서로 교육을 받아야 했다. 14세가 되어서는 이렇게 교육받은 내용에 대한 서약을 해서 입교를 하며

---

15) Bouwmeester, *Johannes à Lasco*, 67.
16) Bouwmeester, *Johannes à Lasco*, 69.

성찬에 참가하게 되었다. 모든 성도들은 이 나이 이후에도 매주 목요일에 교회에 나와서 교회의 장로들이 묻고 답하는 일종의 문답교육을 받는데 아 라스코는 이를 예언(Prophecy)이라고 불렀다. 자신이 요한복음에 대해서 스스로 가르쳤고 문답했던 자료가 문헌으로 남아있다.

아 라스코의 런던사역에 또 다른 중요한 공헌은 그의 예배모범이라고 할 수 있다. 피난민 교회 교회적 봉사의 전체적인 예식과 가르침(*Forma ac ratio tota ecclesiatici ministerii in peregrinorum ecclesia, instituta Londini in Anglia*)이라고 번역될 수 있는 이 저작은 예배예식에 대한 매우 상세한 지침과 흐름을 다 기록해 주고 있다. 뿐만 아니라 세례, 성찬과 권징, 직분에 대한 가르침과 실행 절차도 매우 자세하게 기록되었다.

아 라스코는 이런 작업들을 장로들로 이루어진 당회와 또 목사들의 모임을 통해서 함께 이루어갔다. 네덜란드 개혁교회의 총회적 회합을 주도하는 요하네스 위텐호프도 아 라스코가 시무한 교회의 첫 장로였다. 교회치리에 대한 아 라스코의 작업과 실행은 스코틀랜드 장로교에 직접적인 영향을 주었고 영국교회내의 독립파에게 영감을 던져 주었다.

5. 다시 고국으로

1553년 7월에 에드워드가 죽고 그의 이복누이인 메리가 즉위하자 영국에서의 상황도 급변하게 된다. 그녀는 로마교 영국으로의 회복을 강력하게 추진한다. 모든 설교와 성경해설이 금지되었다. 로마교의 사제들이 제 자리를 회복한다. 피난민들의 근거지가 되었던 런던의 예수교회는 폐쇄되었고 피난민 교회들의 자율적인 독립권도 모두 박탈되었다. 아 라스코도 감옥에 수감될 위험에 놓였다. 메리는 노골적으로 영국을 떠날 것을 아 라스코에게 경고하였다. 1553년에 아 라스코는 175명의 성도들과 함께 덴마크로 피난한다. 덴마크는 크리스챤 3세의 통치 아래 루터교로 완전히 전향하였고 로마교는 철저히 탄압되었다. 아 라스코는 왕에게 종교의 자유를 호소하였으나 왕은 덴마크가 정한 예배와 가르침을 철저히 따를 것을 조건으로 내세웠다.[17] 이 영국에서 온 피난민들은 덴마크어를 몰랐기 때문에 이와 같은 조건이 불가능하다고 호소하였으나 이 또한 받아들여지지 않았다. 아 라스코는 위텐호프와 같이 같은 해 12월에 엠던으로 돌아가게 된다. 엠던에서 환영을 받은 아 라스코는 당시 영국, 벨기에, 프랑스에서 온 약 6천명의 피난민들을 맞게 된다. 엠던은 '피난민과 포로된 자들의 어머니' 혹은 '택자들의 은신처'라는 별명을 얻게 된다.[18] 그리고 여기서 그는 개정된 신앙고백서를 작성하게 되는데 이는 1546년에 작성된 것을 보완하여서 동-프리스란트에서 200년간 표준적인 신앙고백서의 역할을 하게 된다. 그리고 후에 엠던은 최초의 네덜란드 지역의 개혁교회들이 모이는 첫 총회의 장소가 된다. 1555년에 9월에 그는 엠던을 떠나 프랑크푸르트에 도착했다. 당시 프랑크푸르트에는 영국과 발스(Waals)에서 온 피난민들이 모여 있었다. 당시 나이 50이었던 존 낙스의 목회아래 있었던 영국에서 온 피난민교회는 자신들이 에드워드 4세 아래에서 경험한 예식을 고집했기 때문에 발스에서 온 피난민들과 갈등을 일으켰다. 이 문제를 해결하기 위해서 칼빈과 아 라스코가 중심이 된 위원회가 결성되기도 하였다. 이 일로 이 두 사람은 프랑크푸르트에서 한 번 직접 만나게 되는 계기가 된다.

　1556년에 아 라스코는 고국인 폴란드로 귀국한다. 지난 18년간 폴란드에도 많은 변화가 있었다. 로마교는 외적인 위대함을 유지하고 있었지만 세속적인 강함일 뿐이어서 영적인 무력함을 드러내었다. 귀족들 사이에서는 종교개혁이 다수를 차지하면서 중요한 도시들마다 종교개혁자들의 문헌들이 읽혀지고 있었다. 인구가 많은 도시들은 루터의 영이 지배하고 있었지만 칼빈의 영향력도 점점 커지고 있었다. 인문주의자 피난민들도 적지 않게 밀려 들었다. 이 중에는 왕의 주치인인 이탈리아 출신의 블란드라타(Blandrata)와 히브리어 교수였던 스탄카로(Stankarus)가 영향력이 있었는데 이들은 반-삼위일체론자들이었다. 1560년에 폴란드 개신교회는

17) Bouwmeester, *Johannes à Lasco*, 83.
18) Bouwmeester, *Johannes à Lasco*, 86.

총회에서 스탄카로를 출교하는 결정을 내리는데 그 이유는 스탄카로가 그리스도의 중보직에 대해서 잘못된 입장을 가지고 있다고 판단했기 때문이다. 그러면서 총회는 칼빈 뿐 아니라 바젤과 취리히, 스트라스부르에 있는 교회들에 이 문제에 대한 질의서를 보내게 된다. 여기에 대해서 답하면서 칼빈은 두 번에 걸쳐서 편지를 보내게 된다. 이런 통로를 통해 칼빈의 영향력이 폴란드의 개신교회에 전해지게 된다.[19] 이들에 대해서 건강한 견제세력이 존재했는데 이들은 보헤미안 형제들이었다. 이들은 1548년부터 폴란드로 피난하기 시작해서 400여 교회를 형성하면서 종교의 자유를 누렸다. 이들은 성경에 매우 충실한 자들이었고 몇 가지 중요한 부분에서 루터의 신학을 비판했다. 특별히 그의 성찬론을 강하게 거부하였다. 이들은 부써와 칼빈과 접촉하였고 교회의 순결성과 신앙고백의 중요성, 권징의 필수성 등을 경청하였다. 아 라스코가 1566년에 귀국했을 때 이들은 핍박을 받으면서 소 폴란드 지역에서 흩어져 있었다.

아 라스코는 폴란드 왕가에 의해서 환영받지 못했다. 거주는 허가되었으나 새로운 사상을 유입하지 말도록 경고를 들어야 했다. 아 라스코가 귀국하기 전에 소-폴란드 지역에 복음을 따는 30여개의 작은 교회들이 생겨났다. 1553년에 이곳에서 스탄카로를 포함한 7명의 영적인 지도자와 선생들이 최초의 총회를 가지게 되었다. 물론 이후에 반-삼위일체론자인 스탄카로의 문제로 총회는 칼빈과 서신을 교환하고 조언과 도움을 얻게 된다.[20] 1554년 총회는 쾰른의 폰 비트의 개혁교회 모델을 따르기로 결정한다. 1557년 아 라스코는 이미 이 총회의 회원으로 받아들여져서 17명의 목사들 가운데 한 사람이 되었다. 보헤미안 형제들의 교회를 받아들이는 문제도 총회에서 다루어 졌는데 아 라스코에게 이 문제가 질의되었다. 그는 보헤미안 형제들에 대한 애정 어린 마음을 가지고 그들의 약점을 지적하면서

---

19) Joseph N. Tylanda, "Christ the Mediator: Calvin versus Stancaro", in *Calvin Theological Journal 7* (1972), 5–16.
20) Stephen Edmondson, *Calvin's Christology* (Cambridge: Cambridge University press, 2004), 16.

도 이들이 권징에 대해서 강조하고 있다는 점을 매우 높게 평가하였다. 아 라스코가 엠던과 런던에서 시행했던 것처럼 목사들은 매달 한 번 회합을 가지고 노회도 이루어졌다. 장로와 집사들도 세워졌다. 엠던에서 작성되었던 요리문답을 폴란드 개신교회가 넘겨받았다. 복음주의 학교들이 세워지고 스트라스부르크와 스위스로 학생들이 보내졌다. 아 라스코는 폴란드어로 성경을 번역하는 일에도 몰두했다.[21]

자신의 마지막 생을 고국인 폴란드에서 불태우던 아 라스코는 1559년에 건강이 급격히 나빠졌다. 그는 집에서 조용히 하나님의 부르심을 받았다. 1560년 1월 8일에 숨을 거둔 그는 하루 전인 7일에 "나를 위해 울지 말고 교회의 전반적인 고난을 위해 울라"는 말을 남겼고 독일어로 "나의 주 나의 하나님"이라고 말하면서 숨을 거두었다.

6. *Forma ac ratio*

아 라스코가 남긴 가장 중요한 유산중 하나가 바로 *Forma ac ratio*이다. 여기에는 예배모범과 교회법이 함께 들어있다. 바질 홀(Basil Hall)은 이 문서를 칼빈의 기독교강요와 함께 이후 유럽 종교개혁에 가장 중요한 열쇠를 제공한 것이라고 할 정도로 높게 평가한다.[22] 이 문서에 나타난 예배와 교회치리에 대해서 당시의 영국국교회의 캔터베리 대주교인 크랜머에게 직접적인 영향을 미친다. 아직 절반의 종교개혁에 성공한 영국국교회에게 예배모범은 받아들일 수 없는 것이었지만 장로와 집사로 이루어지는 당회와 노회의 성격을 가지는 회집을 기본으로 하는 교회 정치질서는 매력적이었다. 비록 시간이 지난 후에 나타났지만 존 낙스는 이 문서에 나타난 교회치리 질서를 매우 유사하게 수용하였고 또한 청교도들도 이 문서의 영향

---

21) Bouwmeester, *Johannes à Lasco*, 104.
22) Diarmaid Maculloch, "The Importance of Jan Laski in the English Reformation", in *Johannes a Lasco: Polnischer baron, humanist und europäischer Reformator*, edited by Christoph Strohm (Tübingen:Mohr Siebeck, 2005), 331.

을 받았다.

1)이 문서에 나타난 중요한 예배모범의 내용을 제시하자면 다음과 같다. 주일 첫 예배는 9시에 시작된다. 기도 후에 오르간 연주 없이 시편 찬송을 부른다. 성경 텍스트를 읽는다. 본문에 대한 해설과 특별히 적용점과 경고가 주어진다. 설교 후에 교회안의 특별한 사정에 대한 언급이 있은 후 설교자를 보호해 달라는 성도들의 기도가 이어진다. 십계명의 낭독 후 죄사함을 하나님께 요청한다. 공적인 죄사함이 선언되고 이어서 사도신경을 고백한다. 왕과 영국국가, 런던과 피난민들의 교회들, 그리고 모든 왕들과 국가, 신앙으로 고난 받는 이들, 병자들과 어려운 시험 가운데 있는 자들을 위한 기도에 이어 주기도문으로 마친다.

2)성찬은 한 달에 한 번 시행되었다. 14일 전에 성찬이 공포된다. 이 때 성찬에 나올 수 있는 사람의 명단에서 새롭게 추가된 사람의 이름들이 불려진다. 이들은 이미 당회에 출석해서 자신의 이름을 올린 사람들이다. 주일 오후 예배 후에는 목사들과 장로들이 남아서 성찬시행을 연습하고 새롭게 성찬에 참여한 사람들에 대한 점검도 시행한다. 모든 사람이 한 사람 한 사람 모두 당회에 나와서 점검받고 자신의 이름을 올린다. 성찬이 있는 주일을 앞두고 당회는 토요일 오후 2시에 성도들과 함께 모인다. 성찬의 목적과 방법이 성도들에게 다시 한 번 설명되고 기도 후에 성찬에 참여할 수 없는 자들의 이름을 호명하며 회개를 촉구한다. 성찬이 있는 주일은 8시에 시작된다.

특별히 데무라는 아 라스코가 '식탁에 앉아서(accumbatio)' 시행하는 성찬만을 고집했다는 점에 주목하였다. 그는 '걷고' '서고' '무릎 꿇는' 성찬과 '식탁에 앉는' 성찬을 가치중립적(adiaphora)으로 보지 않았고 분명히 식탁에 앉는 것만이 바른 성찬의 방식임을 주장하였다.[23] 이런 성찬방식에 대한 아 라스코의 고집은 성찬을 통해서 교회의 순결성을 확보하는 것을 넘어서서 성경에 나타난 주님이 베푸신 만찬 방식 그대로 시행하려는 정신을 드러낸다.

*Forma ac ratio*에는 성찬 외에도 세례와 결혼예식에 대한 상세한 내용들이 정해져 있다. 오후에 이루어지는 예배와 앞서도 잠깐 언급했던 '예언' 모임도 매주 한 번씩 성도들이 참석해야 했다.

3)교회법에 대한 내용은 직분자 곧 말씀의 봉사자의 선택에서부터 시작된다. 성도들은 금식과 기도로 준비한다. 9시에 모든 성도들이 함께 하면 (주중의 하루로 보임) 말씀이 봉사자가 목사를 선출하는 의미를 설명하고 기도한다. 성도들은 집으로 돌아가서 기도와 금식, 하나님의 말씀을 읽는다. 오후에는 다시 모여 말씀의 설교자가 복음의 봉사자로 부르심을 받는 것의 의미를 설명한다. 주중에 모든 성도들은 후보자의 이름을 적어서 제출해야 한다. 정해진 투표일에는 장로와 집사가 함께 투표한 것을 검사한다. 그들이 모두 동의하면 선출된 사람이 부름을 받고 와서 직분자에게 요구되는 것을 듣는다. 그 사람이 거기에 동의하고 직분을 받아들이면 그 다음 돌아오는 첫 주일에 전체 성도에게 알린다. 특이한 것은 목사의 임직식에서 목사만이 아니라 장로들도 모두 손을 들고 의무에 대해서 맹세를 하는 것이다.

그리고 *Forma ac ratio*에서 아 라스코는 무엇보다도 권징에 대한 부분을 그 방법과 절차, 그리고 항목과 대상자에 이르기까지 자세하게 묘사한다. 예를 들어 그는 엠던에서도 시행했던 Coetus라는 회합을 언급하는데 이 회합을 직분자들을 위한 권징의 수단으로 소중하게 여겼다. 매주 목요

---

23) Akira Demura, "Calvin and à Lasco: A Comparative Study of Two Ecclesiastical Ordinances" in *Calvinus sacrarum literarum interpres: Papers of the international congress on Calvin research*, Edited by H. J. Selderhuis (Tübingen: Mohr Siebeck, 2008) 181. 데무라는 이런 아 라스코의 주장이 성경에 기록된 그대로를 고집했던 재세례파의 영향으로 본다. 같은 논리로 아 라스코가 권징을 강하게 시행한 것 역시 규율을 중시했던 재세례파적인 것으로 간주한다. 아 라스코가 권징을 강조하고 시행한 것을 재세례파의 영향으로 보는 것은 이를 인문주의의 영향으로 보는 것과 동일하게 오류를 가진다. 권징을 강조한 것은 당시 종교개혁자들의 일반적인 흐름이었다. 아 라스코가 성경에 기록된 그대로를 고집한 것도 성경을 스콜라신학보다 중시한 인문주의의 영향으로 볼 수 있는가? 데무라의 분석은 매우 신선하나 이 두 부분을 가지고 아 라스코에게 미친 재세례파적 성향이라고 주장하는 것은 무리가 있어 보인다.

일에는 독일피난민들로 이루어진 교회들의 선생들과 장로들이 참석했다. 매달 첫 목요일에는 집사들도 참여해서 가난한 사람들에 대한 일을 함께 의논했다. 매달 첫 월요일에는 교구책임자, 목사들, 장로들과 집사들, 선생들이 모두 참여해서 국가적인 일, 모든 피난민 교회들에 대한 일을 의논했다. 3개월에 한 번씩 목요일에는 직분자들간에 형제로서의 권면하는 시간을 가졌다. 이 회합전 주일에는 두 세 증인을 통해서 제출된 직분자에 대한 권징내용을 제출받았다.

 *Forma ac ratio*에 나타난 이런 예들은 아 라스코와 런던의 피난민 교회들이 예배와 권징, 교회의 치리질서의 필수성을 인식하고 거기에 깊은 관심을 가졌는가를 알 수 있다. 이 문서와 또 그에 따른 시행은 당시 구체적으로 성경적인 예배와 치리, 교회질서를 세워가야 하는 과제를 풀어가야 했던 개혁교회들에게 살아있는 모범과 표준이 되기에 부족함이 없었다.

III. 결론

 아 라스코는 종교개혁의 위대한 영웅들이었던 루터나 멜랑흐톤, 부써나 칼빈에 비교해서 널리 알려지지 않았다. 한 지역이나 한 국가교회에 뚜렷이 드러나는 장기간의 영향력을 미칠 수도 없었다. 많은 양의 신학적 저서나 성경주해서를 남기지도 않았다.

 젊은 아 라스코에게는 로마교의 신부로 폴란드 수도의 대주교가 될 수 있는 가능성이 활짝 열려있었다. 정치적으로도 그는 남작으로서 작지 않은 지위와 부를 누릴 수 있었다. 그러나 그는 개혁신앙을 선택함으로써 평생을 피난민으로 살았다. 피난민 교회들을 위한 목회자였을 뿐 아니라 자신 스스로가 피난민으로서 떠돌았다. 언어와 풍토, 문화가 다른 곳을 전전했지만 그는 개혁신앙에 대한 확신 속에서 그 난관들을 이겨내면서 피난민들과 현지 정착민들의 신뢰를 얻었다. 엠던, 런던, 프랑크푸르트등 그가 사역했던 중요한 곳들은 모두 피난민들로 가득 찼고 또 다시 피난민들이 되어서 그 곳을 떠나야 했던 곳이다. 아 라스코 스스로도 그들과 같은 피난의 길을 함께 했다.

끊임없는 피난의 상황에서도 그가 종교개혁에 남긴 영향력은 매우 깊고 지속적이었다. 그는 무엇보다도 개혁교회가 나가야 할 교회적인 모범을 스스로 만들어가면서 전진했다. 아직 충분히 성숙하지 못했고 예배, 교회질서, 직분 등 성경적인 교회를 건설해 가야했던 젊은 개혁교회에 살아있는 모델들을 제시했다. 무엇보다도 교회내의 직분자들과 직분자들의 회합을 통해서 후에 개혁교회나 장로교회의 치리질서로 확립될 것들을 실질적이고 구체적으로 보여주었다. 그리고 인문주의 영향이나 재세례파적인 사고에서가 아니라 교회의 순결성에 대한 분명한 자각 때문에 그는 권징을 매우 강조하였고 직분자들에 대한 권징에 더욱 철저하였다. 성찬론에 대해 개혁교회 진영들이 분열을 거듭하는 가운데서 나름대로의 성찬관을 정립하면서도 모든 개혁교회 진영을 아우르기 위한 노력을 지속하였다. 비록 그의 관점이 루터와는 거리를 두었지만 그는 개혁교회들의 연합을 사랑의 심정으로 수행하였다. 그가 마지막 폴란드에서 보헤미안 형제들에 대해서 보여준 사랑의 정신은 이를 잘 증명해 주었다. 그는 교회의 연합을 신앙고백적 일치에서 찾으려고 했고 어린 아이들로부터 모든 성도들이 신앙고백에서 하나됨을 추구했기에 요리문답 작성에도 게을리 하지 않았다.

아 라스코는 엠던에서 목회하면서 쾰른의 종교개혁적 흐름에 적극 공헌하였다. 그리고 런던의 피난민 교회의 목회는 오히려 본국인 영국교회 전체와 스코틀랜드 교회에도 큰 영향을 주었다. 그가 사역했던 엠던은 후에 네덜란드 개혁교회들의 모판 역할을 하게 된다. 마지막으로 그는 그의 고국에서 미미한 개혁적 복음주의 교회를 안고 사역했고 거기에서 생을 마침으로써 당시 유럽 전체 개혁주의 진영에 큰 위로를 전해 주었다.

이런 의미에서는 그는 결코 무시될 수 없는 종교개혁의 중심인물이었고 그를 통해서 개혁교회에 미친 유익은 당대에서만 끝난 것이 아니라 길고 지속적으로 전해졌다고 볼 수 있다. 하나님께서는 피난민 아 라스코를 사용하셔서 영원한 하나님 나라를 이 땅에서 보여주시고 드러내 주셨다.

참고문헌

Vanden Berg, Frank, 『수상이 된 목사, 아브라함 카이퍼』 김기찬 역, 서울: 나비, 1991.

Bouwmeester, G. *Johannes à Lasco: Een uitverkoren instrument Gods.* 's-Gravenhage: De Willem de zwijgerstichting, 1956.

Dalton, Hermann. *Johannes a Lasco: Beitrag Reformationsgeschichte Polens, Deutschlands und Englands.* Gotha: F.A.Berthes, 1881.

Demura, Akira. "Calvin and à Lasco: A Comparative Study of Two Ecclesiastical Ordinances" in *Calvinus sacrarum literarum interpres: Papers of the international congress on Calvin research,* Edited by H. J. Selderhuis. Tübingen: Mohr Siebeck, 2008.

Edmondson, Stephen. *Calvin's Christology.* Cambridge: Cambridge University press, 2004.

Jürgens, Henning P. "Auctoritas Dei und auctoritas principis: à Lasco in Ostfrisland" in *Johannes à Lasco: Polnischer baron, humanist und europäischer Reformator,* edited by Christoph Strohm. Tübingen: Mohr Siebeck, 2005.

Jürgens, Henning P. *Johannes à Lasco in Ostfrisland.* Tübingen: Mohr Siebeck, 2002.

Maculloch, Diarmaid. "The Importance of Jan Laski in the English Reformation", in *Johannes a Lasco: Polnischer baron, humanist und europäischer Reformator,* edited by Christoph Strohm. Tübingen:Mohr Siebeck, 2005.

van 't Spijker, Willem. "Die Bedeutung des Kölner Reformationsversuchs für a Lasco", in *Johannes a Lasco: Polnischer baron, humanist und europäischer Reformator,* edited by Christoph Strohm. Tübingen:Mohr Siebeck, 2005.

Springer, Michael Stephen. *Restoring Christ's Church: John a Lasco and the Forma Ac Ratio.* Hampshire: Ashgate Publishing, 2007.

Tylanda, Joseph N. "Christ the Mediator: Calvin versus Stancaro", in *Calvin Theological Journal 7* (1972).

요한 슈투름의
생애와 사상

유정모 (침신대학교, 역사신학)

들어가는 말

요한 슈투름(Johann Sturm, 1507-1589)은 16세기에 활동했던 여러 종교개혁가들 중의 한 사람이다. 그러나 다른 종교개혁가들과 구별되는 슈투름만의 특징이 있는데 그것은 그의 생애와 사역이 거의 전적으로 교육개혁에 헌신되었다는 것이다.[1] 그는 스트라스부르(Strasbourg)에서 고전학습을 중심으로 한 인문주의 대학예비학교인 중등학교(Gymnasium)를 설립하고 43년간 이 학교를 경영하였다.[2] 또한 슈투름은 그의 교육 사역을 통해 뛰어난 제자들을 많이 양성하였고, 교육과 관련된 여러 편의 중요한 저작들을 남겼다.[3] 무엇보다 그가 스트라스부르에서 시행한 교육개

---

1) Pierre Mesnard, "The Pedagogy of Johann Sturm (1507-1589) and its Evangelical Inspiration," *Studies in the Renaissance*, vol. 13 (1966): 208.

2) 슈투름의 생애와 사역에 대한 자세한 정보는 다음을 참고하라. Charles Schmidt, *La Vie et Les Travaux Dejean Sturm* (Strasbourg: 1855; reprint, Nieukoop: B. de Graaf, 1970); Barbara Sher Tinsley, "Johann's Sturm's Method for Humanistic Pedagogy," *Sixteenth Century Journal*, vol. 22, no. 1 (1989): 23-39; Lewis W. Spitz and Barbara Sher Tinsley, *Johann Sturm on Education: The Reformation and Humanist Learning* (St. Louis, MO: Concordia Publishing House, 1995), 19-44.

혁은 유럽의 여러 학교들에서 교육을 위한 모델이 되었고 19세기까지 독일 및 유럽 각지의 중등교육에 많은 영향을 주었다.[4] 하지만 슈투름의 생애와 사상은 존 칼빈(John Calvin, 1509-1564)과 같은 종교개혁가들과 비교해 볼 때 현대의 독자들로부터 충분한 관심과 조명을 받지 못했다.[5] 특히 그가 생전에 교육의 개혁에 미친 영향에도 불구하고 역사는 그가 후대에 남겨준 유산들을 제대로 기억하고 있지 못한 실정이다.

따라서 본 논문은 비록 현대에는 잊혀졌지만 칼빈의 시대에 종교개혁의 중요한 한 축을 담당했던 슈투름의 생애와 사상을 조망하고, 그렇게 함으로써 16세기 일어났던 종교개혁의 성격과 범위를 더욱 깊이 있게 이해하는데 기여하고자 한다. 이러한 목적을 이루기 위해 본 논문은 크게 두 부분으로 구성되어 있다. 먼저 슈투름이 누구였는지를 알기 위해서 그의 생애와 주요 사역들을 개관해 볼 것이다. 그 다음에는 슈투름의 사역의 핵심이 되었던 교육가로서의 그의 사역을 집중적으로 살펴 볼 것이다. 구체적으로 슈투름이 교육에 대해 가졌던 철학과 사상은 무엇이었고, 그것들을 구체적으로 어떻게 현장에서 적용하고 실현하였으며, 그러한 노력들이 종교개혁과 후대의 기독교 교육의 전통에 미친 영향은 무엇이었는지를 규명해보고자 한다.

I. 슈투름의 생애와 업적

요한 슈투름은 1507년 10월 1일 독일 슐라이든(Schleiden) 지역의 아

---

3) 슈투름의 저작 목록은 다음을 참고하라. Schmidt, *La Vie et Les Travaux*, 314-32; Jean Rott, "Bibliographie des Oeuvres de Jean Sturm," in Marijn de Kroon & Marc Lienhard, eds., *Investigationes Historicae: Églises et Société au XVIe Siécle*, vol. 2 (Strasbourg: Oberlin, 1986), 471-556. Rott의 조사에 의하면 슈투름은 그의 생애 동안 총 155편의 저술과 503편의 개정판을 남겼는데 대부분이 고전작품들의 번역서 및 주석서 그리고 교육과 관련된 교과서와 논문들이었다.

4) C. B. Eavey, 『기독교 교육사』, 김근수, 신청기 역 (서울: 한국기독교교육연구원, 1980), 204

5) "Bibliographical Essay: Johann Sturm Perceived" 341 in Lweis W. Spitz and Barbara Sher Tinsley, *Johann Sturm on Education: The Reformation and Humanist Learning* (St. Louis, MO: Concordia Publishing House, 1995).

주 작은 마을인 아이펠(Eifel)에서 만데르샤이트 백작(the Count of Manderscheid)의 재무담당관이었던 아버지 빌헴(Wilhelm Sturm)과 어머니 게르투르드(Gertrude Huls Strum)의 아들로 태어났다. 슐라이덴에서 행복한 유년시절을 보낸 슈투름은 만데르샤이트 백작의 집에 그의 자녀들을 위한 동무(companion)로 보내지게 되고, 열네 살이 될 때까지 그곳에 거하면서 초등교육을 받게 된다.[6]

1521년이 되자 슈투름은 리에주(Liège)에서 공동 삶의 형제단(the Brethren of the Common Life)에 의해 운영되는 성 제롬 대학(the College of St. Jerome)에 입학한다. 1495년 설립된 성 제롬 대학은 당시 니콜라스 닉크만(Nicholas Nickman) 같은 탁월한 교수들의 강의로 인해 명성을 떨치고 있었고, 학생수가 무려 1,600여명에 달할 정도로 거대한 규모를 자랑하고 있었다.[7] 이곳에 4년 동안 머물면서 슈투름은 고전어와 고전문학, 법, 수학, 의학 등을 공부하게 되고 당시 유행하던 르네상스 인문주의의 영향을 접하게 되었다.[8] 성 제롬 대학에서의 학업은 슈투름에게 큰 영향을 주는데 특별히 고전연구와 인문주의에 눈뜨게 했고, 이곳에서 경험한 교육체계는 나중에 스트라스부르에서 중등학교를 세우는데 결정적인 모델이 된다.[9]

성 제롬 대학에서의 학업에 매우 만족한 슈투름은 17세가 된 1524년에 루뱅 대학(The University of Louvain)에 입학한다. 이곳에서 슈투름은 라틴어교사인 콘라드 고클레니우스(Conrad Goclenius, 1490-1539)와 헬라어 교사인 루트거스 레스키우스(Rutgers Rescius, 1497-1545) 등과 같은 탁월한 교수들에게 배우면서 고전인문학의 소양을 더욱 깊이 쌓아 나간다.[10] 그리고 5년 뒤 1529년에 루뱅 대학에서 슈투름은 인

---

6) Spitz and Tinsley, *Johann Sturm on Education*, 19.
7) Spitz and Tinsley, *Johann Sturm on Education*, 20.
8) Mesnard, "The Pedagogy of Johann Sturm," 201.
9) "Bibliographic Essay," 343; Mesnard, "The Pedagogy of Johann Sturm," 202.
10) Spitz & Tinsley, *Johann Sturm on Education*, 20.

문학 석사(Master of Arts) 학위를 취득한다.[11] 그런데 루뱅 대학에서 수
학한 시기에 주목할 것은 슈투름이 고전문학을 공부하던 중 키케로(Mar-
cus T. Cicero, 106-43 BC)의 연구에 열정을 갖게 된 것이다.[12] 석사
학위 취득이후 1529년 슈투름은 레스키우스와 동업하여 출판업을 시작한
다.[13] 책을 팔기 위해서 여러 지역을 여행 하게 되었는데 1528년에는 스트
라스부르도 방문하게 된다. 이곳에서 슈투름은 유명한 종교개혁가인 마르
틴 부써(Martin Bucer, 1491-1551)를 만난다. 그는 부써와의 교제를
통해, 특히, 부써의 시편 강해설교를 통해 많은 도전과 은혜를 받는다. 결
국 슈투름은 부써의 영향으로 종교개혁의 사상을 받아들이게 된다.[14]

인문고전연구의 중요성과 종교개혁의 원리에 눈을 뜨게 된 슈투름은 출
판업을 정리하고 교수사역을 시작한다. 그는 1534년까지 프랑스의 칼리
지(Collège de France)에서 키케로와 논리학 강의를 통해 교수로서의 명
성을 얻는다. 특히, 1533년 키케로의 수사학 강의는 젊은 학생들의 열정
에 불을 지폈다.[15] 이 시기에 슈투름에게 사사한 학생 중의 한사람이 바로
유명한 프랑스의 종교개혁가 피터 라무스(Peter Ramus, 1515-1572)
이다.

뉴 칼리지에서 강의하던 중 슈투름은 잔느 피슨(Jeanne Pison)이라는
여성과 결혼한다. 흥미롭게도 결혼 후에 슈투름은 파리에서 아내의 도움으
로 여관을 열어 숙박업에도 잠시 종사하게 된다. 그런데 당시 많은 스위스

---

11) Mesnard, "The Pedagogy of Johann Sturm," 202. Cf. 인문학 석사학위를 마친 후 슈투
름은 파리에서 잠시 의학을 공부하기도 한다. Spitz & Tinsley, *Johann Sturm*, 21.
12) Mesnard, "The Pedagogy of Johann Sturm," 202. 키케로에 매료된 슈투름은 이후 그의
작품들을 연구하여 주석서를 출간하기도 하고, 그의 작품에 대한 연구를 훗날 스트라스부르 중등
학교의 핵심 교과과정으로 삼는다. Cf. Johann Sturm, *In partitiones oratorias Ciceronis
dialogi quator: priores duos habes ab autore emendatos posteriores vero recens
excusos* (Parisiis: C. Wechelus, 1546); idem, *Commentarii in M. T. Ciceronis Tus-
culanam, primam* (n.p., 1575).
13) Spitz and Tinsley, *Johann Sturm on Education*, 21.
14) Johannes Ficker, "Johannes Strum," in Samuel M. Jackson, ed, *The New Schaff-
Herzog Encyclopedia of Religious Knowledge*, vol. 11 (London and New York:
Funk and Wagnalls, 1911), 121; Schmidt, *La Vie et Les Travaux*, 8.
15) Mesnard, "The Pedagogy of Johann Sturm," 203.

와 독일의 개신교 지성인들이 그의 여관에 묵었고 슈투름은 이들과 접촉하면서 스트라스부르에 다녀올 때 눈을 뜨게 된 종교개혁의 사상들에 대해 다시 한 번 확신하게 된다.[16] 하지만 이때 로마 카톨릭의 박해로 인하여 파리는 더 이상 개신교도로서 슈투름이 지내기에 안전한 곳이 되지 못했다.[17] 신변의 위협을 느끼던 중 마침 스트라스부르에서 그곳의 교육제도를 새롭게 정비해달라는 공식 요청을 받고 1536년 겨울 그는 스트라스부르로 떠난다. 이로써 슈투름은 본격적인 교육가로서의 사역을 시작하게 된다.

당시 스트라스부르는 종교개혁이 한창 진행 중에 있었다. 스트라스부르의 유력한 정치가였던 야곱 슈투름(Jacob Sturm, 1489-1553)이 부써, 볼프강 카피토(Wolfgang Captio, 1478-1541), 그리고 가스파드 헤디온(Gaspard Hédion, 1474-1552) 등을 도시로 초청하면서 활발히 진행된 개혁의 바람은 1524년 2월 스트라스부르 역사상 최초의 개신교 예배를 독일어로 드리는 것을 가능하게 했다. 그리고 1530년 스트라스부르는 다른 세 도시(Constance, Lindau, Memmingen)와 연합하여 종교개혁의 신앙원리를 담은 테트라폴리탄 신앙고백서(the Tetrapolitan Confession)를 채택하기에 이른다.[18] 그런데 이러한 개혁운동은 자연스럽게 교육개혁에 대한 관심으로 이어지게 된다.[19]

이곳에는 이미 카이자스벡(Johan Geiler von Kaisersberg, 1445-1510)이 1509년에 세운 주교좌성당(the cathedral)에 부속된 학교를 비롯해 스트라스부르와 인근 지역에 여러 라틴어 학교(Latin School)들이

---

16) Mesnard, "The Pedagogy of Johann Sturm," 203; Schmidt, *La Vie et Les Travaux*, 11.
17) Ficker, "Johannes Strum," 121.
18) Mesnard, "The Pedagogy of Johann Sturm," 203-4.
19) 마르틴 루터(Martin Luther, 1483-1546), 칼빈, 필립 멜랑흐톤(Philip Melanchton, 1497-1560)과 같은 주요 종교개혁가들은 교회의 개혁과 더불어 대부분 당시의 교육제도를 개선하기 위해서 노력하였다. "Bibliographical Essay," 347.
20) 라틴어 학교(The Latin school)는 14세기에서 16세기까지 유럽에서 유행하였던 문법학교(grammar school)를 말한다. 이 학교는 라틴어 교육에 중점을 두었고 대학 진학을 준비하는 대학예비학교로서의 기능을 하였다. Merry E. Wiesner-Hanks, *Early Modern Europe, 1450-1789* (New York: Cambridge University Press, 2006), 122.

있었다.[20] 이중에서 특히 도미니칸 수도회 소속의 성 도마 대성당(St. Thomas collegiate church)에 세워진 라틴어 학교가 유명했는데 이곳에서 카피토는 구약을 가르쳤고 헤디온과 부써는 각각 역사와 신학 그리고 신약을 가르쳤다. 하지만 이곳도 교직원이 부족하지는 않았지만 다른 학교들과 마찬가지로 학생 숫자는 여전히 작은 편이었다.[21]

　이런 상황 속에서 스트라스부르의 지도자들은 이곳의 교육제도를 다시 새롭게 조직할 필요성을 느꼈다. 이들은 외부의 조언을 구한 뒤 1528년 세 명의 상원의원들(the Senate)에게 "이사"(scholarchs)라는 직함을 주고 교육의 개혁을 일임하였다.[22] 이에 이사들은 기획안을 정부에 제출하고 슈투름을 그것을 실현할 사람으로 추천하였다. 슈투름은 스트라스부르의 제안을 받아들여서 1536년 12월 30일 파리를 떠나 1537년 1월 14일에 스트라스부르에 도착한다. 그 후 일 년 동안의 준비를 거쳐서 그는 1538년 스트라스부르의 귀족과 정치 지도자들에게 교육개혁에 대한 제안서를 제출한다.[23]

　제안서에 담긴 슈투름의 계획은 크게 세부분으로 이루어진다. 먼저 스트라스부르에 있는 여러 라틴 학교들을 하나의 학교로 통합하고 그것을 도미니칸 수도회(the Dominican convent)안에 두는 것이었다. 이렇게 해서 새로 생긴 학교의 교과과정은 성 제롬학교를 본 딴 9학년 과정(나중에 10학년 과정이 됨)으로 기본적으로 구성되고 여기에 철학, 고전어, 역사, 수학 등의 과목에 대한 "공개강의"(public lectures)를 부수적으로 제공하는 것을 목표로 하였다. 그리고 학교의 최고 책임은 상위과정을 가르치는 선생들 중의 한명을 선택하여 맡기고, 그에게는 교장(rector)이라는 직함을 준다는 내용이었다.[24] 심도 있는 논의 끝에 이사들은 1538년 3월 7일 슈투름의 제안서를 받아들이기로 결정하고 합의된 내용을 시민들에게

21) Mesnard, "The Pedagogy of Johann Sturm," 204.
22) 원래 스콜라치라는 일반적으로 학교의 우두머리를 일컫는 용어였고 고대 아테네에서는 철학 학파의 대표자를 지칭하였다. 본 논문에서는 "이사"(理事)라는 직함으로 번역하였다.
23) Mesnard, "The Pedagogy of Johann Sturm," 204.
24) Mesnard, "The Pedagogy of Johann Sturm," 204-5.

공포한다. 그리고 슈투름에게는 그 제안서를 출판할 것을 명령하는데 이렇게 해서 나오게 된 것이 바로 그의 유명한 논문인 "인문학교의 올바른 개원(開元)에 관하여"(De literarum ludis recte aperiendis, 1538)이다.[25]

이후 슈투름은 스트라스부르 학교개혁에 본격적으로 동참한다. 먼저 새롭게 시작된 학교에서 수사학과 논리학 등의 고전인문 과목들을 가르치기 시작한다.[26] 스트라스부르의 시장과 학교 이사들은 1538년에 슈투름에게 학장(Rector of the Gymnasium)의 지위를 부여한다.[27] 그리고 부써와 협력하여 학교의 교과과정을 새로이 만들고 이를 실현할 새로운 교수법을 제안한다. 그의 교과과정과 교수법은 성경과 교리문답(catechism)을 공부시킴과 동시에 라틴어, 고전문학, 웅변술 등의 고전인문학을 학습하는 것에 중점을 두었다. 그리고 학생들로 하여금 이론적 지식의 습득에 그치는 것이 아니라 배운 지식을 실생활에서 자유롭게 사용하도록 유도하여 행함과 실천이 있는 기독교 경건의 함양을 추구하였다. 이러한 개혁의 결과 많은 학생들이 대학예비학교로서 스트라스부르의 중등학교로 몰려들었고 학교는 꾸준히 발전했다. 예를 들어 1544년에는 555명이었던 학생 수는 1년 뒤인 1545년에는 644명으로 늘어나게 되었다.[28] 학생 수의 증가뿐만 아니라 슈투름은 탁월한 교수진을 확보하는데도 성공적이었다. 가령 탁월한 신학자요 성경주해가인 피터 버미글리(Peter Martyr Vermigli, 1499-1562) 같은 인재를 교수로 확보하였다.

그런데 슈투름의 교육개혁이 늘 평탄한 것은 아니었다. 실제로 그 시작부터 그의 학교사역은 많은 어려움 속에서 진행 되었다. 특히, 여러 차례

---

25) Mesnard, "The Pedagogy of Johann Sturm," 205.
26) 슈투름의 강의는 너무 인기가 많아 불과 수개월 내에 두 번의 급료 인상이 있었다. 심지어 다른 교수들도 자신들의 수업을 하지 않고 슈투름의 강의를 청강할 정도였다. Spitz and Tinsley, *Johann Sturm on Education*, 23.
27) Mesnard, "The Pedagogy of Johann Sturm," 205. Cf. 이 시기(1540년대)에 슈투름은 교육가로서 뿐만 아니라 외교관으로서도 활발하게 사역하였다. 특히 그의 웅변적 재능과 외교적 재능은 스트라스부르와 개신교 진영 그리고 프랑스의 왕을 대표해 1540년 보름스(Worms) 교회의 같은 많은 회담에서 그를 대사 역할을 하도록 하였고 특별히 로마 카톨릭과의 화해를 위해서 일하게 하였다. Ficker, "Johannes Strum," 121.
28) Mesnard, "The Pedagogy of Johann Sturm," 205.

전염병의 창궐로 학교는 많은 타격을 받았다. 예를 들어 1540년에 유행한 전염병은 많은 학생들을 스트라스부르를 떠나 타 지역으로 피난을 가게 하였고, 1541-42년에 발생한 전염병은 헤디온을 비롯한 여러 교수들의 생명을 앗아가기도 하였다. 또한 비록 부써의 양보로 문제가 해결되기는 하였지만, 부써와 슈투름이 학교의 정책을 두고 대립하여 학교에 혼란이 야기되기도 하였다.[29]

무엇보다 복잡한 국내외의 정치적 종교적 상황들은 학교의 발전에도 많은 영향을 끼쳤다. 특히 1530년부터 1600년까지 독일에서 벌어진 정치적 종교적 사건들은 학교의 운영에 변화를 가져오게 된다. 슈말칼덴 동맹(the League of Schmalkalden)이 있었던 1530년 이후 독일에서는 점차 루터란주의(Lutheranism)가 강세를 보이게 된다. 이러한 현상은 스트라스부르의 신학적 입장에도 영향을 미쳐서 스트라스부르는 테트라폴리탄 신앙고백과 함께 루터파 신학의 성격이 분명한 『아욱스부르크 신앙고백』(Augsburg Confession of Faith)도 도시의 공식 신앙고백으로 받아들이는 신학적 타협을 하게 된다. 뿐만 아니라 루터란주의를 받아들이는 것이 황제의 권위를 세우는데 도움이 된다고 생각한 찰스 5세(Charles V, 1500-1558)의 정책도 루터란주의가 스트라스부르를 포함한 독일 전역에서 영향력이 커지는 데에 상당한 기여를 하게 된다. 이런 상황 속에서 개혁파(Reformed)에 대한 루터파의 핍박이 심해지게 되는데 예를 들어 볼프강 무스쿨루스(Wolfgang Musculus, 1497-1563)는 아욱스부르크(Augsburg)에서 추방당하게 된다. 스트라스부르에서도 루터파의 영향력이 점점 강해지면서 개혁파의 입지는 매우 좁아지는 상황이 되었다.[30]

1553년부터는 강경한 루터파였던 요한 마르바흐(Johann Marbach, 1521-1581)의 영향으로 개혁파(the Reformed)에 대한 관용은 스트라스부르에서 거의 사라지게 되었다. 스트라스부르의 루터파 목회자들의 지

---

29) Mesnard, "The Pedagogy of Johann Sturm," 205.
30) Spitz and Tinsley, *Johann Sturm on Education*, 27-36; Ficker, "Johannes Strum," 121-2; Mesnard, "The Pedagogy of Johann Sturm," 206-7.

도자였고 중등학교의 영향력 있는 신학 교수였던 마르바흐는 슈투름이 학교교육에서 성경보다 고전에 더 많은 열정을 쏟는 것과 그가 칼빈주의 신학을 따르고 있는 것을 매우 싫어하여 슈투름을 압박하였다.[31] 다행히 스트라스부르의 정치 지도자들은 마르바흐와 그를 따르는 루터파 목사들에게 중등학교에는 그들의 영향력을 행사하지 말 것을 명령했다. 하지만 그 명령은 제대로 지켜지지 않았다. 제이콥 슈투름이 죽은 1555년 이후 스트라스부르에서 루터파 신앙고백의 영향력이 더 엄격하게 강화되면서 개혁파인 슈투름은 끊임없이 루터파와의 심각한 갈등상황에 빠지게 된다.[32] 1563년에는 스트라스부르의 교수들과 목사들은 루터란주의를 따를 것을 노골적으로 요구받게 되는데 이를 거절한 많은 프랑스 피난민들의 목사들은 쫓겨나거나 그들의 교구는 폐쇄되었다. 이러한 상황은 학교에도 영향을 미쳐 버미글리와 같은 유능한 교수들은 스트라스부르를 떠나게 된다.[33]

이러한 어려운 상황 속에서도 슈투름은 스트라스부르 중등학교의 발전을 위해 지속적으로 노력하였고 학교는 계속적인 발전을 이루게 된다.[34] 교과과정은 자리를 잡게 되고 학생 수도 더욱 지속적으로 증가하게 된다. 그리고 스트라스부르 중등학교의 명성은 곧 독일뿐만 아니라 유럽 전역으로 급속히 퍼져나가게 되고 많은 학교들이 스트라스부르의 중등학교를 개혁의 모델로 삼게 된다. 더욱이 황제 막시밀리안 2세(Maximilian II, 1527-1576)는 1567년에 스트라스부르의 중등학교를 인문학석사(Master of Arts) 학위를 수여할 권한을 가진 "아카데미"(Academy)로의 승격을 허가한다. 그리고 1568년에는 슈투름을 아카데미의 학장으로

---

31) 슈투름의 신학사상은 그가 테트라폴리탄 신앙고백을 받아들였고, 칼빈과 깊은 유대관계를 맺고 있었던 점 등을 고려할 때 온건한 개혁주의 성향이었음에 분명하다. 하지만 그는 종교적으로 매우 관용적인 태도를 가졌고 신학적 논쟁에 빠지기를 꺼려하였다. 슈투름의 신학사상에 관해서는 다음을 참고하라. Robert Faerber, "La Pensée Religieuse et Théologique de Jean Sturm," in Georges Livet & Francis Rapp, eds, *Strasbourg Au Coeur Religieux du XVIe Siécle, Hommage a Lucien Febvre* (Strasbourg: Librairie Istra, 1977), 189-96.
32) Ficker, "Johannes Strum," 122.
33) Mesnard, "The Pedagogy of Johann Sturm," 208.
34) Tinsley, "Johann's Sturm's Method for Humanistic Pedagogy," 37.

임명한다.[35] 하지만 이러한 성과에도 불구하고 개혁파에 대한 루터파의 계
속되는 박해는 슈투름의 삶과 사역을 매우 어렵게 하였다.[36] 그런데 1581
년 마르바흐의 친구인 요한 파푸스(Johann Pappus, 1549-1610)가 스
트라스부르 교회협회의 대표가 되면서 상황은 더욱 악화되어 슈투름은 감
옥에 투옥될 위협을 받게 되고, 이사회에 의해서 1581년 12월에 모든 직
책에서 해고를 당하게 된다.[37] 결국 슈투름은 스트라스부르를 떠나 노이스
다트(Neustadt)의 존 카시미르(John Casimir, 1564-1633) 공작에게
로 망명하게 되고 이로부터 8년 뒤인 1589년 이 땅에서의 모든 사명을 마
치고 하나님의 부르심을 받는다.[38]

II. 슈투름의 교육사역

1. 교육의 목표(The Goal of Education)

슈투름의 교육사상을 이해하기 위해서는 먼저 그가 생각한 교육의 목표
가 무엇이었는가를 살펴볼 필요가 있다. 그는 교육의 목표를 한마디로 "경
건"(piety)에 두었다.[39] 다시 말해, 기독교와 하나님에 관한 지식을 통해
경건한 사람을 양성해 내는 것이 바로 교육이 추구해야 할 궁극적 목표라
는 것이다.[40] 그런데 슈투름은 이러한 목표에 도달하기 위해서는 학생들에
게 성경공부와 교리문답도 필요하지만 인문고전교육이 매우 중요하다고
믿었다. 즉, 그가 말하는 경건은 "학식 있는 경건"(learned piety) 또는

35) Tinsley, "Johann's Sturm's Method for Humanistic Pedagogy," 37.
36) Tinsley, "Johann's Sturm's Method for Humanistic Pedagogy," 37-42.
37) Mesnard, "The Pedagogy of Johann Sturm," 208; Ficker, "Johann Sturm," 122;
Tinsley, "Johann's Sturm's Method for Humanistic Pedagogy," 37.
38) Spitz and Tinsley, *Johann Sturm on Education*, 41-2.
39) Johann Sturm, "The Correct Opening of Elementary Schools of Letters (1538),"
104 in Lewis W. Spitz and Barbara Sher Tinsley, *Johann Sturm on Education:
The Reformation and Humanist Learning* (St. Louis, MO: Concordia Publishing
House, 1995).
40) Sturm, "The Correct Opening of Elementary Schools," 73.

"교육받은 경건"(educated piety)이었고 이러한 경건에 이르기 위해서는 라틴어, 웅변술(eloquence), 그리고 고전문학(classic literatures)에 대한 철저한 지식이 요구된다고 믿었다. [41] 이것은 인문주의의 부활을 가져온 르네상스의 사상이 슈투름의 교육관에도 깊은 영향을 미치고 있음을 보여준다.

따라서 슈투름의 교육은 라틴어, 웅변술, 그리고 고전문학의 숙달에 그 초점이 맞추어져 있었다. 먼저 그는 고전문학 연구를 강조하였다. 슈투름은 고전작가들이 신적으로 영감 받은 자들이며 따라서 기독교의 가르침에 반대되지 않는다고 생각하는 전통 인문주의자들의 생각에 깊이 공감하였다. 따라서 그는 비록 기독교의 경건이 교육의 목표이지만 종교 때문에 인문주의가 희생될 필요는 없다고 생각했다. 오히려 슈투름은 하나님과 기독교에 대한 진리를 적절하게 이해하기 위해서는 고전문학에 대한 학습이 꼭 필요하다고 믿었다. [42]

특히, 슈투름은 고전문학 연구를 통해서 인간의 영혼을 수련하는 것을 교육의 중요한 과정으로 이해했다. [43] 다시 말해, 그는 인간의 영혼은 고전문학 속에 담겨있는 조상들의 지혜의 양분을 공급받음으로써 경건에 이르도록 자랄 수 있다고 믿었다. [44] 이것은 고전문학의 학습이 하나님의 말씀을 통해 주어지는 영적인 양식을 대체할 수 있다는 의미가 결코 아니다. [45] 오직 슈투름은 문학을 통해 지혜를 얻고 그것을 삶에 적용하는 훈련을 통

---

41) Sturm, "The Correct Opening of Elementary Schools," 105. Cf. Tinsley, "Johann's Sturm's Method for Humanistic Pedagogy," 29.
42) Cf. Pierre Mesnard, "La Pietas litterata de Jean Sturm et le développement à Strasbourg d'une pédagogie oecuménique (1538-1581)" in *Bulletin de la Societe de l'Histoire du Protestantisme Français* 111 (October-November-December): 281-302.
43) Johann Strum, "Academic Letters," 313; 316 in Lewis W. Spitz and Barbara Sher Tinsley, *Johann Sturm on Education: The Reformation and Humanist Learning* (St. Louis, MO: Concordia Publishing House, 1995); Johann Sturm, "Liberally Educated Nobility, for the Werter Brothers (1549)," 138 in Lewis W. Spitz and Barbara Sher Tinsley, *Johann Sturm on Education: The Reformation and Humanist Learning* (St. Louis, MO: Concordia Publishing House, 1995).
44) Strum, "Academic Letters," 313-4.
45) Strum, "Academic Letters," 314-5.

해 영혼이 성장하도록 돕는 것이 교육의 주요 역할임을 강조하는 것이다. 예를 들어 그는 다른 어떤 학문보다도 고전문학의 연구가 인간의 본성 안에 있는 악을 제거하고 도덕성과 윤리성을 개발하는 데에 매우 유익하다고 주장한다.[46] 슈투름은 다른 인문주의 종교개혁가들처럼 이교도의 지혜를 기독교 윤리와 대치되는 것으로 이해하기보다는 오히려 기독교 윤리의 전조(前兆)로 보았던 것이다. 이렇게 슈투름의 사상에서는 고전문학 연구과 경건이 밀접한 관련을 맺고 있었다.

고전문학 연구와 더불어 슈투름은 교육에서 라틴어와 웅변술 숙달의 중요성 또한 강조하였다. 그는 "인문학교의 올바른 개원에 관하여"에서 언어적 탁월함이 배움의 우선적 목표라는 것을 명확하게 하였다.[47] 왜냐하면 그는 언변의 탁월성이 경건했던 사람들로부터 공통적으로 발견되는 중요한 특징이라고 믿었기 때문이다.[48] 또한 슈투름은 올바른 수사법과 능숙한 웅변술로 표현되지 않는 지식은 별 소용이 없으며 인간으로 하여금 효과적인 행동을 기대하기 어렵게 하기 때문에, 어떤 사람이 어떤 직업을 가졌는지에 상관없이 효과적인 언변을 위해 요구되는 기술과 능력을 반드시 갖추어야 한다고 주장했다.[49]

그렇다면 구체적으로 어떻게 이러한 언변에서의 탁월함에 이를 수 있는가? 슈투름은 이를 위해서 무엇보다 먼저 라틴어에 대한 실력을 갖추어야

---

46) Sturm, "The Correct Opening of Elementary Schools," 71.
47) Sturm, "The Correct Opening of Elementary Schools," 74; Johann Sturm, "Concerning the English Nobility (1551)," 194 in Lewis W. Spitz and Barbara Sher Tinsley, *Johann Sturm on Education: The Reformation and Humanist Learning* (St. Louis, MO: Concordia Publishing House, 1995).
48) Cf. Jean Rott, "Jean Sturm, Le Premier Recteur du Gymnase et de l'Académie de Strasbourg (1507-1589)" in Georges Livet & Francis Rapp, eds, *Strasbourg Au Coeur Religieux du XVIe Siécle, Hommage a Lucien Febvre* (Strasbourg: Librairie Istra, 1977), 185-88.
49) Sturm, "The Correct Opening of Elementary Schools," 74. Cf. 슈투름은 마르바흐에게 보낸 편지에서 웅변술을 공부하면 목회자들의 설교에도 놀라운 발전이 있을 것이라고 말한다. Johann Strum, "Classical Letters," 289 in Lewis W. Spitz and Barbara Sher Tinsley, *Johann Sturm on Education: The Reformation and Humanist Learning* (St. Louis, MO: Concordia Publishing House, 1995).

한다고 주장했다.[50] 그리고 철저한 어학적 준비를 기반으로 좋은 발음, 문법적 능숙함, 수사학적 스타일의 개발이라는 세 가지 목표를 추구해야 하고 동시에 많은 단어를 암기하고 그것을 효과적으로 사용하는 능력을 길러내는 것이 중요하다고 보았다.[51] 결국 슈투름이 추구한 경건은 고전문학 연구를 통해 얻은 지혜와 웅변술과 수사학을 통해 얻은 언변의 탁월함을 기반으로 한 "지혜롭고 유창한 경건"(wise and eloquent piety)이었다.[52]

그런데 개인적 경건과 탁월함의 목적 외에도 슈투름은 한 도시의 생존과 번영을 위해서도 고전교육의 전통이 회복되어야 한다고 주장했다. 특히, 그는 고전 교육이 도시와 국가에 닥치는 재난과 어려움을 극복하는 원동력이 된다고 믿었다. 그리고 고전문학을 공부하는 것은 한 도시의 시민으로서 갖추어야 할 미덕과 올바른 행위들이 무엇인지 깨닫게 해주는 유익을 준다고 역설하였다.[53] 무엇보다, 슈투름은 고전교육이 탁월한 지도자를 양성하여 도시와 교회와 국가의 번영에 기여한다는 이유로 그 필요성을 강조했다.[54] 실제로 고전교육을 통한 교회와 국가의 지도자 양성은 당시 스트라스부르 중등학교뿐만 아니라 다른 지역의 대학예비학교들에서도 중요한 교육의 목적이었다.

한편 부써, 카피토, 오토 부룬펠스(Otto Brunfels, 1488-1534)와 같은 종교개혁가들은 비록 고전교육이 경건의 추구와 전적으로 조화될 수 있다는 슈투름의 믿음에 동의하기는 하였지만, 그의 고전인문교육에 대한 강조가 기독교에 대한 교육을 소홀히 하는 결과를 초래하지는 않을까 염려하

---

50) 슈투름의 당시에는 라틴어는 교회와 학계, 정치와 외교 등의 분야에서 일상적으로 쓰였지만, 이미 16세기 중반까지 라틴어의 전성기는 지나가고 지방어가 점점 강세를 나타내고 있었다. 따라서 슈투름은 교육에서 회화와 작문에서 라틴어의 부활에 큰 관심이 있었다. "Bibliographic Essay," 341-2.
51) Tinsley, "Johann's Sturm's Method for Humanistic Pedagogy," 30. Cf. Sturm, "The Correct Opening of Elementary Schools," 71-118.
52) Sturm, "The Correct Opening of Elementary Schools," 85.
53) Sturm, "The Correct Opening of Elementary Schools," 72.
54) Johann Sturm, "On the Education of Princes (1551)," 177-8 in Lewis W. Spitz and Barbara Sher Tinsley, *Johann Sturm on Education: The Reformation and Humanist Learning* (St. Louis, MO: Concordia Publishing House, 1995).

였다.[55] 하지만 슈투름은 종교적 가르침을 위한 기초를 닦기 위한 목적으로 행해진다면 중등학교의 시기에 웅변과 문학과 같은 고전교육에 집중하는 것은 괜찮다고 생각했다.[56] 그리고 그는 오히려 실용학문이 점차 중요시 되는 가운데 고전교육의 필요성이 경시되는 풍조가 더 큰 문제라고 생각하였다.

이와 같이 슈투름은 교육목표를 고전교육의 회복을 통해 한 개인을 "지혜롭고 유창한 경건"을 소유한 사람으로 훈련시키고, 궁극적으로는 도시와 국가의 발전에 기여하는 탁월한 지도자를 양성하는 것에 두었다. 이와 같은 고전교육의 강조는 종교 때문에 인문주의가 희생된 것이 아님을 분명하게 암시한다. 다시 말해, 슈투름의 고전교육에 대한 강조는 종교개혁가들이 인문주의의 쇠퇴를 가져왔다는 기존 학계의 주장이 오류임을 보여주는 하나의 좋은 실례가 된다.[57]

2. 교과과정(Curriculum)

슈투름의 교육철학은 그가 제안하고 실시한 교과과정에도 잘 나타난다.[58] 그가 제시한 교과과정은 학생들이 고전문학, 웅변술, 라틴어에 숙달될 수 있도록 고안된 고전적 성격을 가지고 있다는데 그 중요한 특징이 있다. 이러한 교과과정에 대한 이해는 그의 "인문학교의 올바른 개원에 관하여"와 "고전 편지들"(Epistolae Classicae, 1565)에 잘 나타나 있다. 슈투름은 이 두 저작에서 몇몇 작은 결점을 제외하고는 성 제롬 학교의 교육

---

55) Tinsley, "Johann's Sturm's Method for Humanistic Pedagogy," 28-9.
56) Sturm, "The Correct Opening of Elementary Schools," 104.
57) 종교개혁이 인문주의의 쇠퇴를 가져왔다는 기존 학계의 대표적인 주장은 다음을 참고하라. Jacob Burckhardt, *The Civilization of the Renaissance in Italy* (New York: Random House, 1954), 199-208. 종교개혁과 인문주의의 관계에 대한 논의는 다음을 참고하라. Tinsley, "Johann's Sturm's Method for Humanistic Pedagogy," 23-4.
58) 에라스무스와 브룬펠스 같은 인문주의자 및 다른 종교개혁가들의 교육사상과 슈투름의 교육 사상에 대한 비교연구는 다음을 참고하라. Matthieu Arnold, "Le projet pédagogique de Jean Sturm (1507-1589): originalité et actualité," *Revue d'histoire et de philosophie religieuses*, no. 4 (2007): 385-413.

프로그램이 매우 이상적임을 밝히고 스트라스부르의 새 중등학교를 위한
교육과정의 모델로 적극 추천한다.[59] 그리고, 중등학교 9학년 (나중에는
10학년) 동안 각각의 학년에 적합한 과목, 교과서, 교수법 및 5년 주기의
"공개강의"(public lectures)에 대한 구체적인 계획을 상세하게 제안하고
있다.

슈투름의 교과과정은 어린 학생들이 놀랍게 성장하도록 고안되었다. 현
대의 독자들은 5-6세의 어린 나이의 신입생들을 향한 슈투름의 기대치를
믿을 수 없을 것이다. 예를 들어 슈투름의 계획은 알파벳도 모른 채 입학한
학생이 그해 말에는 키케로의 짧은 편지들을 읽을 수 있도록 만드는 것이
었다.[60] 그리고 그는 학생들로 하여금 3년 뒤인 7학년에는 라틴문학 최고
걸작중의 하나로 꼽히는 버질(Virgil, 70-19 BC)의 "아이네이드"(The
Aeneid)를 정독하고, 6학년에는 호레이스(Horace, 65-27 BC)와, 카
툴루스(Gaius V. Catullus, 84-54 BC)와 같은 유명 라틴시인들의 작
품들을 연구하며, 5학년에는 헬라어 작품들을 읽기 시작하여 아리스토텔
레스(Aristotle, 384-322 BC)의 "논리학"(The Logic)을 공부하는 목
표를 세웠다. 이러한 과정을 거쳐 슈투름은 학생들이 학교과정을 마칠 때
에는 "적절한"(apt) 화술을 완벽하게 구사하고, 다른 해설자의 도움 없이
라틴어와 헬라어 작가들을 자유롭게 다룰 수 있을 만큼 철저히 훈련되기를
기대하였다.[61]

위에 언급된 저자들 외에도 슈투름의 교과과정은 학생들이 중등학교 재
학 중에 매우 다양한 고전작가들을 공부하였음을 보여준다. 가령, 라틴작
가들 중에서는 키케로, 버질, 호레이스, 테렌스(Pubulius T. Terence,
195-159 BC), 티블루스(Albius Tibullus, 55-19; BC), 플라우투스

---

59) Tinsley, "Johann's Sturm's Method for Humanistic Pedagogy," 24.
60) Sturm, "The Correct Opening of Elementary Schools," 88-9.
61) Sturm, "The Correct Opening of Elementary Schools," 103. 슈투름은 "적절한"(apt)의
의미를 다음과 같이 설명한다: "나에게 '적절한'은 문학적(literary)이고, 배움(learning)에 의해
서 잘 장식되었고, 자유로운 인간에게 합당하고, 경우와 사람에게 적합한 것을 의미한다." Ibid.
cf. Tinsley, "Johann's Sturm's Method for Humanistic Pedagogy," 27.

(Titus M. Plautus, 254-184 BC), 카이사르(Julius Caesar, 100-44 BC), 살루스티우스(Sallust, 86-35 BC) 등을 학습했다.[62] 하지만 그중에서도 슈투름이 가장 선호했던 인물은 키케로였다. 헬라작가들 중에서는 이솝 (Aesop, 620-564 BC), 호머(Homer), 데모스테네스 (Demosthenes, 384-322 BC), 아리스토텔레스, 플라톤(Plato, 428/427-348/347) 등을 공부하였다. 이러한 작가들은 정규학습 뿐만 아니라 공개강의에서도 주요 배움의 대상이 되었다. 구체적인 과목들을 위해서 작가의 범위는 더욱 세분화되었는데 예를 들어 역사수업을 위해서는 헤로도토스(Herodotus, 484-425 BC), 투키디데스(Thucydides, 460-395 BC), 제노폰(Xenophon, 430-354 BC), 리비(Livy, 64/59 BC-AD 17) 등을 공부하였다.[63]

이처럼 슈투름의 교과과정은 교육의 강조점이 기독교작가들이 아니라 인문고전작가들에 있음을 분명하게 보여준다.[64] 다른 대부분의 인문주의자들처럼 슈투름은 학교에서는 학생들이 고전작가들의 원전을 읽는 것을 장려했고, 나머지는 가정교육에 맡겼다. 가령, 학교에서는 학생들이 최고로 꼽히는 고전작가들의 작품들을 읽는 것에 집중하는 대신, 교부의 저작들 또는 스콜라주의 주석서나 논문들은 각자의 집에서 방과 후에 개인적으로 학습하기를 권면했다.[65] 성경에 대한 연구와 교리문답의 학습 역시 교과과정에 포함되긴 하였지만 고전작가들에 대한 비중과 비교해 볼 때 중등학교에서는 이들에 대한 학습이 상대적으로 덜 강조되었음을 알 수 있다.

정규과정 외에 개설된 공개강의는 젊은이들에게 그들이 대학에 가기 전에 문학, 의학, 법학 그리고 신학에 대한 개론적 이해를 갖추도록 고안된 것이었다. 정규과정과는 달리 자유스러운 분위기여서 학생들의 출석을 반

---

62) Sturm, "The Correct Opening of Elementary Schools," 88-103;
63) Sturm, "The Correct Opening of Elementary Schools," 107. Cf. Tinsley, "Johann's Sturm's Method for Humanistic Pedagogy," 27.
64) 슈투름의 교육목표와 더불어 교과과정 역시 인문주의 전통을 배척하기 보다는 오히려 그것을 적극적으로 장려하고 있음을 명백하게 확인할 수 있다.
65) Sturm, "The Correct Opening of Elementary Schools," 106.

드시 요구하지는 않았다. 하지만 슈투름은 매일 네 시간 정도의 공개강의
는 대학에서의 학업을 위해서 꼭 필요한 것이라고 학생들을 설득하였다. 그
는 또한 학생들이 앞으로 자신들이 택한 전공 이외의 강의에도 참석하도록
격려했다. 슈투름은 특정 전공분야라는 너무 좁은 분야에만 학생들이 전문
성을 갖게 되기를 원치 않았던 것이다. 따라서 다양한 종류의 강의가 제공
되었는데, 예를 들어 학생들의 인문학적 소양을 더욱 넓히기 위해서 헬라
의 희극들(the Greek comedies)에 대한 강좌가 개설되기도 하였다.[66]

　슈투름의 교과과정에서 발견되는 한 가지 흥미로운 점은 히브리어 학습
에는 상대적으로 관심이 매우 덜 했다는 것이다. 그 첫 번째 이유는 고대
근동 지역에서 기원한 히브리어의 학습이 라틴어와 헬라어를 익히는 것을
방해할지도 모른다는 두려움 때문이었다.[67] 두 번째는 당시 많은 개신교
대학들의 히브리어에 대한 지나친 심취를 부정적으로 보았기 때문이었
다.[68] 따라서 교과과정에서 히브리어 학습기회는 주로 고학년의 선택과목
정도로 제공되었다.[69] 슈투름은 미래에 목사가 되고자하는 학생들은 히브
리어 준비에 관심이 많겠지만 대학에 입학한 뒤 공부해도 늦지 않다고 생
각했던 것이다.

　한편 슈투름의 교과과정이 고전인문주의 교육에 집중하고 있었지만 그
렇다고 신학교육을 전적으로 무시한 것은 결코 아니다. 학생들은 성경과
교리문답 등을 배웠다. 그리고 상급학생들은 기독교 교리와 주요 신학논
쟁, 그리고 개신교 신학자들의 주석서 등을 공부하고 이에 대해 토론 할 기
회를 가졌다.[70] 하지만 슈투름은 중세교회의 타락에 매우 큰 영향을 미쳤
던 스콜라주의 신학이 개신교 내에서 다시금 영향을 미칠지 모른다는 노파
심 때문에 중세 스콜라주의 주석서들은 매우 기피했다. 그는 스콜라주의
주석서들의 저자들을 "야만적 무리들"(barbarous crowd)이며 거기에 나

---

66) Sturm, "The Correct Opening of Elementary Schools," 105-6; 109-12.
67) Sturm, "Liberally Educated Nobility," 139.
68) Mesnard, "The Pedagogy of Johann Sturm," 213.
69) Sturm, "The Correct Opening of Elementary Schools," 104.
70) Sturm, "The Correct Opening of Elementary Schools," 104.

오는 화법들은 "초라하고"(shabby), "끔찍하며"(hideous) 그 내용은 "비
지성적이고"(unintelligible), "타락한"(corrupted)이라는 표현을 쓸 정
도로 신랄하게 비판하였다.[71]

그리고 슈투름은 귀족교육의 중요성에 대해서도 인식하고 귀족자제들을
위한 특별한 교육과정도 제안했다. 규정상으로 스트라스부르 중등학교에
서의 교육 기회는 누구에게나 열려있었다. 하지만 실제로 상류층 또는 귀
족의 자녀들이 학생의 대부분이었다. 귀족자제들을 위한 슈투름의 교육에
대한 고민은 특별히 1549년 발표한 "베르터 형제들을 위하여, 인문학교육
을 받은 귀족들"(Ad Werteros fratres, Nobilitas literata)이라는 논
문에 잘 나타나있다. 이 논문은 어떤 귀족집안에서 슈투름에게 집에서 어
떻게 자녀들을 교육해야 하는지에 대해 조언을 구한 것에 대한 응답으로 씌
어진 것이다. 슈투름은 이들이 이미 상당한 라틴어와 헬라어, 논리학과 수
사학에 대한 지식이 있음을 알았다. 따라서 슈투름은 3년간의 집중 학습계
획을 제안하였다. 이것은 5년간의 공개강의와 동등한 분량의 교육으로 상
당한 집중력과 절제, 그리고 부지런함을 요구하는 프로그램이었다. 슈투
름은 독서목록과 함께 구두 및 작문 훈련 계획을 제시하였고, 이들이 탁월
한 언변능력을 습득하고 정치학과 같은 다방면에 지식을 갖출 수 있도록 권
면하였다.[72]

3. 교육방법 (The Method of Teaching)

슈투름은 그의 저술들을 통해서 효과적인 교수사역을 위한 다양한 방법
들을 제시한다. 먼저 그는 학습의 효율성에 관련해서 여러 제안을 하는데
예를 들어 교사들은 학생들에게 너무 오랜 시간 공부하도록 부담을 주어서
는 안 되며, 쉬는 시간을 꼭 가질 것을 당부한다. 그리고 한 장소에서 너무

---

71) Strum, "Concerning the English Nobility," 193-4. 하지만 슈투름은 구체적인 저자들의
   이름이나 주석서의 이름들을 언급하지는 않는다. Ibid.
72) Strum, "Liberally Educated Nobility," 135-73.

오래 공부하는 것도 학생들의 마음을 무디어지게 만드니 피해야 하고, 진도를 나가는 속도 또한 학생들의 지적 수준이 감당할 수 있을 정도로 지혜롭게 완급을 조절할 것을 교사들에게 조언한다. 수업시간에 주제를 다루는 면에 있어서도 슈투름은 여러 가지 조언을 하는데 가령, 교사들에게 한 가지 주제를 학생들이 숙지하기 전에는 다른 주제로 넘어가는 것을 피하고 한꺼번에 너무 여러 가지 주제를 공부하지 말 것을 권면한다. 하지만 필요 이상으로 한 주제에 너무 오래 머무르면 학생들에게 지루함을 주기 때문에 다양한 주제를 가지고 학생들에게 접근하는 것도 중요함을 역설한다. 교사들의 언변에 관해서도 슈투름은 주의를 기울이는데 수업시간 중에 너무 길게 또는 빠르게 말하는 것은 학생들을 피곤하게 하고 기억을 방해하는 등 학습효과에 매우 좋지 않음을 지적한다. 따라서 교사들은 가장 좋은 설명방법이 무엇인지를 늘 고민하고, 되도록 쉽게 설명하기 위해 노력하고, 설명할 때에는 좀 여유 있고 편안한 자세로 학생들에게 다가갈 것을 조언한다.[73] 이외에도 슈투름은 효과적인 학습을 위해서는 과목의 배치 또한 중요함을 주장하였다. 그는 학생들이 보다 쉽고 기본적인 과목들을 우선적으로 공부하도록 함으로써 학습의욕을 잃지 않고 즐겁게 수업에 임할 수 있게 하였다. 예를 들면 그는 하루의 수업 일과 중에 어학의 기초가 되는 문법을 첫 시간에 두었고 그 이후에 변증학과 수사학을 공부하게 함으로써 학습효과의 증진을 기대하였다.[74] 그리고 학습능률을 고려하여 암기시간은 아침에 배정하고 지난 수업 내용을 복습하는 시간은 오후에 갖도록 조언하였다.[75]

슈투름의 강의방법은 기본적으로 주입식 원리에 기초하고 있다. 이 방법은 간단하지만 라블레(François Rabelais, 1494-1553)에서 코메니우스(John Amos Comenius, 1592-1670)에 이르기까지 모든 인문주의

---

73) Sturm, "The Correct Opening of Elementary Schools," 92-3.
74) Johann Sturm, "For the Lauingen Schools," 213 in Lewis W. Spitz and Barbara Sher Tinsley, *Johann Sturm on Education: The Reformation and Humanist Learning* (St. Louis, MO: Concordia Publishing House, 1995).
75) Sturm, "For the Lauingen Schools," 222.

교육가들이 기본적으로 사용한 방법론이다.[76] 주입의 방법은 암기, 반복, 분석, 휴식(recompose), 모방(imitation)과 같은 일련의 과정들로 이루어진다.[77] 예를 들어, 그는 고전 시나 산문의 문장이나 단락을 그리고 문법적 규칙들을 암송하고, 반복하여 학습하고, 모방함으로써 그것들을 철저하게 익히도록 하였다. 이중에서도 슈투름은 특히 배움의 핵심이 기억에 있다고 믿고 암기의 중요성을 강조하였다.[78] 그는 이러한 주입의 과정이 지속적으로 반복해서 이루어질 때 큰 학습효과를 기대할 수 있다고 생각했다.[79]

그리고 슈투름은 주입의 과정을 통해 얻은 지식을 바탕으로 학생들이 끊임없는 훈련을 통해 각각의 분야에서 계속적인 진보를 경험하도록 학생들을 지도하였다. 특히, 그는 학생들로 하여금 낮은 수준으로부터 시작해 높은 수준에 이르는 탁월함을 계속적으로 추구하도록 격려하였다. 예를 들어 슈투름은 학생들의 라틴어 실력향상을 위하여 먼저 주입식 방법을 통해 많은 단어들을 암기하게 하고 라틴어의 문법적 그리고 수사학적 지식을 갖추게 한 뒤, 쉬운 단어와 문장에서 시작하여 복잡한 문장에 이르기까지, 점진적으로 난이도를 향상해가면서 매일 꾸준히 라틴어를 연습하도록 하였다.[80] 슈투름은 이렇듯 평범하면서도 단순하게 보이는 주입, 반복, 그리고 꾸준한 노력을 통한 진보라는 원리를 어떤 학문이든, 어떤 단계의 과정이든 동일하게 적용되는 학습원리로 생각했다.[81] 하지만 이러한 원리는 학생의 나이와 능력, 그리고 선생님의 능력과 기호에 따라서 다르게 활용되어

76) Mesnard, "The Pedagogy of Johann Sturm," 209.
77) Mesnard, "The Pedagogy of Johann Sturm," 210.
78) Tinsley, "Johann's Sturm's Method for Humanistic Pedagogy," 36; "Bibliographical Essay," 354. 슈투름의 교수법에서 암송에 대한 강조는 다음을 참조하라. William Melczer, "La Pénsee Éducative de Jean Sturm dans Les Classicae Epistolae" in Jean Boisset, ed, La Réforme et l'Éducation (Toulouse: Edouard Privat, 1974). Cf. 슈투름은 모방(imitation)의 방법도 중요한 교수원리로 사용하였다. 이를 위해서는 Strum, "Liberally Educated Nobility," 157–66을 보라.
79) Mesnard, "The Pedagogy of Johann Sturm," 210.
80) Mesnard, "The Pedagogy of Johann Sturm," 210.
81) Mesnard, "The Pedagogy of Johann Sturm," 209.

야 한다고 믿었다. 따라서 슈투름은 과목에 따라 그리고 학년에 따라 원리는 같아도 구체적인 활용방법에서는 서로 다른 교수법을 제안했다. 예를 들어, 슈투름은 라틴어의 학습에 있어서 아직 응용능력이 떨어지는 9학년부터 7학년까지의 저학년의 학생들에게는 주로 단어와 문장 등의 단순 암기에 초점을 두는 반면, 3학년부터 1학년까지의 고학년의 학생들은 암기한 것들을 자기의 것으로 만들어 세련되게 표현할 수 있도록 웅변과 수사학적 훈련에 더욱 집중하게 하였다.[82]

그런데 방법론적인 면도 중요하지만 슈투름은 교사의 자질 또한 성공적인 학습을 위해 매우 중요한 요소로 보았다.[83] 그는 "성실성"(conscientiousness)을 교사가 갖추어야 할 첫 번째 자질로 여겼고 뛰어난 "지식"(knowledge)과 "잘 가르칠 수 있는 능력"을 갖추어야 한다고 생각했다.[84] 그리고 "인문학"(humanities)과 "미덕"(virtue), 그리고 "가르침에 대한 열정"을 가진 사람이 교사로 선택되어야 한다고 믿었다.[85] 슈투름은 이러한 능력과 자질들을 갖춘 교사가 학생들을 잘 지도할 수 있고 어려운 배움의 과정을 즐거운 시간으로 만들 수 있다고 믿었다. 이에 덧붙여 슈투름은 교사는 단지 잘 가르치는 것뿐만 아니라 올바른 종교적 신앙관과 뛰어난 경건성을 소유해야 한다고 믿었다.[86] 그래야 자신의 학생들을 경건한 신앙 속에서 바르게 지도할 수 있다고 보았기 때문이다.

슈투름은 교사뿐만 아니라 학생의 교육을 위해서는 부모의 역할 또한 중요함을 역설하였다. 그에 따르면 부모의 역할은 한마디로 교사의 역할을 보충하는 것이다. 구체적으로 슈투름은 자녀들이 고전인문학을 사랑하고,

82) 이를 위해서는 Sturm, "For the Lauingen Schools" 201-48을 보라.

83) Tinsley, "Johann's Sturm's Method for Humanistic Pedagogy," 33.

84) Sturm, "The Correct Opening of Elementary Schools," 116-8; Sturm, "For the Lauingen Schools," 215; 220. 여기서의 성실성은 학생들이 첫째, 학생들이 이미 알고 있는 것은 무엇이고 둘째, 그들이 모르고 있는 것은 무엇이며 셋째, 어떤 방법이 학생들을 지도하기에 가장 좋은 방법인지를 성실하게 살피고 연구하는 것을 말한다. Sturm, "On the Education of Princes," 179

85) Sturm, "The Correct Opening of Elementary Schools," 76.

86) Sturm, "On the Education of Princes," 181-2; Sturm, "The Correct Opening of Elementary Schools," 74.

배운 것을 삶에 적용하도록 격려하고, 교사들의 가르침에 집중하도록 도우며, 집안의 허드렛일로 공부가 방해받지 않도록 하고, 자녀들을 칭찬하고 격려할 뿐만 아니라 잘못을 범했을 때에는 훈계와 징계하는 것이 부모의 역할임을 주장하였다.[87]

한편 슈투름은 자신의 경험적 관찰로부터 얻은 아동심리와 교육심리에 대한 지식을 교수법에 적극 활용하였다. 실례로 그는 학생들에게 학업의 동기를 부여하고 격려하기 위해서 상과 칭찬의 방법을 사용하였다.[88] 그리고 모든 학생들이 같은 속도로 진보를 이루지 않고 개인 능력에 따라 배움의 속도에서 편차가 있을 수 있음을 인식하여 학습 진행의 속도를 학생별로 유연하게 조절하도록 하였다.[89] 때로는 학생들의 학습 의욕과 노력을 촉진시키기 위해서 그들 사이의 경쟁을 유도하기도 하였다.[90] 이 외에도 게임과 산책, 운동과 같은 재창조 활동이 학습 효과를 증진시킨다는 것을 알고 이들을 활발하게 사용하였다.[91]

이와 같이 슈투름은 학생들에게 신체에는 적절한 운동을 그리고 정신에는 깊이 있고 유쾌한 지식을 제공함으로 교육훈련을 즐거운 것으로 만들고자 하였다. 하지만 동시에 슈투름은 징계와 매질 또한 학생들의 훈육을 위해서 꼭 필요한 교육방법 임을 역설하였다.[92] 그리고 징계와 매질은 귀족의 자제라고 해서 예외가 아니라고 생각했다. 그들은 모든 사람을 대표해서 앞으로 중요한 직무를 감당해야 하는 사람들이기에 오히려 징계와 매질은 더욱 중요하고 아무리 높은 신분의 자제라 할지라도 체벌을 기꺼이 받는 사람만 계속 학교에 남아있을 수 있음을 명확히 했다.[93]

그런데 슈투름이 제안하고 사용했던 교수법들은 그의 교과과정의 경우

---

87) Sturm, "The Correct Opening of Elementary Schools," 77-8.
88) Sturm, "The Correct Opening of Elementary Schools," 83.
89) Sturm, "The Correct Opening of Elementary Schools," 78-9.
90) Sturm, "The Correct Opening of Elementary Schools," 83.
91) Sturm, "For the Lauingen Schools," 248.
92) Sturm, "For the Lauingen Schools," 223.
93) Sturm, "The Correct Opening of Elementary Schools," 82-3.

처럼 성 제롬 대학의 영향을 많이 받았다. 예를 들어 그가 주입의 단계에서 사용한 암기의 방법이나 웅변술의 향상을 위해 사용했던 모방, 낭독(declamations), 극들의 실습(performance of plays), 그리고 라틴어를 익히기 위해 사용했던 단어장(word-diaries)의 사용 등은 성 제롬 대학을 세운 공동 삶의 형제단의 교수법을 모델로 삼은 것이다.[94] 공동 삶의 형제단 외에도 슈투름은 루돌프 아그리콜라(Rudolf Agricola, 1444-1485)와 멜랑흐톤의 영향도 많이 받았다. 가령, 슈투름은 아그리콜라의 변증학과 논리학을 학생들에게 고전문학을 가르칠 때 활용하였고, 각 과목에서 배운 지식들을 논리적이고 체계적인 방법으로 정리하기 위해서는 멜랑흐톤의 "근본 주제들"(Loci Communes)의 방법을 적극적으로 수용하였다.[95]

4. 교육 사역의 영향과 의의

교육가로서의 슈투름의 탁월성은 스트라스부르 중등학교로 하여금 세계적인 명성을 얻게 하였고, 그곳을 당대에 유럽에서 가장 많은 학생이 공부하는 학교들 중의 하나가 되게 하였다. 그의 생전뿐만 아니라 슈투름이 주도한 스트라스부르의 교육개혁의 영향은 그의 사후에도 오랫동안 지속되었다. 특히, 슈투름이 길러낸 제자들은 독일 도처에 세워진 학교에서 슈투름처럼 교장과 선생이 되어서 학교교육에 많은 영향을 미치게 된다. 이들은 슈투름이 제시한 "학식 있는 경건"의 추구라는 교육의 목표, 인문주의적 교과과정, 이것들을 실현하기 위해 제시된 교수법 등을 계승하여 슈투름의 사상이 독일에서 뿌리내리고 열매를 맺는데 큰 역할을 하게 된다.[96]

---

94) "Bibliographical Essay," 348-9; 407.
95) Tinsley, "Johann's Sturm's Method for Humanistic Pedagogy," 30-1; "Bibliographical Essay," 344.
96) Tinsley, "Johann's Sturm's Method for Humanistic Pedagogy," 39; "Bibliographic Essay," 357-8; Melczer Mark Lienhard and Jakob Willer, *Strassburg und die Refomation* (Strasbourg: Mirstadt Verlag, 1981).

독일뿐만 아니라 스트라스부르 중등학교의 교과과정과 교수법에 나타난 슈투름의 교육철학과 사상은 전 유럽에 교육을 위한 하나의 모델이 되었다. 예를 들어 1565년 라우잉겐(Lauingen) 지역의 교육개혁을 위해서 슈투름이 발표한 "라우잉겐 학교를 위하여"(For the Lauingen School)라는 논문은 스트라스부르 중등교육의 핵심사항들을 정리해 둔 것으로 로빙겐 지역뿐만 아니라 폴란드의 칼빈주의 학교들의 지침서로써 널리 사용되었다.[97] 심지어 슈투름의 영향력은 독일과 대륙을 넘어 영국까지 미치게 되는데, 가령 영국의 교육을 재건하였던 위대한 영국의 인문주의 교육가인 로저 애스컴(Roger Ascham, 1515-1565)의 사상의 형성에도 많은 영향을 주게 된다.[98]

슈투름의 교육사역은 결국 종교개혁에 직간접적으로 영향을 미치게 된다. 무엇보다 피터 라무스 같이 개혁운동을 이끌어갈 많은 지도자들을 양성함으로써 종교개혁에 이바지한다.[99] 즉, 철저한 고전인문주의 교육을 통해 실력을 갖춘 개신교 지도자들은 로마 가톨릭에 맞서 새로운 영적인 질서를 유럽에 세우는 데에 큰 역할을 하게 된다. 뿐만 아니라 중세 스콜라주의 교육의 한계를 벗어나 고전교육에 바탕을 둔 기독교 교육의 구체적인 모델을 제시함으로써, 종교개혁의 정신을 계승할 지도자들을 양성하기 위해 필요한 교육체계를 세우는데 많은 공헌을 하게 된다. 결국, 인문주의 교육을 기독교의 경건과 결합시킨(pietas litterata) 교육체계의 수립은 종교개혁의 숨은 원동력이자 그가 후세에 남긴 가장 큰 유산이 되었다.[100]

---

97) Tinsley, "Johann's Sturm's Method for Humanistic Pedagogy," 35.
98) 슈투름이 애스컴에 미친 영향에 관해서는 다음을 참고하라. Lawrence V. Ryan, *The School-master* (1570) *by Roger Ascham* (Charlottesville: University Press of Virginia, 1967), 118; Friedrich A. Arnstadt, *Rober Ascham ein Englischer Pädagog des XVI. Jahrhunderts and seine geistliche Verwandtschaft mit Johannes Sturm* (Oster: F.E. Neupert, 1881).
99) 슈투름이 라무스에 미친 영향에 관해서는 다음을 참고하라. Walter Ong, Ramus Method and the Decay of Dialogue (Cambridge: Harvard University Press, 1958).
100) "Bibliographic Essay," 342-3.

결론

요한 슈투름은 중세 스콜라주의 교육의 폐해를 극복하고 학교 교육의 개혁과 발전을 이루기위해서 평생을 헌신한 사람이었다. 이런 면에서 볼 때 슈투름은 신학자라기보다는 교육가로서 종교개혁 운동에 동참한 사람이라고 보는 것이 타당하다. 그는 기독교 교육에 고전교육을 적극적으로 수용함으로써 중세 스콜라주의의 한계를 넘어섰고 새로운 시대의 필요와 요구에 부응하였다. 그가 제안한 교수법과 교과과정은 슈투름의 사후에도 독일을 넘어 전 유럽에도 영향을 미쳐 많은 학교들이 슈투름의 교육사상을 따라 학교교육을 개혁하게 된다. 이런 점들을 고려할 때 역사가 그를 "16세기 위대한 교장들(rectors) 중에서 가장 위대한 자"라고 평가하는 것은 결코 지나친 것이 아니다.[101]

---

101) Ficker, "Johannes Strum," 122.

안드레아스 히페리우스의 생애와 신학

황대우 (고신대학교, 역사신학)

서론

한국개신교회에 알려진 종교개혁자들은 생각보다 그렇게 많지 않다. 겨우 이름만 소개되었거나, 아예 이름조차 알려지지 않은 종교개혁자들이 많다는 뜻이기도 하다. 그 가운데 한 명이 말부르크(Marburg) 도시의 종교개혁자 히페리우스다. 말부르크는 영주 필립(Philipp)이 다스리던 독일 중부 헷세(Hesse) 지역의 수도 가운데 하나였다. 이 도시는 북부 독일 비텐베르크(Wittenberg)의 루터를 비롯한 1세대 루터주의자들과 스위스 취리히(Zürich)의 츠빙글리, 남부 독일 스트라스부르(Strasburg = Straßburg)의 마틴 부써(Martin Bucer)를 비롯한 1세대 개혁주의자들 사이에 벌어진 1520년대 성만찬 논쟁을 종식시키고 개신교 연합을 도모하기 위해 모인 1529년의 말부르크 담화(Marburg Colloquy)로도 유명한 도시다.

한국에는 아직도 말부르크 도시의 종교개혁에 대해서는 알려진 것이 거의 없다. 이 도시는 1529년 이후 개신교 진영이 되었다. 그 도시의 개혁은 헷세의 영주 필립에 의해 주도되었고 1527년에는 그곳에 대학을 세웠는

데, 이것이 말부르크 대학의 전신이다. 이 대학은 독일에 설립된 최초의 개
신교 대학이다. 1529년의 말부르크 담화를 주선한 인물도 헷세의 영주 필
립이었다. 필립은 헷세 지역의 종교개혁을 위해 초기에는 루터와 멜랑흐톤
(Melanchthon)의 자문을 많이 받았으나, 1529년 이후에는 부써의 영향
을 많이 받았다.

헷세 지역의 종교개혁은 1526년 슈파이어(Speyer) 국회의 휴전을 계기
로 프랑수와 랑베르(François Lambert)의 도움을 받아 시작되었고,
1531년 쉬말칼트(Schmalkald) 동맹을 맺어 종교개혁을 수용한 지역의
정치적 연대를 강화했다. 쉬말칼트 전쟁 중에 필립의 중혼 사실이 밝혀짐
으로써 개신교 연합이 전쟁에서 패배하는 결과가 초래되었다. 필립은
1547년부터 1552년까지 황제에 의해 감옥생활을 해야 했으나 1555년
아욱스부르크(Augsburg) 평화조약으로 종교적 안정을 되찾게 되어 헷
세 지역의 종교개혁을 계속해서 추진해 나갈 수 있었다. 헷세 지역 교회의
교리적 기초는 1530년의 아욱스부르크 신앙고백과 1536년 루터와 부써
사이에 작성된 비텐베르크 일치신조였다.[1]

히페리우스의 종교개혁적 입장은 종교개혁의 여러 교파들 어디에도 치
우치지 않는 중립적인 것으로 평가된다.[2] 이것은 아마도 독일 북부와 남부
의 중간 지대인 헷세의 지정학적 위치와 그 자신의 인문주의적 성향과 무
관하지 않을 것이다. 하지만 히페리우스의 신학을 중립으로 평가하는 것이
정당할까? 그는 독일의 종교개혁자였으나 루터주의자가 아니었고, 그렇다
고 멜랑흐톤을 따르는 필립주의자도 아니었다. 오히려 그의 신학은 독일
남부의 개혁파 종교개혁자들의 입장과 더 가까웠다. 본 논문에서는 히페리
우스의 생애와 신학을 짧게나마 살펴봄으로써 그가 누구에게 영향을 받았

---

1) 참조. William J. Wright, "Hesse,"in The Oxford Encyclopedia of the Reformation,
Vol. 2 (New York & Oxford: Oxford University Press, 1996), 235-236. 'The Oxford
Encyclopedia of the Reformation, Vol. 2'는 이후로 'OER 2'로 표기.
2) Gerhard Rau, "Hyperius," in OER 2, 299: "Hyperius took an intermediate position
between the various wings of reform."

으며 그의 입장이 무엇이었는지 좀 더 분명하게 판단할 수 있는 근거를 제
공할 것이다.

생애

16세기에 세워진 최초의 개신교 대학인 말부르크 대학(Marburger
Universität)의 교수로 잘 알려진 종교개혁자 안드레아스 히페리우스
(Andreas Hyperius. 1511-1564)는 독일 출신이 아니라 네덜란드 출
신이다. 히페리우스는 1511년 이프러(Ypres)에서 태어났는데, 이곳은
플란더르(Flander) 지방에 속한 도시로서 지금 프랑스 북부에 인접한 벨
기에 남부 도시지만, 벨기에가 독립한 1830년대 이전에는 네덜란드 도시
였다.[3] 이프러의 라틴어 지명이 히페라(Hypera = Ipra = Ypra) 혹은 히
프라에(Hyprae)이고,[4] 본명 안드레아스 헤이라에르츠(Andreas
Gheeraerdts)의 라틴어 이름 히페리우스는 바로 이 지명에서 유래한 것
이다.[5] 불어식 명칭 이프러(Ypres)라는 이름이 널리 알려진 도시 명칭이
지만, 네덜란드어 공식 이름은 이퍼르(Ieper)다. 네덜란드에서는 이 도시
를 이퍼른(Ieperen) 혹은 에이퍼른(Yperen)으로 부르고 독일어로는 이

---

3) *Gerhard Krause, Andreas Gerhard Hyperius: Leben – Bilder – Schriften* (Tübingen:
  J.C.B. Mohr (Paul Siebeck), 1977), 12: "Andreas Geradus Hyperius, Hyperis est
  natus, inclyto Flandriae oppido." 히페리우스 생애에 대한 최초의 기록은 그의 제자이자 말
  부르크 대학 교수인 비간트 오어트(Wigand Orth)가 그의 죽음을 애도하는 뜻에서 작성한 1564
  년 2월 27일자 장례연설이다. 크라우즈는 자신의 책에 그 라틴어 장례연설을 독일어로 번역한 번
  역본을 원문과 대조하여 볼 수 있도록 실었다. 비간트 오어트는 히페리우스 아내의 조카로 피터 마
  터 버미글리(Peter Martyr Vermigli)와 히에로니무스 잔키우스(Hieronimus Zanchius)에게
  서 배웠으며, 1560년 23세의 아주 젊은 나이에 말부르크 대학 철학부에서 히브리어와 구약을 가
  르치는 교수가 되었고, 1562년에는 신학부 교수가 되었다. 비간트 오어트에 대한 더 자세한 정보
  에 대해서는 다음 참고. Krause, *Andreas Gerhard Hyperius*, 48.
4) Johann Gustav Theodor Graesse & Friedrich Benedict, *Orbis latinus oder Verze-
  ichnis der wichtigsten lateinschen Orts- und Ländernamen* (Berlin: transpress VEN
  Verlag, 1980), 161.
5) Krause, *Andreas Gerhard Hyperius*, 1. 히페리우스(Hyperius)라는 라틴어 이름은 16세
  기 당시 인문주의의 영향으로 헬라식 혹은 라틴식 작명이 유행했는데, 이러한 유행에 따른 것이었
  다.

퍼른(Ypern)으로 표기한다.[6] 그 지명이 복수 형태로 되어 있는 이유는 아마도 라틴어 명칭 자체가 복수이기 때문인 것으로 보인다.

그는 1511년 5월 16일 저녁 6시경에 태어났다. 히페리우스와 동명인 그의 아버지 안드레아스 헤이라에르츠(라. Andreas Gerardus)는 이퍼른에서 유명한 변호사였고, 그의 어머니 카테리나 쿠츠(Catherina Coets)는 벨기에 헨트(Gehnt = Gent) 지역의 귀족가문 출신이었다.[7] 그의 부모는 히페리우스의 나이 11세에 그를 당대의 유명한 시인 아코부스 파파(Jacobus Papa)에게 보내어 배우도록 했는데, 이 학교에서 그는 헬라어와 히브리어 문헌까지 다룰 수 있었던 석학 얀 세파누스(Jan[라. Joannis] Sepanus)의 가르침도 받았다. 그가 13세 때에는 고전 학문과 불어를 배우기 위해 리여(Lille)로 갔고, 그 다음 해에는 도우르닉(Doornik = 불. Tournai)로 가서 니콜라우스 부스코두켄시스(Nicolaus Buscoducensis)에게서 배우려고 했으나 학교가 문을 열지 않아 고향으로 돌아왔다.[8]

그의 아버지가 1525년 6월 12일에 돌아가신 후 그의 어머니는 아들 히페리우스를 파리로 보내어 공부를 시키려고 했으나 당시 황제 칼(Karl) 5세와 프랑스 왕 프랑수와(François) 1세 사이에 벌어진 치열한 전투 때문에 보내지 못하다가, 전쟁이 끝나자마자 아들을 파리로 보내었고, 황제 칼 5세와 프랑스왕 프랑수와 1세 사이에 휴전협정이 체결되었을 때 히페리우스는 1528년 7월 31일에 처음으로 파리에 무사히 도착할 수 있었다. 파리에서 3년간 변증법(=토론술)과 수사학을 배우면서 아리스토텔레스의 물리학 서적들을 탐독하는 교육을 받고 석사학위를 취득하여 고향으로 돌아왔다.[9]

집으로 돌아온 다음 해인 1532년에 히페리우스는 공부를 계속하기 위해

---

6) Krause, *Andreas Gerhard Hyperius*, 49. 이후 특별한 이유가 없는 한 이 지명을 '이퍼른'으로 표기한다.
7) Krause, *Andreas Gerhard Hyperius*, 12.
8) Krause, *Andreas Gerhard Hyperius*, 12-14.
9) Krause, *Andreas Gerhard Hyperius*, 14-16.

다시 파리로 떠났다. 이 당시 그는 파리 학교의 신학부에서 신학을 공부하는 것에 관심을 갖기 시작했다. 그래서 신학자들의 강의를 듣기 위해 부지런히 찾아다녔다. 또한 언어를 가르치는 교수들에게도 관심이 많았는데, 그들 중에는 개혁파 교육자요 신학자인 요하네스 슈투름(Johannes Sturm)도 있었다.[10] 슈투름은 리에쥬(Liège)와 스트라스부르의 라틴어 학교를 방문한 후 1524년부터는 루뱅(Leuven)에 있는 히브리어, 헬라어, 라틴어 세 개의 언어를 가르치는 학교에서 교사가 되었고 동시에 헬라어 선생 니콜라 클레나르(Nicolas Clénard)의 제자가 되었으며, 1529년에는 파리로 가서 1531년까지 머물면서 후에 왕립학교라 불리게 될 학교에서 고전어와 수사학과 변증법을 가르쳤다.[11]

16세기 당시 파리 대학에는 모두 4개의 학부, 즉 신학부, 교회법학부, 의학부, 철학인문학부가 있었는데, 히페리우스는 그 네 개 학부의 강의를 들었던 것으로 보인다.[12] 히페리우스는 3년 동안 프랑스와 이탈리아의 학자들을 찾아다니며 배우다가 1535년에 다시 고향으로 돌아왔으나 곧장 루뱅으로 떠났고 프랑스에 있는 자신의 서재를 그곳으로 옮겼으며 헬더르란트(Gelderland), 프리슬란트(Friesland), 위트레흐트(Utrecht), 홀란트(Holland), 제일란트(Zeeland) 등 네덜란드 곳곳을 유랑하며 다녔다.[13]

그의 나이 26세인 1537년에는 유명한 대학들과 학자들을 방문하는 일에 의미를 부여하고 쾰른(Köln), 말부르크(Marburg), 에르푸르트(Erfurt), 라치프치히(Leipzig), 비텐베르크(Wittenberg) 등지를 방문했다. 그 해 8월말에 고향으로 돌아왔으나 복잡한 상황으로 인해 이탈리아로 가게 되었지만, 1536-38년 사이에 벌어진 황제와 프랑스왕 사이의 3차 전쟁 때문에 혼란스러운 이탈리아를 황급히 빠져나와 영국으로 가게 되었

10) Krause, *Andreas Gerhard Hyperius*, 16.
11) Krause, *Andreas Gerhard Hyperius*, 65.
12) Krause, *Andreas Gerhard Hyperius*, 64.
13) Krause, *Andreas Gerhard Hyperius*, 16.

다. 영국에서 히페리우스는 책을 통해서만 알았던 유명한 사람들을 만나게 되었는데, 그 중에는 마운트조이(Mountjoy)의 윌리엄 블라운트(William Blaunt) 경의 아들 찰스 마운트조이(Charles Mountjoy) 남작도 있었다. 히페리우스는 찰스 마운트조이 남작과 수많은 다양한 주제에 관하여 다정다감한 대화를 나누게 되었고, 결국 그의 집에 초대되어 그곳에서 4년간 지내면서 깊은 우정을 쌓았다. 그래서 1540년 7월에 히페리우스는 그의 재정적인 도움으로 캠브리지(Cambridge) 아카데미를 방문할 수 있었다.[14]

하지만 1540년은 영국 왕 헨리(Henry) 8세가 토마스 크롬웰(Thomas Cromwell)과 로버트 반즈(Robert Barnes)를 이들의 개신교적 신앙을 빌미로 처형하는 사건이 벌어진 해였기 때문에 히페리우스는 그 위험한 상황 속에 계속 머물 수가 없었다. 그는 영국으로부터 철수하기 전, 이듬해 2월에 옛 옥스퍼드(Oxford) 아카데미를 방문했다. 1541년 3월에는 거기서 런던(London)으로 갔다. 히페리우스는 마운트조이 경과 작별을 고하고 영국을 떠나 3월 12일에는 안트베르펀(Antwerpen)에 도착했다. 거기서 그는 다시 고향 도시로 돌아가 친구들 집에 수일을 머물며 쉬었다.[15]

그 후 다시 여행길에 올라 고지대 독일(Oberdeutschland)로 불리는 독일 남부 지역으로 향했는데, 이것은 순전히 "스트라스부르 도시의 명성과 그곳 학교의 명성, 그리고 무엇보다도 부써의 이름" 때문이었다.[16] 그는 스트라스부르를 여행하면서 말부르크(Marburg)에도 들렀다. 거기서 그는 스트라스부르에서 가르쳤던 학자들을 만나게 되었는데, 그 중에는 한 사람이 바로 히페리우스를 이전부터 알았을 뿐만 아니라, 한 때 스트라스부르에서 가르치기도 했던 네덜란드 네이메이흔(Nijmegen) 출신 헤라르

14) Krause, *Andreas Gerhard Hyperius*, 16-18.

15) Krause, *Andreas Gerhard Hyperius*, 18-20.

16) Krause, *Andreas Gerhard Hyperius*, 20: "Sed fama rei publicae ac scholae Argentoratensis maximeque nomen Buceri, Hyperius ad lustrandam etiam illam superioris Germaniae partem impellebat."

듀스 헬던하우어르(Gerardus Geldenhauer = Noviomagus)[17] 경이
었다. 말부르크 대학의 신학부 교수였던 그는 1541년 6월 15일에 히페리
우스를 말부르크 대학으로 불러들였다. 그 때 히페리우스의 나이는 만 30
세였다. 헬던하우어르가 1542년 1월 10일에 사망하자 교수들의 결정에
따라 히페리우스는 그의 교수직을 물려받아 바울의 서신들을 강해하기 시
작했다.[18]

히페리우스는 1544년 2월 27일에 카타리나 오어트(Catharina Orth)
를 신부로 맞이했다. 그녀는 말부르크의 재무관 루트비히 오어트(Ludwig
Orth)의 딸이며 존경받는 시민 요하네스 하펠리우스(Johannes Hap-
pellius)의 미망인으로 두 명의 자녀가 있었다. 히페리우스와 그녀 사이에
6명의 아들과 4명의 딸이 태어났고, 히페리우스가 사망한 1564년에 생존
해 있던 자녀는 아들 둘과 딸 셋이었다.[19] 1542년부터 1564년 2월 1일 밤
8시 경 53세의 생을 마감할 때까지 22년간 말부르크 대학의 교수로서, 그
리고 신학자와 교회 교사로서 자신의 직무를 잘 감당했다.[20]

저술

히페리우스의 저술은 크라우즈가 자신의 책에 출판연대 순으로 잘 정리
하여 제공했기 때문에,[21] 여기서는 그의 주요 저술들을 중심으로 간단하게
살펴볼 것이다. 히페리우스의 첫 출판물은 1531년 안트베르펀에서 출판
되었고, 요아킴 포르티우스 링얼베르크(Joachim Fortius Ringelberg)

17) 헬던하우어르에 대해서는 다음 참조. Krause, *Andreas Gerhard Hyperius*, 75; J. Prin-
sen, *Gerardus Geldenhauer Noviomagus. Bijdrage tot de kennis van zijn Leven
en Werken* ('s-Gravenhage: Martinus Nijhoff, 1898).
18) Krause, *Andreas Gerhard Hyperius*, 20-22.
19) Krause, *Andreas Gerhard Hyperius*, 22.
20) Krause, *Andreas Gerhard Hyperius*, 34. 프릴링하우스가 히페리우스의 교회론을 연구한
자신의 논문에 부록으로 간략하게 소개한 히페리우스의 생애에 대해서는 다음 참고. Dieter
Frielinghaus, *Ecclesia und Vita: Eine Untersuchung zur Ekklesiologie des Andreas
Hyperius* (Neukirchen: Neukirchener Verlag, 1966), 166-174.
21) Krause, *Andreas Gerhard Hyperius*, 130-158.

를 찬양하는 짧은 연설문인데, 이 연설문 뒤에는 히페리우스가 링얼베르크에게 보낸 짧은 편지가 실려 있다.[22] 링얼베르크는 히페리우스가 파리에서 만나 절친한 친구가 된 당대 학식 있는 인문주의자였다.[23]

히페리우스는 1536년에 일어난 에라스무스 죽음을 애도하는 세 개의 비문을 작성하여 1537년에 출판하기도 했다.[24] 1542년에는 시편 20편을 주석한 책을 출판했는데,[25] 아마도 이것이 그가 출판한 최초의 성경주석인 것으로 보인다. 드디어 1549년에는 바울의 로마서 주석을 말부르크의 안드레아스 콜리비우스(Andreas Colibius) 출판사에서 출간했다.[26] 1553년에는 아리스토텔레스의 니코마코스 윤리학 해설서가 출판되기도 했다.[27]

1553년은 히페리우스의 가장 유명한 저술이자, 최초의 개혁파 설교학 저서로 알려진 책의 초판이『거룩한 설교들을 작성하는 것에 관하여, 혹은 대중을 위한 성경 해석에 관하여』(De formandis concionibus sacris, seu de interpretatione scripturarum populari)라는 제목으로 출판된 해이다. 이것은 1562년과 1563년에 재판되었으며, 이 재판본이 다시 1781년에는 히페리우스의 생애를 기록한 비간트 오르티우스의 짧은 연설문을 부록으로 달고 재판되었다. 1553년에 출판된 최초의 개신교 설교학 저술은 1563년에 불어로 번역되어『주님의 교회의 거룩한 선포와 설교를 바르게 작성하기 위한 교훈』(Enseignement à bien former les sainxtes prédicationes et sermons des églises du Seigneur)이라는 제목으로 출판되었고, 1577년에는 영어로 번역되어『설교하기, 혹은

---

22) Krause, *Andreas Gerhard Hyperius*, 130-131. 이 편지는 크라우즈가 히페리우스의 편지들 원문을 모아서 독일어로 번역하여 대조본으로 출간한 책에 실려 있다. 다음 참조. Gerhard Krause, ed. & tr., *Andreas Gerhard Hyperius. Briefe 1530-1563* (Tübingen: J.C.B. Mohr (Paul Siebeck), 1981), 2-3.
23) Krause, *Andreas Gerhard Hyperius*, 14-15.
24) Krause, *Andreas Gerhard Hyperius*, 132-133.
25) Krause, *Andreas Gerhard Hyperius*, 133-134.
26) Krause, *Andreas Gerhard Hyperius*, 134.
27) Krause, *Andreas Gerhard Hyperius*, 135.

설교단으로 가는 좁은 길이라 부르는 것』(*The Practis of preaching, otherwise called the Pathway to the Pulpit*)라는 제목으로 출판되었으며, 1901년에는 에른스트 크리스티안 아켈리스(Ernst Christian Achelis)가 번역한 독어 번역본이 『안드레아스 히페리우스의 설교학과 신앙교육』(*Die Homiletik und die Katechetik des Andreas Hyperius*)이라는 제목으로 출판되었다.[28]

히페리우스의 설교학 저술 다음으로 유명한 저술로는 1556년에 처음 출판된 『바르게 형성되어야 할 신학 연구에 관하여』(De recte formando Theologiae studio)라는 제목의 신학개론서를 꼽을 수 있는데, 1559년에는 다른 제목 즉 『신학자에 관하여, 혹은 신학연구방법에 관하여』(De Theologo, seu de ratione sudii Theologici)라는 제목을 달고 새롭게 출판되기도 했다. 1559년판은 본문 내용이 1556년 초판과 동일하지만 서문이 부분적으로 새롭게 구성된 것으로, 1562년과 1572년에 재판되었고, 1582년에 출판된 것은 1572년 재판본의 재판이다.[29] 아브라함 카이퍼(Abraham Kuyper. 까위뻐르)는 망설임 없이 히페리우스를 "개혁파 신학자"(Gereformeerde theoloog)라 부르면서 이 책을 개혁파 최초의 신학백과사전으로 간주한다.[30] 리처드 멀러(Richard Muller)는 히페리우스의 이 책을 16세기에 저술된 신학의 기초 연구서 가운데 "가장 방대한 개신교 논문"으로 소개한다.[31]

1557년에는 성찬을 시행할 때 먼저 거룩한 잔을 나누고 그 다음에 거룩한 빵을 나누어야 한다는 주장에 대해 다룬 소논문이 출판되었다.[32] 1561

28) Krause, *Andreas Gerhard Hyperius*, 135-137.
29) Krause, *Andreas Gerhard Hyperius*, 139-140.
30) A. Kuyper, *Encyclopaedie der heilige godgeleerdheid* I (Kampen: J.H. Kok, 19082), 165. 카이퍼는 이 책 155-158쪽에서 히페리우스의 책 구성에 대해서 어느 정도 상세하게 소개한다.
31) Richard A. Muller, *After Calvin: Studies in de Development of a Theological Tradition* (New York: Oxford Univesity Press, 2003), 108. 뛰어난 한글 번역은 다음 참조. 리처드 멀러, 『칼빈 이후 개혁신학』, 한병수 역 (서울: 부흥과개혁사, 2011), 260.
32) Krause, *Andreas Gerhard Hyperius*, 141.

년에는 성경 강해와 묵상에 관한 저술이 출판되었는데, 이 책의 첫 번역본
들은 1562년에 독일어로, 1579년에 영어로, 1581년에 네덜란드어로 각
각 출판되었다.[33] 1561년의 루터파 베이즐(Wesel) 신앙고백에 대한 히페
리우스의 평가가 1562년에 소논문으로 출판되었는데, 이마도 이것은 히
페리우스의 저술 가운데 원본이 독일어로 작성된 최초의 출판물인 것으로
보인다.[34] 1563년에는 『기독교의 원리들』(Elementa Christianae re-
ligionis)라는 책이 출판되었는데,[35] 아마도 이것이 히페리우스 생전에 출
판된 마지막 저술의 출판물이었던 것 같다.

히페리우스 사후인 1566년에는 변론술과 웅변술에 관한 저서가 출판되
었다.[36] 또한 1566년에 신학 방법론을 다룬 저술이 출판되었으나, 1년 뒤
인 1567년과 1568년에 재판되면서 히페리우스의 생애에 관한 비간트 오
르티우스의 짧은 장례연설문이 첨가되었는데, 1574년에는 교정본이 출판
되었고, 1568년에는 불어 번역본이 출간되었다.[37] 말부르크 대학에서 박
사학위를 받고 그 대학의 신학부 교수가 된 하인리히 헤페는 이 책을 히페
리우스의 대표적인 교의학 저술로 평가하면서 자신의 책『16세기 독일 개
신교 교의학』1권에서 그 책의 구성에 대해 상세하게 소개한다.[38] 1570년
에는 히페리우스의 다양한 신학 소논문을 수집한 수집본 제1권이, 1571
년에는 제2권이 바젤의 오포랭(Oporin) 출판사에서 편집 출판되었다.[39]
역시 바젤의 동일한 출판사에서 1574년에는 이사야서 주석이 출간되었
다.[40] 취리히에서 출판된 바울 서신들에 관한 히페리우스 주석서들로는
1582년에 출간된 빌립보서와 골로새서와 데살로니가 전후서 주석, 바울

---

33) Krause, *Andreas Gerhard Hyperius*, 142-143.
34) Krause, *Andreas Gerhard Hyperius*, 144.
35) Krause, *Andreas Gerhard Hyperius*, 144.
36) Krause, *Andreas Gerhard Hyperius*, 146.
37) Krause, *Andreas Gerhard Hyperius*, 147-148.
38) Heinrich Heppe, *Dogmatik des deutschen Protestantismus im sechzehnten
    Jahrhundert* I (Gotha: Friedrich Andreas Perthes, 1857), 144-148.
39) Krause, *Andreas Gerhard Hyperius*, 149-153.
40) Krause, *Andreas Gerhard Hyperius*, 154.

의 디모데, 디도서, 빌레몬서와 유다서 주석, 갈라디아서와 에베소서 주석
이 있고, 1년 뒤인 1583년에 출간된 바울의 로마서 주석, 1584년에 출간
된 바울 서신으로 간주된 히브리서 주석 등이 있다.[41]

신학

히페리우스는 설교를 목회 사역의 핵심으로, 성경을 경건 생활의 핵심으
로 간주하는 종교개혁자이다.[42] 19세기 독일 신학자 헤페는 히페리우스가
독일 개혁파 교의학을 대표하는 첫 번째 교의학자라고 주장한다.[43] 또한
그는 히페리우스 신학의 핵심을 선택받은 자들로 구성된 교회라는 개념, 즉
교회론으로 간주한다.[44] 헤페와 다르지 않게 아브라함 카이퍼도 역시 히페
리우스의 교의학 구조를 '창조 -〉 교회 -〉 하나님의 영광'으로 분석하는
데, 즉 하나님께서 세상과 인간을 창조하신 목적이 교회건설이며, 교회는
곧 하나님의 영광을 위해 존재한다는 것이다.[45]

히페리우스의 교회론을 연구하여 박사학위를 받은 프릴링하우스도 역시
예정과 성화에 관한 핵심 구절인 에베소서 1장 4절을 히페리우스 신학의
열쇠로 간주하면서 그의 신학이 교회론적이라고 주장한다.[46] 프릴링하우
스의 주장에 의하면 히페리우스에게 있어서 교회란 하나님의 영광을 위해

41) Krause, *Andreas Gerhard Hyperius*, 155-157.
42) 참조. Rau, "Hyperius," in *OER* 2, 299.
43) Heppe, *Dogmatik des deutschen Protestantismus* I, 144: "Der erste Repräsentant deutschreformierter Dogmatik war Andreas Hyperius, von 1541 bis zu seinem Todesjahre 1564 Professor der Theologie zu Marburg." 여기서 헤페는 마틴 부써(Martin Bucer)를 두 번째 인물로 꼽는다. 히페리우스를 개혁파 전통으로 분류하는 것에 대해서는 다음 참조. W. van 't Spijker, *Principe, methode en functie van de theologie bij Andreas Hyperius* (Kampen: J.H. Kok, 1990), 36. 특히 각주 127. 스페이꺼르에 따르면 히페리우스의 신학이 개혁파 전통에 서 있다는 사실을 밝히는 표지와 같은 세 가지 주제가 있는데, 그것은 성경과 교회와 선택에 관한 그의 교리라 한다.
44) Heppe, *Dogmatik des deutschen Protestantismus* I, 145.
45) Kuyper, *Encyclopaedie der heilige godgeleerdheid* I, 158.
46) Dieter Frielinghaus, *Ecclesia und Vita: Eine Untersuchung zur Ekklesiologie des Andreas Hyperius* (Neukirchen: Neukirchener Verlag, 1966), 13.

봉사하는 기관인데, 여기서 하나님의 영광은 에베소서 1장 4절이 말하는
교회의 거룩함와 무결함, 즉 교회의 삶과 일치한다는 것이다.[47] 이런 평가
들을 고려할 때 히페리우스에게 있어서 신학은 교회와 분리될 수 없으며,
교회론이 그의 신학을 형성하는 중심추와 같은 역할을 하는 것으로 볼 수
있다.[48]

　히페리우스는 신학의 본질과 신학의 실천적 결행에 관련한 기본적인 질
문들을 자신의 주저『바르게 형성되어야 할 신학 연구에 관하여』, 즉『신학
자에 관하여, 혹은 신학연구방법에 관하여』에서 논하는데, 성경을 중심으
로 조직신학과 실천신학에 대한 관심을 다룬다. 여기서 성경중심이란 그가
성경을 매일 조직적으로 읽고 묵상할 것을 주장하는 것과 깊이 연관되어 있
다.[49] 신학은 자신의 원리를 하나님의 말씀과 성경에서 취하되, 탁상공론
식의 사변적인 관점이 아니라, 교회에 대한 관점을 가지고 취해야 한다.

　히페리우스는 디모데후서 3장 16절을 주석하면서 성경의 유용성을 네
가지로 제시한다. 첫 번째 유용성은 교리(doctrina)를 제공한다는 것, 즉
성경이 구원 지식을 위해 필수적인 모든 것을 가장 완전한 방법으로 내포
하고 있다는 것이다. 한마디로, 우리의 신앙과 경건에 관한 모든 요점(loci
communes = 공통의 자리들)이 가장 상세한 방법으로 성경에 해설되어
있다는 것이다. 성경의 두 번째 유용성은 논박하는 기능이다. 즉 신앙문제
와 관련하여 견해 차이가 발생할 때 문제를 종결짓는 최종적인 권위는 철
학도 인간적인 전통도 아닌, 오직 성경 이라는 것이다. 세 번째 유용성은
잘못된 개념과 나쁜 관습을 교정하여 바르게 하는 것이다. 마지막 네 번째
유용성은 교육하는 것이다. 이것은 참된 의와 하나님을 향한 경건과 이웃
사랑과 연결된다. 교리는 성격상 윤리적인 것이므로 의로운 것과 경건한
행위를 세운다. 이것이 히페리우스가 제시하는 성경의 사중적 유용성이

47) Frielinghaus, *Ecclesia und Vita*, 86.
48) 참조. Spijker, *Principe, methode en functie van de theologie bij Andreas Hyperius*, 11.
49) Spijker, *Principe, methode en functie van de theologie bij Andreas Hyperius*, 10-11.

다. 히페리우스는 이러한 성경의 사중적 유용성이 그리스도인의 삶의 모든 영역에서 발휘되어야 한다고 보기 때문에 항상 성경의 실천적 유용성을 강조한다.[50]

이런 점에서 히페리우스는 "학문적 경건"(pietas literata) 혹은 "경건한 학문"(literatura pia)을 추구한 것으로 볼 수 있다.[51] 이것은 "이성과 기도"(ratio et oratio), "경건과 연설"(pietas et eloquentia)을 통합하려는 그의 노력에서 비롯된 것인데, 이런 통합 노력은 그가 배운 스승 요아킴 포르티우스 링얼베르크, 특히 요하네스 슈투름에게서도 확인되는 공통점이다. 이 세 사람 모두 복음 설교를 위해 변증법과 수사학을 강조함으로써 경건과 학문의 통합을 시도한 것으로 보인다. 이런 통합의 뿌리는 대표적인 인문주의자 루돌프 아그리콜라(Rudolf Agricola)에게서 발견되는데, 그는 근대적 경건(devotio moderna)의 공동생활형제단 출신으로 중세 스콜라주의 방법론을 거부하고 인문주의적 로키(loci) 방법론을 제시하였고, 변증법과 수사학을 강조함으로써 고전 수사학의 복원을 위해 힘쓴 인물이다. 멜랑흐톤과 요하네스 슈투름을 포함하여 당대 많은 인문주의자들이 아그리콜라의 영향을 받았으며, 그 영향의 결정체는 바로 아리스토텔레스 철학 방법론의 대표적인 반대자 삐에르 라메이(Pierre Ramée), 즉 피터 라무스(Peter Ramus)이다. 히페리우스의 통합적 노력 역시 이런 인문주의적 영향으로 볼 수 있다.[52]

히페리우스에 의하면 말씀은 교회를 감싸고 있고 교회는 말씀에 의해 존재한다.[53] 교회의 강단, 즉 설교단에서 선포되는 설교 역시 하나님의 말씀으로써 가르치고, 책망하고, 양육하고 교정하고 역할을 감당하되, 위로하는 목소리로 그렇게 해야 한다. 하나님의 말씀은 교회의 설교자를 통해서

50) Spijker, *Principe, methode en functie van de theologie bij Andreas Hyperius*, 18-19.
51) Spijker, *Principe, methode en functie van de theologie bij Andreas Hyperius*, 13.
52) Spijker, *Principe, methode en functie van de theologie bij Andreas Hyperius*, 29-31.
53) Spijker, *Principe, methode en functie van de theologie bij Andreas Hyperius*, 16.

만 가르쳐지는 것이 아니라 학교에서 교사를 통해서도, 가정에서 가장을 통해서도 가르쳐져야 하는 것이므로, 교회의 설교와 학교의 강의와 가정의 성경읽기는 성경이라는 동일한 원리를 알아야 하고, 교회와 학교와 가정은 하나님의 동일한 말씀에 근거한 동일한 신학으로 서로 함께 묶여 있어야 한다. 뿐만 아니라 이러한 하나님의 말씀의 통일성은 신앙적인 삶의 통일성과 유무상통해야 한다.[54]

히페리우스는 성경의 원리가 순수한 신학을 향한 길을 스스로 찾는다고 주장하지만, 성경 이해를 단순히 몇몇 원리들을 기술적으로 적용하는 문제로 보지 않고 성경을 읽음으로써 영적인 유익을 얻게 되는 것은 오직 성령의 비밀이라고 보기 때문에 기도 없이 성경에 접근해서는 안 된다고 말한다. 그의 주장에 따르면 우리가 말씀을 읽을 때나 들을 때, 하나님의 말씀 속에는 비밀스럽게 역사하시는 성령의 놀라운 능력이 함께 함으로 인간의 마음 속에 감동을 불러일으킨다. 그는 말씀의 놀라운 능력이 문자와 기록된 책 자체에서 기인하는 것이라고 보지 않는다.[55] "왜냐하면 말씀은 문자들과 음절들로 구성된 것과 같이, 기록되고 읽혀지고 선포되고 들려지는 것과도 같이, 스스로 그와 같은 효력을 가지고 있기 때문이 아니다."[56] 히페리우스에 따르면 기록되고 읽혀지고 선포되고 들려지는 말씀의 저자에게 시각을 고정되는 바로 그 순간 불가해한 방법으로 발생하는 신적인 능력에 의해 독자와 청중의 마음이 감동되어 회개와 믿음과 그와 같은 다른 일들이 뒤따르게 된다는 것이다.[57]

하지만 히페리우스의 이런 주장이 기록된 성경과 이 성경의 권위로부터 분리된다는 뜻이 아니다. 여기서 히페리우스는 하나님을 말씀의 저자로서

---

54) Spijker, *Principe, methode en functie van de theologie bij Andreas Hyperius*, 21.
55) Spijker, *Principe, methode en functie van de theologie bij Andreas Hyperius*, 22.
56) *De Scripturae lectione*, 254: "Non quod verbum ut literis constat ac syllabis, ut scribitur, legitur, pronunciatur, auditur, tantae per se sit efficacitatis,…" Spijker, *Principe, methode en functie van de theologie bij Andreas Hyperius*, 22. 각주 72에서 재인용.
57) Spijker, *Principe, methode en functie van de theologie bij Andreas Hyperius*, 23.

말씀의 하나님으로 간주하면서도 동시에 말씀하시는 하나님의 자유를 주
장한다. 또한 성경을 이해하는 것은 우리의 능력에 달린 것이 아니라, 하
나님의 능력에 달린 것이라고 주장한다. 히페리우스에 의하면 누군가 진심
으로 성경을 손에 들고 성령의 도우심을 간구하고, 하나님의 말씀을 열심
히 읽고 들으며, 자신의 심장을 하나님께 들어 올리면, 반드시 하나님께서
자신의 자비를 따라 자신의 손을 뻗어 말씀을 읽고 듣는 자의 마음을 깨우
치시고, 청결하게 하시고, 비추시고 거룩하게 하실 것이요, 또한 회개와
믿음과 자신의 성령과 다른 영적 은사들을 기꺼이 주실 것이다.[58]

히페리우스는 성경을 주석할 때는 분석적인 방법을 주로 활용하는 반면
에, 교의학 저술을 위해서는 종합적 방법을 중시하는데, 이렇게 함으로써
기독교 신앙을 요약할 수 있는 것으로 생각했다.[59] 철학의 의미에 대한 루
터의 시각도 부정적인 반면에 멜랑흐톤은 부정적이지는 않지만 아리스토
텔레스의 철학으로 완전히 돌아간 것도 아닌데, 이 점에 있어서 히페리우
스는 멜랑흐톤의 입장과 가깝다. 멜랑흐톤이 비텐베르크 대학에 철학을 도
입한 것처럼, 히페리우스도 좀 더 분명하게 사고하고 공식화하는 것을 돕
기 위한 도구로 간주하는데, 선한 철학과 악한 철학으로 구분하면서 선한
철학을 통해 얻는 지식은 인간이 선하게 살아가도록 도울 뿐만 아니라, 복
음을 이해하는 일에도 유용한 것으로 본다. 그래서 그는 철학을 쓸모없는
것으로 간주하여 모든 철학을 폐기처분 하려는 철학무용론과, 마치 철학이
모든 것을 설명하는 열쇠라도 되는 양 모든 것에 적용하려는 철학만능주의
를 경계한다.[60] "왜냐하면 이러한 철학이 새롭게 살아나기 시작했을 때마
다 동시에 경건에 대한 연구도 되살아났기 때문이다."[61]

---

58) Spijker, *Principe, methode en functie van de theologie bij Andreas Hyperius*, 23.
59) Spijker, *Principe, methode en functie van de theologie bij Andreas Hyperius*, 24.
60) Spijker, *Principe, methode en functie van de theologie bij Andreas Hyperius*, 25.
61) *Commentarii in epistolas D. Pauli ad Philippenses, Colossenses ac Thessaloni-
censes ambas* (1582), 107: "Semper enim reflorenscente hac Philosophia, simul
studia pietatis reviguerunt." Spijker, *Principe, methode en functie van de the-
ologie bij Andreas Hyperius*, 26. 각주 84에서 재인용.

하지만 히페리우스는 철학의 의미를 도덕에만, 그리고 육적이고 외적이고 시민적인 환경들에만 유용하고 필수적인 것으로 제한하고, 가령 종교적인 것들, 즉 하나님의 섭리와 돌보심, 이신칭의와 자유의지 등에 관한 판단을 위해서는 철학을 배제시킨다. 왜냐하면 이런 것들과 관련해서는 오직 하나님의 말씀과 복음만이 그 길을 제시할 수 있기 때문이다. 철학이 하나님의 말씀과 대립적일 때 철학은 거부될 수밖에 없다. 모든 철학을 위한 시금석과 규범은 바로 하나님의 말씀이기 때문이다.[62] 히페리우스는 "인간의 철학"(humana philosophia)을 "하나님의 선물"(Dei donum)로 말하지만,[63] 철학이 자신의 자리와 역할이 한정되어 있으므로 성경을 시험하거나 기독교 교리들을 판단하기 위해 철학을 배우는 것이 아님을 분명하게 밝힌다.[64]

히페리우스는 신학자가 자신의 논증을 성경으로부터 도출할 때 비로소 변증적 대답을 제시할 수도 있고 신학적 방어도 가능하게 된다고 주장하면서 그 이유를 다섯 가지로 제시한다. 첫 번째 이유는 하나님 자신의 말씀을 만날 수 있는 성경이 "최고의 권위"(maxima authoritas)이기 때문이라는 것이다. 두 번째로는 성경이 성령에 의해 영감된 것이고 따라서 자신의 고유한 해석을 원한다는 것이다. 세 번째로는 성경이 교육과 책망과 논증 등에 필수적인 모든 것을 가지고 있다는 것이다. 네 번째로는 신적인 것에 관하여 인간적인 판단을 해서는 안 되고, 이런 점에서 철학이 신학과 구분되어야 한다는 것이다. 그래서 신적인 것들은 신적인 표현으로만 증명할 수 있다는 것이다. 마지막 다섯 번째로는 선지자들의 모범과 그리스도 자신의 모범이 가르쳐주는 것처럼 성경의 지식이 아니고는 어떤 것으로도 경건 교리의 발전을 도모해서는 안 된다는 것이다.[65]

---

62) Spijker, *Principe, methode en functie van de theologie bij Andreas Hyperius*, 26.
63) *De Theologo*, 47. Spijker, *Principe, methode en functie van de theologie bij Andreas Hyperius*, 27. 각주 88에서 재인용.
64) Spijker, *Principe, methode en functie van de theologie bij Andreas Hyperius*, 26.
65) Spijker, *Principe, methode en functie van de theologie bij Andreas Hyperius*, 32.

히페리우스가 "학문과 경건"(scientia et pietas)을 하나로 묶으려고 했던 이유는 교회 안에서의 설교 직분에 대한 그의 관심 때문이다. 그에 따르면 신학이라는 학문은 교회를 섬기기 위한 것, 즉 교회건설을 위한 것이므로 신학의 학문적 가치란 하나님께서 자신의 교회를 불러 모으시는 수단인 성경에서 기인한다. 그러므로 학문과 경건이 함께 할 때만 신학은 학문으로 유지될 수 있으며, 교회를 위한 봉사도 감당할 수 있다는 것이다. 신학에 대한 이러한 입장은 당대의 여러 개혁주의 신학자들, 예컨대 다노(Daneau) 즉 다나에우스(Danaeus)와 잔키(Zanchi) 즉 잔키우스(Zanchius)와 샹디외(Chandieu)와 베자(Beza) 등에게도 나타나는데, 이들은 히페리우스에게서 어느 정도 영향을 받은 것으로 보인다.[66]

결론

히페리우스는 역사 속에 묻힌 말부르크 종교개혁자이다. 최근 몇몇 학자들에 의해 그의 가치가 재발견되고 있다. 그는 중세시대 네덜란드에서 발원되어 종교개혁시대에는 유럽의 중부와 북부 전역에 퍼진 공동생활형제단의 근대적 경건의 영향을 받은 네덜란드 출신으로 당대 만연한 성경적 인문주의의 영향을 지대하게 받은 인문주의적 신학자다. 그는 비록 독일 중부의 헷세 지역 수도인 말부르크에서 대학의 신학부 교수로 활동했고 멜랑흐톤의 로키 방법론을 선호했지만, 그의 신학적 입장은 루터파가 아닌 개혁파로 분류된다. 히페리우스의 가장 큰 공로와 가치는 설교학 분야와 신학 연구 방법론 분야에서 두드러진다고 볼 수 있다.

---

66) Spijker, *Principe, methode en functie van de theologie bij Andreas Hyperius*, 39-40.

참고문헌

Hyperius, Andreas. *De formandis concionibvs sacris.* Edited by Henricvs
　　　　Balthasar Wagnitz. Halle: Orphanotropheus, 1781.

Krause, Gerhard. ed. *Andreas Gerhard Hyperius. Briefe 1530–1563.* Tübingen:
　　　　J.C.B. Mohr (Paul Siebeck), 1981.

Krause, Gerhard. *Andreas Gerhard Hyperius: Leben – Bilder – Schriften.*
　　　　Tübingen: J.C.B. Mohr (Paul Siebeck), 1977.

Hovius, J. *Hyperius' geschrift De synodis annuis (Van de jaarlijkse synoden).*
　　　　Rede uitgesproken bij de overdracht van het Rectoraat aan de Theol-
　　　　ogische School der Christelijke Gereformeerde Kerken te Apeldoorn,
　　　　op 23 September 1958. Sneek: Firma B. Weissenbach & Zoon, ?.

Heppe, Heinrich. *Dogmatik des deutschen Protestantismus im sechzehnten
　　　　Jahrhundert* I–III. Gotha: Friedrich Andreas Perthes, 1857.

Kuyper, Abraham. *Encyclopaedie der heilige godgeleerdheid* I. Kampen: J.H.
　　　　Kok, 19082.

Frielinghaus, Dieter. *Ecclesia und Vita: Eine Untersuchung zur Ekklesiologie
　　　　des Andreas Hyperius.* Neukirchen: Neukirchener Verlag, 1966.

Spijker, W. van 't. *Principe, methode en functie van de theologie bij Andreas
　　　　Hyperius.* Kampen: J.H. Kok, 1990.

Graesse, Johann Gustav Theodor & Benedict, Friedrich. *Orbis latinus oder
　　　　Verzeichnis der wichtigsten lateinschen Orts–und Ländernamen.*
　　　　Berlin: transpress VEN Verlag, 1980.

The Oxford Encyclopedia of the Reformation, vols. 1–4. New York & Oxford:
Oxford University Press, 1996.

Muller, Richard A. *After Calvin: Studies in de Development of a Theological
　　　　Tradition.* New York: Oxford Univesity Press, 2003.

멀러, 리처드.『칼빈 이후 개혁신학』. 한병수 역. 서울: 부흥과개혁사, 2011.

피에르 비레의 생애와
종교개혁운동

조봉근 (광신대학교, 명예교수)

1. 들어가는 말

피에르 비레(Pierre Viret; 1511-1571)는 종교개혁에 있어서, 유럽의 스위스와 프랑스의 측점에서 볼 때, 그 위치와 비중이 칼빈과 파렐 및 부써보다 조금도 뒤지지 않는다. 필자는 이러한 측면을 본고에서 바르게 고찰하고자 한다. 사실 객관적인 역사로 조명해 볼 때, 비레는 목회자의 자질 면에서, 가장 탁월한 성격과 인품을 가지고 있었다. 그리고 지정의 3요소가 고루 갖추어진 천부적인 목회자요, 실천적인 종교 개혁자였다. 그리고 설교와 교정 및 교육과 저술활동에 있어서도 타의 추종을 불허할 만큼 뛰어난 지도자였다. 무엇보다도 그의 생애와 사상 및 활동은 성도로서도 가장 모범적인 일생을 살았다. 또, 역사적으로 고찰해 볼 때, 제네바 교회의 칼빈이 있기까지 결정적인 동역자로서 혹은 후원자로서 역할을 담당한 개혁자가 다름 아닌 피에르 비레였다는 사실을 우리는 기억해야 한다. 그는 감추어지고 잊혀진 인물이 되었으나 역사는 이를 부정하지 않을 것이다. 이런 면에서 필자는 본론에서 그에 대한 5가지 측면을 다루려고 한다.

2. 그의 생애:

2.1. 초기의 생애와 회심[1]

피에르(베드로) 비레는 독실한 가톨릭 가족 보(Vaud) 주(州=현재의 스위스)의 작은 읍, 오르브(Orbe)에서 1511년에 태어났다. 그의 아버지인 기욤(Guillaume)은 포목상과 양복점 주인이었다. 그러나 피에르는 그의 아버지의 무역상을 따를 마음이 없었고, 그는 어린 소년이었지만, 스스로 하나님을 추구하는 믿음을 터득했다. 그가 훗날 깨달은 것은 "나는 자연히 신앙이 부여되었으나," "그 당시에는 나는 신앙에 무지했다."[2]고 토로한다. 그의 학교선생님인 마르크 로메인은 루터의 추종자였고, 비레는 작은 고향마을(오르브)에서 아직 소년으로 있는 동안, 종교개혁의 가르침에 영향을 입었을 가능성이 많았다.[3] 비레의 부모는 곧 학습을 위한 자녀의 적성을 발견하고, 소년은 마을학교에서 그의 연구를 마친 후, 부모들은 그를 사제가 되기 위한 공부를 시키려고 파리로 보냈다. 그는 당시에 칼빈도 학생으로 등록된 그 시기에 몽테규 대학에 참석했다. 즉, 비레가 개신교 신앙으로 회심된 대학에 있는 중이었다. 젊은 청년은 로마 가톨릭을 거부하고, 파리의 로마 가톨릭 거점 도시를 탈출하여, 그의 고향인 오르브로 돌아왔다.

2.2. 오르브에서의 사역과 주변 마을[4]

비레가 그의 고향인 오르브(Orbe)로 돌아올 때, 20세의 나이에, 마을교회의 목사가 되어 달라고 기욤(윌리엄) 파렐에 의해서 간청을 받았다. 비레

---

1) 1511-1531
2) As quoted in J. H. Merle D'Aubigne, *History of the Reformation in Europe* (Sprinkle Publications, Harrisonburg, VA, 2000), 220.
3) Robert Linder, *The Political Ideas of Pierre Viret* (Geneva, 1964), 19.
4) 1531-1534

는 천성적으로 "소심하고 겸손한 기질"[5] 때문에, 처음에는 그런 직분을 기꺼이 수락하지 않으려 했으나, 파렐의 지속적인 종용으로 결국 비레는 수락하게 된다. 그는 첫 번째 설교를 1531년 5월 6일에 선포했다. 회중들은 젊은 설교자의 설교를 들으려고 몰려왔고, 그들은 어린 시절부터 알고 지내던 그 사람의 웅변과 지혜에 놀랐다. 비레의 설교는 참석한 모든 평신도들의 감탄과 기쁨을 받았고, 많은 영혼들이 비레의 설교로 회심하였지만, 젊은 목사에게 가장 중요한 것은 2명의 로마 가톨릭교도인 부모의 회심이었다. 그가 훗날 말한 바와 같이, "나는 하나님의 아들에 관한 지식에로 내 아버지와 어머니를 오시게 하여, 나를 사용함으로써, 하나님을 기쁘게 하신 하나님께 특별히 깊은 감사를 드린다. 아, 그가 다른 쓰임이 아닌 바로 내 사역을 하게 하셨다면, 나는 그를 찬양하는 좋은 이유를 가져왔음에 틀림이 없다."[6]고 간증했다. 오르브에 있는 개혁성도의 작은 모임은 비레의 설교를 듣고 빨리 부흥했고, 결국 다음 해(1532년) 유월절에, 그의 부모를 포함하여, 77명의 신자들에게 성찬을 집례하게 되었다. 향후 3년에 걸쳐서, 비레는 종교개혁운동을 더 발전시키기 위해서, 주변의 여러 마을을 여행했다. 파렐을 동반한 그는 그의 손자가 있는 곳이요, 개혁자들의 설교로 복음에로 빨리 도달된 오르브의 북쪽 작은 마을로 먼저 행했다. 나중에 비레는 프라이부르크(Freiburg)의 가톨릭 구역의 작은 마을인 페이에르네(Payerne)까지 이동했다. 그곳은 아마도 젊은 설교자가 최악의 대적을 만난 사지(死地)였다. 그 도시는 강력한 로마 가톨릭구역이었고, 저들은 "새로운 믿음"의 설교를 폭력적으로 대항했다. 비레는 그의 가르침이 오직 하나님의 말씀진리임을 선언했고, 가톨릭교도들과 개혁자들이 모두 성경에서 그들의 주장이 허용될 수 있는 공청회(public disputation)를 열자고 간청했다. 마침내, 페이에르네(Payerne)의 위원회는 이 요청에 동의했

---

5) Emile Doumergue, *Lausanne au temps de la Reformation* (Georges Bridel & Cie Editeurs, Lausanne, 1902), 11.

6) D'Aubigne, *History of the Reformation in Europe*, 223-224.

7) J. Cart, *Pierre Viret, le Reformateur Vaudois* (Lausanne, 1864), 54-55; see also Jean Barnaud, *Pierre Viret: Sa vie et son oeuvre* (Saint-Amans, 1911), 74.

고, 그 날짜가 확정되었다.[7] 그렇지만, 공청회가 예정된 전날 밤, 비레가
가정으로 돌아오는 도중에, 으슥한 곳에 숨어서 개혁자를 기다렸던 페이에
르네(Payerne) 수도원의 사제가 그를 습격했다. 그 사제는 젊은 설교자들
뒤에서 여러 번 칼로 찌르고, 그를 죽도록 그냥 내버려두고 도망쳤다. 그
러나 거반 다 죽게 된 비레는 그의 친구들에 의해서 발견되었고, 그의 여생
(餘生)은 빨리 아물지 않은 충격적 상처 때문에 괴롭힘을 받았지만, 서서히
건강이 회복될 간호를 받게 되었다. 그 밤은 아마도 비레의 마음에 오래 간
직했던 밤이요, 몇 년 후, 로잔의 논쟁에서 가톨릭교도들에게 다음과 같이
연설한 바로 그 밤이었다. 즉, 그는 "나는 당신들이 나의 등 뒤에서 증거를
삼고, 나를 죽이려고 으슥한 곳에 숨어서 기다리는 행동을 하는 것보다 그
대신 나에게 공개적으로 말하는 것을 더욱 더 좋아했다."[8]고 연설했다.

2.3. 제네바에서 있었던 일[9]

1534년, 비레는 그 도시에서 개혁의 확산 속에, 파렐을 돕기 위해서 제
네바로 행했다. 제네바는 처음에는 새로운 설교자들의 가르침에 대해서 아
주 적대적이었고, 젊은 그의 삶은 종종 위험에 처해 있었다. 도시의 가톨
릭 당국은 안토니아 박스(Antonia Vax)라는 여자로 하여금, 개혁자들의
동반자인 프로망(Froment)[10]뿐만 아니라 파렐과 비레에게도 식중독이 된
시금치 수프를 제공하여, 그들을 모두 제거하도록 선동하고, 설득했다. 프
로망이 그 수프를 먹으려고 앉자마자, 불러서 다른 데로 보냈고, 파렐이 그
수프는 너무 진한 수프라고 선언하고서, 나머지 먹을 수프를 연하게 해달
라고 요청하게 되었다. 페이에르네(Payerne)에서 가톨릭 사제로부터 칼

---

8) Doumergue, *Lausanne au temps de la Reformation*, 14.
9) 1534-1536
10) 앙트완 프로망(Antoine Froment)은 도피네(Deuphine) 출신으로, 제네바의 초기 선교사 중의
한 사람으로, 1537년 성(聖) 제르베(Gervais) 교구의 목사로 임명되었다가 얼마 후에 목회사역
을 사임하고, 그 도시의 연대기를 작성하는 일로, 보니바르(Bonnivard)에서도 서기로 일했다.
그는 제네바 개혁자의 일원으로서, 종교개혁사에 대한 회고록을 아주 흥미롭게 집필하였다.

로 찔려 받은 상처로, 여전히 창백하고 쇠약한 비레에게, 그 수프는 그의 건강 회복에 도움이 된다면서, 안토니아 박스는 맹세하며 안심시켰다. 이렇게 그녀의 맹세로 안심한 비레는 믿음으로 식중독이 된 접시의 요리를 다 먹었고, 그는 점점 심하게 고통에 처하게 되었고, 몇 시간 동안 죽음의 지경에 눕게 되었다. 이 소식을 듣자마자, 제네바 사람들은 "교회가 이러한 진주를 강탈당해야 되는가?"라고 외치면서, 그들이 사랑하는 비레의 임박한 손실을 애도했다. "불쌍한 비레! 불쌍한 개혁자! 뒤에서 칼로 찔리고, 앞에서 독살당하는 것이 바로 복음을 전하는 사람들의 보상인가!"[11] 그의 아내, 페르네트(Pernette)가 고통하는 남편을 간호하려고, 시의원인 마이클 발타사르(Michael Balthasard)의 집으로 이송하였다. 그의 여생은 그 독성(毒性) 때문에 고통을 받았지만, 아내의 세심한 간호로 말미암아, 오랫동안 건강회복을 누렸다.[12]

이 에피소드는 개혁자들에게도 아주 유쾌하지 않았지만, 그들의 대적들에게도 큰 타격을 주게 되었다. 왜냐하면 이제 대부분의 사람들은 그런 기본적 범죄로 비열(卑劣)해지는 그들에게 의심과 경멸로 바라보았기 때문이다. 그래서 이 사건은 그의 대적들에게 더 많은 손해를 가져왔다. 약 1년이 지나서, 1536년 5월 21일에, 제네바의 제직회는 공식적으로 종교개혁을 받아 들였다. 이 뉴스는 마침내 많은 수고의 열매를 맺기 시작하여, 개혁자들에게 도리어 기쁨과 감사를 누리게 되었다. 칼빈은 두 달 후에, 남아 있는 계획을 위하여, 밤에 제네바 시로 갔다. 그러나 파렐은 비레와 함께 젊은 개혁자에 대한 다른 계획을 시도했고, 그는 칼빈의 숙소를 방문하여 개혁을 위하여, 그 도시에 남아서 설교하도록 설득했다. 이 삼인조의 삼두정치[비레, 파렐, 칼빈]의 개혁을 통하여, 하나님께서 프랑스어권 스위스 사이에 그의 사역을 더 부흥시키고 강화시켰다.

---

11) D'Aubigne, *History of the Reformation in Europe*, Vol. V, 248.
12) Under her watchful care Viret at length recovered, though he suffered from the effects of the poison for the rest of his life.

2.4. 로잔에서의 사역과 아카데미의 설립[13]

파렐에 의해서 사명을 강요받은 칼빈은 제네바의 목사직(牧師職)을 수락
했다. 그래서 비레는 다른 곳에서, 종교개혁을 더욱 자유롭게 할 수 있었
다. 그는 베른 시(市)의 권위를 바로 이어받아, 즉시 하나님의 섭리로 로잔
시(市)로 오게 되었다. 페이 드 보(Pays de Vaud)의 수도인 로잔은 개혁
을 위한 관건이 되는 중요한 도시였지만, 로마 가톨릭주의가 아주 심한 도
시였고, 비레가 개신교 목사로서 그의 사역을 감당하기에 아주 어려움이
많다는 소문을 알게 되었다. 대부분의 사람들은 로잔에서 비레를 만난 대
적들이었다. 그러나 비레 자신은, 오직 성경의 순수하고 거룩한 진리만을
선포하는데 주력했고, 그의 대적들은 하나님 말씀의 강도(講道)에 대한 그
의 허점(汚點)을 찾으려 발버둥 쳤고, 그가 설교를 기권하도록 종용했다.

그러나 비레는 "만일 어떤 신부나 수도사가 하나님의 말씀에 위배되는 무
언가를 가르쳐서, 나를 설득할 수 있다면, 나는 가장 심각하게 처벌받는 것
을 찬성한다."[14]고 선언했다. 그러나 또한 그는 이 표준에다가 그의 대적자
들을 붙잡아서, 수도사들과 가톨릭 신부들의 성경에 대한 입장을 강하게
방어하고, 혹은 그의 가르침에 그들을 순응하게 하려고, 그들을 강하게 압
박한 것이다. 로잔에서, 비레의 첫 번째 몇 개월 동안에, 이러한 대적들 중
하나인, 자코뱅(Jacobin)이 개혁과 비레의 교리에 대항하여 강하게 비판
적 설교를 했다. 이것에 대응하여, 비레는 논쟁된 문제가 적절한 방식으로
토론될 수 있도록, 공청회를 가질 것을 제의했다. 자코뱅은 동의했지만,
그는 그 논쟁은 로잔(Lausanne)에서가 아닌, 파리(Paris), 돌(Dole), 또
는 아비뇽(Avignon=가톨릭의 요새) 중 한 곳에서 개최하자고 요구했다.
이 계획에 대하여, 비레는 "만일 자코뱅이 오직 그들 장소에서만 그의 교리
를 방어하기 원한다면, 역시 그는 그곳 외에 아무데도 설교하거나 미혹할

---

13) 1536-1559
14) Linder, *The Political Ideas of Pierre Viret*, 24.

곳이 없어야 한다. 그러나 그가 로잔에서 기만해왔고, 사람들에게 상처를 입힌 것을 알고서, 그것이 오직 그가 역시 여기서 배상한 것이다."[15]라고 응수했다. 이 논리에 직면하여, 자코뱅은 그 도시를 떠나기로 결정했다.

로잔에 있는 동안, 베른의 치안당국은 대성전에서 개혁된 아카데미를 설립했다. 그 새 아카데미는 나중에 제네바에서 칼빈을 계승한 데오도르 드 베자(Theodore de Beze)를 포함하여 다수의 교수들인 유명한 신학자들을 배출한다. 즉, 비레의 아카데미에서 훈련받은 학생 중 일부는 사가랴 우르시누스와 캐스퍼 올레비아누스인데, 그들은 1562년의 『하이델베르크 교리문답』의 저자였다. 그리고 귀도 드 브레(Guido de Bres)는 첫 번째 개혁고백서, 『네덜란드 신앙고백서』(1561년)의 저자가 되었다. 로버트 린더는 시간이 지날수록, 비레의 로잔 아카데미의 중요성을 지적했고, 그 학교는 유럽의 불어권 지역에서 개혁의 중요한 역할을 점점 더 감당하게 되었다. 전직 사제들과 전직 수도사들이 그 개혁사역을 위해서 그곳에서 공부를 했고, 많은 학생들이 페이 드 보(Vaud)와 같은 외부에서 와서, 아카데미에서 공부하기 시작했다. 로잔 아카데미를 시작한 후 첫해에, 비레는 주님께서 그에게 적합한 조력자로 주신 신실한 여성을 기쁘게 만나서, 1538년 10월 6일에, 비레와 오르브의 여성도인 엘리자베스 투르타즈(Turtaz)는 결혼했다. 기욤 파렐은 혼인예식을 주례했고, 칼빈이 그 도시에서 추방된 후, 두 달 후인, 12월 31일에, 비레가 제네바에 다시 청빙되었다. 비레의 사랑스런 품성과 부드러운 성격은 그와 제네바 사람들을 서로 좋아하게 만들었고, 그들은 다시 그들의 목사로 그를 갈망했다.

장 바르노는 진술하기를, 비레가 "폐허를 재건하였고, 상처를 싸매주며, 다양한 반대적 요소들을 조정하는" 사역을 잘 감당해냈다고 말한다. 그는 은혜롭고 평화스런 성격으로, 그 책임을 성공적으로 수행했고, 더욱이 이

---

15) As quoted in Henri Jaquemot, "Viret: Réformateur de Lausanne," *Thèse présentée à la Faculté de Théologie de Strasbourg* (Strasbourg, August, 1836), 21.

사역을 위한 놀라운 자질을 보여주었다.[16] 비레는 1년 동안 그 도시에 남
아서, 망명한 칼빈을 다시 청빙하기 위해서 여러 차례 그 위원회에 요청했
다. 2월 28일 날짜의 등기부는 피에르 비레 목사가 칼빈 목사에게 다시 편
지를 쓴 것은 그들이 서로 만나리라는 것을 보여 주었다고 말한다.[17] 비레
는 그가 쓴 서신을 보내도록 말했고, 그의 지속적인 호소에 의해서, 드디
어 제직회는 그의 탄원에 귀를 기울였고, 그들의 전 목사(칼빈)의 집에, 청
빙하도록 5월 1일에 청빙위원을 보냈다. 그러나 칼빈은 제네바에서 그를
기다렸던 그 시련과 환난에로 다시 돌아올 열망이 결코 없었다. 그래서 처
음에는 돌아오라는 비레의 제안을 거절했고, 5월 9일에 그에게 답장하기
를, "나는 나의 건강을 위해서 그렇게 관심을 가지고, 당신이 당신 자신을
보여준 곳에서 온 그 편지의 일부 내용을 보고 기뻐해야 했다."고 토로한
다. "내가 제네바에서 성공할 수 있습니까? 왜냐하면, 지금은 오히려 십자
가를 질 수 없지 않습니까? 한 번 거기서 몹시 괴롭힘을 당한 것으로 나는
아주 충분합니다. 왜, 내가 다시 똑같은 고문당하기를 원하십니까? 그러
므로 나의 비레, 만일 당신이 나에게 최선을 원한다면, 그 생각을 잊어버
리십시오."[18]라고 답했다.

칼빈은 소란(騷亂)한 제네바로 돌아갈 것을 완강히 거절하면서, 동시에
비레가 도착하여 그곳에서 잘 사역한 것을 배운 후에, 그 도시의 개혁에 대
하여, 항구와 같은 소망을 품고 있었다. 1541년 2월에 파렐에게 편지를
쓰면서, 칼빈은 그 소란스런 제네바 주민에 대한 비레의 영향력 있는 유효
한 결과에 대한 그 자신의 확신을 표현했다. "그것은 제네바 교회가 비레의
도착과 함께 부여된 것을 배울 나에게 유일한 기쁨이었습니다. 나는 지금

16) Robert Linder, *The Political Ideas of Pierre Viret* (Geneva, 1964), 27.
17) Barnaud, *Pierre Viret*, 205.
18) Felix Bungener, *Calvin: His Life, His Labours, and Writings* (T. & T. Clark, 1863), 162.
19) As quoted in Michael W. Bruening, "Pierre Viret and Geneva," *Archive for Reformation History*, Volume 99 (2008), 180.

은 그 사역이 위험하다는 것을 예견합니다."[19]라고 자기의 의사(意思)를 표명하였다. 그러나 깔뱅의 단호한 거절에도 불구하고, 비레는 그 과정에서 단념시킬 수 없었고, 제네바에 그의 위치로 돌아갈 그의 친구와 변론을 계속했다. 비레는 "당신은 상상할 수 없습니다."고 칼빈에게 편지를 썼는데, "그들이 내 설교를 집중해서 듣고, 남성도들이 그 공화국의 그런 평온한 통치에 매혹되어, 그곳은 완전히 변모되었고, 완전히 새로운 모습을 취했습니다."라고 설득했다. 버나드도 이를 보증하기 위해서, "꺼려하는 칼빈과 함께 그의 감화력"을 사용했고, "제네바는 하나님의 도우심과 비레의 사역으로, 새로운 국가로 갱신되었다."[20]고 표현했다.

이렇게 끈질긴 호소를 받고, 결국 칼빈은 설득되어, 제네바 시로 돌아왔다. 비레는 기쁘게 칼빈의 재입국절차를 도와주었다. 마이클 브루에닝(Bruening)의 기록에 의하면, "그 당시, 제네바에서 비레의 위상은 칼빈이 처음 그 도시로 돌아올 때, 그의 주저함을 극복하는데도 요긴했고, 칼빈이 제네바에 도착한 후에도, 그의 개혁적 노력을 돕는데도 필수적이었다."[21]고 말한다.

칼빈이 제네바로 돌아올 때, 그의 시야에 비친 제네바 시는 그가 그곳을 떠났을 때의 정황이 전혀 아니었다. 목격자들이 말했듯이, 제네바 시는 그야말로 "비레 목사의 사역으로 말미암아 새롭고, 변화된 상태"가 되어 있었다. 겸허한 성격의 소유자인 비레는 다른 원인에서도 신망을 받고 있었다. "모든 사람은 어쩔 수 없이, '이것이 바로 여호와의 손에 달려있음'을 인식하고 인정한다."[22]고 고백했다. 칼빈이 다시 제네바에 정착하게 되었을 때, 비레 자신은 로잔교회의 목사로 곧 돌아가기를 원했으나, 그는 칼빈을 돕

20) Calvin to Farel, February 19, 1541, quoted in Jaquemot, "Viret: Reformateur de Lausanne," 30.
21) Barnaud, *Pierre Viret*, 205.
22) Bruening, "Pierre Viret and Geneva," 176.

기 위해 제네바에서 여러 달 동안 머물도록 요청되었다. 파렐은 취리히의 목사들에게 서신을 보냈다. 그 결정적 시간에, 제네바의 도시에서의 비레의 위상의 중요성을 특별히 언급했다. "만일 비레가 로잔으로 다시 청빙되는 경우에, 필연코 칼빈과 제네바교회는 다시 폐허로 떨어질 것이다."[23]라고 호소했다. 마이클 브루에닝의 기록에 의하면, 칼빈도 이 의견에 동의하여, 비레의 로잔에로 떠남은 어쩔 수 없이 6개월을 연장하여, 오랜 기간을 지연한 끝에, 칼빈이 결국 1541년 9월에 제네바로 오게 되었다.[24] 비레는 칼빈이 제네바 시에 도착한 즉시, 그의 개혁을 실행하는 일에 착수하도록 제네바 교회를 변화시키는데 도움을 주었다. 이 기세를 꺾는 일에 당면해서, 칼빈은 돌아온 후 3일에, 비레가 자신의 옆에 남아서 도와주기를 파렐에게, "나도 역시 비레가 내 옆에 있기를 원합니다. 나는 절대로 그가 나를 떠나서 멀리 있기를 허락하지 않을 것입니다."라고 간청했다. 칼빈은 지금 비레가 제네바에 꼭 필요하다고 그를 설득하였고, 파렐에게도 "만일 비레가 나를 떠나면, 나는 온전히 개혁을 성취할 수 없고, 이 교회를 잘 지킬 수 없습니다."라고 말했다. 그러므로 칼빈은 "내가 그의 목회지를 빼앗으려는 것이 아님을 입증하고…다른 사람이 나를 용서하기 바랍니다."고 토로했다. 칼빈이 그의 감정을 거의 드러내지 않음으로 알려져 있지 않았지만, 이 말은 그가 제네바에 다시 돌아온 후, 첫 번째 몇 개월 동안, 어떻게 그가 그의 동역자를 깊이 생각했던가를 잘 입증하는 귀중한 자료가 된다.[25]

그리고 비레는 제네바에서 그의 동역을 성실히 마친 후, 1542년에 로잔으로 돌아갔다. 그런데 그가 없는 동안, 위태로운 지경에 처한 로잔교회를 그는 돌아보고, 그의 마음과 건강은 심한 충격을 받았다. 그는 로잔으로 돌

23) Viret to Calvin, February 8, 1541, quoted in Henri Vuilleumier, *Notre Pierre Viret* (Librairie Payot & Cie, Lausanne, 1911), 86.
24) Calvin also shared this opinion, as is noted by Michael Bruening, After a long delay, which necessitated a six-month extension of Viret's leave of absence [from Lausanne], Calvin finally returned to Geneva in September 1541.
25) Vuilleumier, *Notre Pierre Viret*, 87.

아온 후에, 칼빈에게 말하기를, "내가 왔노라, 보았노라, 말로 표현할 수 없음을 발견했노라. 우리가 이 교회의 형편에 대해서 소식을 들어왔지만, 그 소식은 정확하지 않았다."[26]고 편지를 썼다. 비레는 그의 친구에게 절망적인 난국으로 결국 교회가 타락해 버렸다고 거듭 말했다. 칼빈은 답장을 써서, 그의 심각한 곤경으로 비레가 몹시 시달리지 않도록 지대한 관심을 표했다. 칼빈은 형제의 심정으로, 비레에게 그 자신을 잘 살피라고 위로했고, 알려진 그 자신의 건강과 형편을 잘 돌보라고 하면서, "클라우디우스 프란쿠스(Claudius Francus)가 여덟 번째 주일에 경축하게 될 그의 결혼식에 당신이 오는 것을 심히 원하지만, 나는 당신을 괴롭히는 우려와 슬픔에서 조금이라도 회복할 수 있도록, 오히려 당신이 기다리기를 원합니다. 나는 당신을 생각할 적마다 두려움 속에 있지만, 나는 당신 자신이 어떻게 계신지를 나에게 알게 하거나, 누가 당신으로부터의 서신을 가져옴이 없이 아무도 이곳에 오지 못하게 함을 당신이 허락하기를 소원합니다."[27] 라고 격려했다.

비레는 아카데미(학술원)에서의 교육뿐만 아니라 목사로서의 그의 사역도 지속했다. 그러나 그의 삶은 곧 더 큰 비극적 방해를 받았다. 1545년, 비레의 아내인 엘리자베스가 병으로 눕게 되고, 실패한 그녀의 건강을 회복시키려는 비레의 필사적인 노력에도 불구하고, 다음 해, 3월에 그녀는 소천하고 말았다. 비레는 친애하는 친구에게 그녀의 죽음에 대해서 쓰면서, "사랑하는 아내의 죽음과 같은 고통스러운 타격으로 주님께서 나에게도 체험을 하게 했다."고 고백했다. "그는 나의 절반을 취하셨습니다. 그는 충성스런 동반자요, 훌륭한 어머니이며, 나의 습관과 취향과 사역에 아주 적합한 배우자였는데, 데려가셨습니다. 이 타격 때문에, 나는 내 집에서

---

26) Bruening, "Pierre Viret and Geneva." 184.
27) As quoted in Michael W. Bruening, *Calvinism's First Battleground: Conflict and Reform in the Pays de Vaud*, 1528–1559 (Springer, Dordrecht, The Netherlands, 2005), 179.

나 자신에게 낯선 사람으로 나타난다는 것이 그토록 고통스러웠습니다. 그러나 이것은 주님에게는 좋은 듯 보였고, 그의 의지가 항상 옳았다고 보였고, 나는 더 이상 오랜 편안함을 누리는 것은 무가치하게 보였습니다. 그녀는 내 사역을 걱정하지 않았고, 오히려 그녀는 그의 믿음과 경건함과 고결함과 하나님께서 그녀에게 주신-다른 사람에게 보기 드문-미덕으로 그것을 영광스럽게 여겼습니다."[28]고 간증했다.

이토록 비레의 슬픔은 그가 그 타격에서 회복하지 못할 만큼, 그의 친구들이 염려할 정도로 너무 큰 것이었다. 사실상, 어떤 뜬소문은 그가 정말로 그의 슬픔에 빠졌다고 제네바에까지 곧 퍼져나갔고, 실제로 그는 아내가 죽고 그의 고향 오르브로 돌아왔다.[29] 제네바는 소란스러워졌고, 그리고 칼빈의 놀람은 이루 형언할 수 없었다.[30] 그러나 그 소문이 그들에게 전달된 그 날에, 동시에 한 서신이 비레로부터 왔고, 그 소문이 거짓인 것이 독자들에게 밝혀졌다. 깊은 안심을 하고, 칼빈은 바깥을 향해 크게 외치면서 그의 친구에게, "나는 그것을 도무지 참을 수 없었기에, 우리가 억지로 애도의 하룻밤을 지나려고 강요되지 않았음을 기뻐한다."[31]고 서신을 보냈고, 그 소문이 거짓임에도 불구하고, 칼빈은 그의 친구를 크게 염려해서, 비레가 당분간 제네바로 올 것을 애걸하였다.[32] "당신의 슬픔뿐만 아니라 당신의 모든 어려움으로부터 당신 자신을 전환시키기 위해서 오시오. 당신은 내가 당신에게 어떤 사역을 부과할 것을 염려할 필요는 없어요. 나는 당

28) Calvin to Viret, August 1542, quoted in Jaquemot, "Viret: Reformateur de Lausanne," 34, note.
29) Viret to Watteville, March 8, 1546, quoted in Doumergue, *Lausanne au temps de la Reformation*, 46.
30) Indeed, a rumor was soon spread throughout Geneva that he had indeed succumbed to his grief, and had returned to his hometown Orbe to die. Geneva was thrown into an uproar, and Calvin's consternation was indescribable.
31) Jaquemot, "Viret: Reformateur de Lausanne," 42.
32) In profound relief Calvin wrote to his friend, exclaiming, "I rejoice that we were not constrained to pass a single night in mourning, for I could never have endured it." Despite the falsity of the rumor, Calvin was greatly concerned for his friend, and wrote, begging Viret to come to Geneva for a time.

신이 평온함 속에서 당신 자신의 즐거움을 즐기도록 돌볼 것이요. 그리고 만일 누군가 당신을 성가시게 하면, 나는 그들을 처리할 것이요."[33]라고 간청하였다. 칼빈의 감동적인 편지에도 불구하고, 비레는 로잔에서의 그의 사역에서 그 자신을 뗄 수가 없었다. 그러나 칼빈은 그가 단념하지 않으니까, 다시 비레가 오도록 간청하는 편지를 보냈다. 이번에는 그 길에서 그 자신이 피로하지 않게, 비레를 제네바로 수행할 말(馬)을 보낼 만큼 그가 직접 갔다. 결국, 그의 절친한 친구의 강요를 받아, 비레는 더 이상 거절할 수 없어서, 잠시 동안 로잔을 떠나, 그의 동료 개혁자의 위안을 받으면서, 동행하여 제네바로 향하였다.

이후 같은 해, 비레는 칼빈과 특정한 반대자를 포함한 2개의 분열된 갈등세력을 중재하기 위하여 제네바로 돌아오도록 다시 청빙되었다. 비레의 중재력(仲裁力)은 종종 그의 사역을 통해서 유용하게 쓰임을 받았다. 그는 형제사역자들 싸움도 잘 중재함으로 많은 도시에로 여행하게끔 불림을 받았다. 비레의 화해술(和解術)은 칼빈에게 특히 유용했다. 칼빈은 그의 제네바와 그 밖의 교란된 사역의 중재역할로 그의 절친한 친구를 자주 활용하였다. 1547에, 칼빈은 하나의 분쟁문제로 비레에게 협조요청서(協助要請書)를 쓰면서, "소란 없이 문제를 진정(鎭靜)하고자 하는 사람들은 당신이 섭리의 조정자(調停者)가 되기를 바랍니다. 반대하는 세력들도 당신을 원합니다."[34]고 간청했다. 심지어 비레의 대적들도 정당한 판단과 불공정한 판단을 그에게서 발견하려고, 그의 도움을 요청했다. 교회훈련과 성만찬의 집행에 대하여, 개혁교회 목사들과 베른의 당국과의 논쟁이 발생했다. 그 논쟁은 비레와 로잔에서 온 다수의 다른 사람들의 제명으로 끝났다. 비레는 아카데미의 교수들과 학생들의 대부분과 함께 제네바로 이동했다.[35] 불과 5개월 후에, 칼빈은 로잔에서 도망한 교수들을 채용하여, 그의

---

33) Calvin to Viret, quoted in Doumergue, *Lausanne au temps de la Reformation*, 46.
34) Calvin to Viret, quoted in Barnaud, *Pierre Viret*, 315.
35) Viret, along with most of the professors and students of the Academy, moved to Geneva.

제네바 아카데미를 설립했다.

2.5. 프랑스에서의 그의 사역[36]

로잔에로의 22년의 "대부(貸付)"한 이후로, 그들의 옛날 목사를 다시 받은 제네바의 기쁨은 이루 다 말로 표현할 수가 없었다. 그 도시는 환호와 팔을 벌려 망명한 비레를 환영했다. 3월 2일에, 그 위원회는 비레를 만나, 그를 "그들의 목사로 모시고, 1년에 생활비로 400 플로린스와 와인 2통"[37]을 드리기로 청빙조건을 전했다. "비레가 바로 설교할 곳은 성(聖) 제르맹 교회로 정해졌지만, 그의 설교를 듣기 위해 모여든 청중들이 너무 많기 때문에, 그들이 모두 참석할만한 새로운 집회장소를 물색해야 했다. 그러므로 그 위원회는 비레의 설교를 들으려고 참석하려는 대중을 위한 충분한 장소를 제공하려고, 더 큰 성(聖) 피에르 교회로 6월 안에 이사하기로 결정했다.[38]

그러나 1559년 1월에, 또 다른 비극이 비레를 기다렸고, 비레가 제네바에서 머물던 시간은 심각한 질병 때문에, 너무 짧았다. 1561년 4월에 그의 병은 위험스런 지경에까지 갔다. 그리고 이 질병이 그를 곧 무덤으로 데려갈 만치 위협을 주고, 비레는 4월 12일에 그의 마지막 유언을 남겼다.[39] 그가 쓴 그의 병에 관하여, "내 몸이 너무 쇠약해서 병이 들었고, 내 판단에 나는 더 이상 기대할 수 없는 상황으로 악화되었고, 그래서 죽게 되었습니다. 내가 죽음에 가까이 이를 중병이 들기 전에는 나는 한 번도 앓은 적이 없었고, 심지어 내가 복음의 대적들의 간책과 교활함에 의해서도 독살되지 않았습니다."[40]고 회고했다.

---

36) 1559-1571
37) Barnaud, *Pierre Viret*, 322.
38) Barnaud, *Pierre Viret*, 538.
39) Linder, *The Political Ideas of Pierre Viret*, 39.
40) Bruening, "Pierre Viret and Geneva," 188.

여름철 몇 개월 동안에, 비레의 건강은 부분적으로 회복되었지만, 겨울
이 다시 다가오면서, 악화되어 그의 주치의(主治醫)는 그에게 남쪽 프랑스
의 온난한 기후를 찾아서 휴양(休養)할 것을 촉구했다. 그래서 비레는 9월
에 제네바를 떠나서, 프랑스 남부로 여행을 했다. 그의 설교명성은 너무 컸
고, 그가 갈 곳을 선택한 프랑스 교회들 중에서, 그곳은 직접적인 권위가
부여된 곳이었다. "오를레앙(Orléans), 아비뇽(Avignon), 몽토방
(Montauban), 몽펠리에르(Montpellier)와 같은 곳에서 그가 요청하는
대로 비레에게 큰 은혜를 베풀었다."[41] "프랑스에서의 그의 사역은 특히 그
해 초에 걸린 그의 질병을 가중시킨 특별한 상황이 되었다. 비레가 프랑스
에 도착했을 때, 전국교회의 성도들이 그를 방문했다. 심지어 파리와 님므
(Nîmes)에 있는 교회들도 그의 예배인도를 공식적으로 요청하는 대표단
을 제네바로 보내었다."[42] 비레가 리옹(Lyon)과 님므(Nîmes)로 처음 여
행할 때, 님므(Nîmes) 시(市)는 아주 따뜻하게 그를 환영했다. 성도들은
그의 설교를 듣기 위해 모여들었고, 모든 군중이 운집할 만큼의 큰 장소가
없어서, 비레는 야외 필드와 양치는 목장에서 설교할 수밖에 없었다. 모인
군중들은 하나님의 말씀에 열렬히 응답했고, 1562년 1월 4일에는 오전
10시부터 오후 4시까지 계속 예배를 집행했고, 비레는 8천명의 성도들에
게 성찬을 시행했다. 지지자와 마찬가지로 대적자도 동일하게 그 설교의
은혜로움과 신선함에 끌림을 받았다. 그가 본지(Vaunage)의 야외에서 어
느 날 설교했을 때, 가톨릭의 수도원 원장과 수도사들이 스스로 그의 말을
들으려고 왔다. 비레는 그 청중들에게 성경이 약속한 대로, 복음의 경이로
움과 구속의 축복을 설명했고, 그 말씀들은 공허하게 그에게 되돌아오지
않았다.

리히텐베르게르(Lichtenberger)에 의하면, "그의 설교는 완벽하게 성
공했다. 사제들과 그 간부직원들이 개신교도가 되었고, 수도원이 총수입

41) Bruening, "Pierre Viret and Geneva," 188.
42) Linder, *The Political Ideas of Pierre Viret*, 43.

의 절반을 복음화를 위해 봉헌했으며, 다른 절반도 가난한 사람들을 돕기 위해 사용했다."[43] 비레가 님므(Nîmes)에 있는 동안, 점점 불어나는 군중에게, 매주 주일뿐만 아니라 매주 수요일에도 설교했다. 그는 또한 수많은 교회분쟁의 조정자로서 갑절이나 일했을 뿐만 아니라, 지방학술원의 신학교수로도 일하게 되었다. 비레가 제네바를 떠나서, 결국 부재하게 되었을 때, 님므(Nîmes)의 제직회는 그들의 목회자가 상실될 것이 점점 두려워졌다. 그래서 그들은 그를 붙들려는 노력으로, 12월에 제네바 교회의 제직회에 대표단을 보내어, "추수할 믿음이 넘치고, 목마름과 굶주림은 견딜 수 있습니다. 우리에게 수확할 사람이 필요합니다. 우리는 영광스런 하나님의 이름으로, 당신들이 우리와 함께 비레를 머물게 해줄 것을 가장 큰 우리의 애정으로 간청하고 애원합니다."[44]라고 서신을 보냈다. 그러나 그런 아주 간절한 편지에도 불구하고, 제네바 교회의 제직회는 그들의 간청을 받아들이지 않았다. 사실, 그들(제네바 교회의 제직회)은 비레의 청빙을 간청하는 편지를 수없이 많이 받았다. 그들은 마지막에, 비레 자신이 갈 곳을 결정하도록 결의했다. 몽펠리에르, 몽토방, 오를레앙, 심지어 파리에서 요청이 쏟아졌다. 비레는 개혁목사에 대한 요구가 가장 절실한 몽펠리에르 교회로 결정했고, 그는 1562년 2월에, 그 도시로 갔다. 님므(Nîmes)에서와 마찬가지로, 비레의 노력은 몽펠리에르에서도 놀라운 성공을 거두었다. "극적인 결과는 몽펠리에르의 유명한 의과대학 교수단의 거의 전체를 포함하여, 개혁노선에로 승리한 수많은 성도들이 모두 그를 추종했다."[45] 비레는 몽펠리에르에서 짧게 머문 후에, 비레는 5월 말에, 향후 3년간 머물게 될 리옹의 청빙을 수락했다. 리옹 시(市) 위원회는 제네바 위원회에 서면을 보내어, 그들이 1562년 11월의 비레에 대하여 가진 사랑의 빚을 되갚을 뜻을 표명했고, "우리는 우리 전체 군대보다 그의 학문적인

43) Linder, *The Political Ideas of Pierre Viret*, 43.
44) Frédéric Lichtenberger, *Encyclopédie des sciences religieuses*, Tome XII (Paris, 1882), 407.
45) Barnaud, *Pierre Viret*, 567-568.

경건한 설교에서 더 큰 지지와 도움을 얻었습니다."[46]고 표하면서, "그의 함께함이 없이 우리가, 그 임무에 대하여 우리 군사들을 유지하는 일은 불가능할 것입니다."[47]라고 진술했다.

리옹에서 비레가 사역하는 동안, 비레는 개신교의 지도자인 프랑소와 드 뷰몽의 권한으로, 당시에 있었던 발란스(Valance)를 통과할 기회를 얻었다. 거기서, 비레는 에드몽 아우제르(Edmond Auger)라는 한 제수회파 사람의 의도된(계획된) 사형집행을 알게 되었다. 그는 그 사람을 구원하려고 단두대에까지 직접 뛰어들어, 그의 삶을 중재(仲裁)함으로, 비레는 이단에게도 관용심을 보여주었고, 오히려 행정당국을 설득했으며, 그래서 절박한 죽음에서 그의 대적을 구조했다. 1563년 3월에, 프랑스에서의 모든 외국출신 목사의 사역을 금지하는 로얄 칙령의 발포(發布) 때문에, 비레의 사역은 심각한 위협을 받았다. 그러나 그 칙령(勅令)에도 불구하고, 비레는 도리어 가톨릭교도들의 요청에 의해서 그 대상에서 제외되었다.

비레는 바쁜 사역으로 언제나 많은 시간이 필요했지만, 그럼에도 불구하고 그는 저술활동을 소홀히 하지 않았다. 그의 학문적 생산은 엄청난 것이었다. 그는 50권의 책을 썼고, 다작의 작가였다. 그의 작품은 그 시대의 베스트셀러였고, 독일어, 이탈리아어, 영어, 화란어, 라틴어 등 여러 언어로 번역되었다. 비레의 작품은 신학적 치료에 큰 깊이를 보여주었다. 그러나 그는 아주 단순한 평신도까지도 그의 문장을 이해할 수 있도록 비공식적이면서도, 아주 이해하기 쉬운 문체로 글을 썼다. 그러나 사실, 깊은 신학적 진리를 다루는 그의 간결한 문체는 새로운 회심자와 더불어 최고경지의 신학자에게도 그의 책은 모두 유익했다.

스위스의 역사가인 에밀 두메르그(Doumergue)는 비레의『기독교 교

---

46) Linder, *The Political Ideas of Pierre Viret*, 43.
47) Linder, *The Political Ideas of Pierre Viret*, 46.

육』에 대하여, "비레는 가난한 사람들을 위해서" 글을 썼고, "그가 시골 사
람들을 위해서 시골풍으로 글을 썼고, 어린이들을 위해서 어린이처럼 글
을 쓰는 것은 두렵지 않았다."[48]고 논찬했다. 리옹에 머무는 동안, 비레는
칼빈의『기독교 강요』와 견줄만한 작품으로, 율법과 복음의 교리 (요리문답
해설) 안에서의『기독교 교육』[49] 3권의 가장 큰 저술사역을 완성했다. 그의
작품은 참으로 심오한 신학적 걸작이었지만, 그것은 비레 자신이 방대한
책 서문에서 언급했듯이, 이해하기 쉬운 문체로 기록되었고, 그의 친밀한
해설은 겸허한 마음과 가장 무지하며, 가장 분명하고, 친밀하게, 자신에게
하는 것처럼, 그는 대중적으로 "가장 단순한 가르침에 대한 질문이 있으면,
짧고 애매모호(曖昧模糊)한 것보다, 더 자세하고 더 분명한 것이 더 낫
다."[50]고 말한다.

  예기치 않은 사태변화 때문에, 리옹에서의 비레의 사역은 갑자기 짧아졌
다. 비레가 2년 전에 구조한 제수회파 에드몽 아우제르는 1565년에 리옹
으로 이동했고, 비레를 프랑스에서 추방하도록 끈기 있게(indefatigably)
활동했다. 제수회파의 계획이 성공적으로 진행되었고, 8월 27일에 비레
는 8일 이내에, 왕의 법령에 따라, 프랑스를 떠나도록 명령을 받았다. 비
레의 친절에 도리어 에드몽 아우제르가 악하게 대응한 것에 격분한 친구들
은 개혁자에게 억제할 수 없는 그들의 감정을 토로했다. 비레는 의례 하던
대로, "인간이 악(惡)을 위해 의미(존재)함은, 하나님이 선(善)을 위해 의미
(존재)함이다."[51]고 대답했다. 그래서 비레는 프랑스를 떠나, 오렌지에서
피난생활을 했다. 그 곳은 그 당시 나소(Nassau)의 윌리엄의 통치 하에
있었다. 그러나 비레의 대적들은 그를 끈질기게 계속 추적했고, 그는 결국
1566년 말 즈음에, 또 다시 오렌지를 떠나야 했다.

---

48) Barnaud, *Pierre Viret*, 588.
49) Tome Premier, *Pierre Viret: Instruction Chrétienne*, L' Age d' Homme, 1564.
50) Emile Doumergue, *Lausanne au tamps de la Reformation* (Georges Bridel & Cie
    Editeurs, Lausanne, 1902), 12.
51) Pierre Viret, *Instruction Chrestienne* (L' Age d' Homme, Lausanne, 2008), 33.

비레는 그를 베른(Bern) 교회의 감독(superintendent)으로 임명한 쟌 느 드 알브레(Jeanne d' Albret)에 의해, 열렬한 환영을 받고, 베른 (Bern)으로 행했다. 1568년, 세 번째, 프랑스 시민전쟁이 발발했다. 1569년 3월에, 비레는 11명의 다른 개혁교회의 목사들과 함께 파우(Pau) 의 가톨릭 군대에 의해서 체포되었고, 차바나이(Chabanay) 성(城)에 투 옥되었다. [52] 대부분의 목사들은 처형되었지만, 가톨릭교도들은 비레에게 처형을 면하게 하였다. "주로 긍정적인 명성 때문에, 심지어 교회의 대적 들도 그를 즐겁게 했다."[53]

늦은 8월, 비레는 잠시 구출되어, 베른 교회의 사역으로 되돌아갔다. 그 리고 피에르 비레는 1571년 4월에, 비록 대단히 유익한 생애였지만, 길고 어려운 일생을 마감하고, 60세의 나이로 소천했다. [54] 그의 죽음의 사이트 는 정확히 알려지지 않았지만, 하나님의 사람의 영광스러운 종말은 프랑스 의 역사가(歷史家)인 장 까르(Jean Cart)의 말로 잘 해설되었다. 유배의 땅에서, 그의 알려지지 않은 종말론적 사상과 우리가 결코 알지 못할 이 무 덤에 대하여, 우리는 성경의 말씀으로 다음과 같이 확신하며 반복한다. 즉, "성도의 죽는 것을 여호와께서 귀중히 보시는도다."(시116:15)[55] 비 레는 주님께서 아주 사랑하는 사람들 중의 한 사람이었고, 은혜의 복음에 감복된 후에, 주님에게 전적으로 모든 것을 포기한 뛰어난 영혼의 소유자

---

52) Frédéric Lichtenberger, *Encyclopédie des sciences religieuses*, Tome XII (Paris, 1882), 408. .
53) Philippe Chareyre; Most of the ministers were executed, but the Catholics spared Viret, "largely because of the positive reputation he enjoyed even among his ec-clesiastical enemies."
54) Viret was rescued a short time later (August), and returned to his ministry in Bearn. In April of 1571, after a long and difficult—though exceedingly fruitful— life, Pierre Viret died, at the age of 60.
55) Robert D. Linder, "Forgotten Reformer," Christian History Magazine, Issue 71 (2001), 37; The site of his death is unknown, but the glorious end of this man of God is well captured in the words of the French historian Jean Cart, At the thought of his unknown end, in the land of exile, and of this tomb which we will never see, we confidently repeat the words of Holy Scripture: "Precious in the sight of the LORD is the death of His saints!"(Psalm 116:15)

였으며, 그의 봉사에 기탄없이 그 자신을 헌신한 사람이요, 하나님을 위한 사랑이 그리스도의 군사의 깃발이며, 그것은 전투의 날에, 그를 영웅이요, 순교자로 만든 것이다.[56]

3. 나가는 말

필자가 생각하기에는 피에르 비레는 어떤 면에서 루터나 칼빈보다도 더 위대한 종교 개혁자였다. 그러나 유감스럽게도 역사적으로 너무 많이 그의 사적들이 숨겨져 있다. 특히, 우리 나라의 일반 평신도들은 그가 너무 낯설고, 또 잘 알려져 있지 않다. 그러나 이상에서 우리가 함께 고찰한 바와 같이, 비레는 칼빈을 진정 칼빈이 되게 한 최대의 동역자요, 그의 선각자이기도 하다. 우리가 칼빈을 생각할 때, 의례히 제네바를 자동적으로 떠올린다. 그러나 이 글에서, 대부분의 역사가들이 이구동성으로 공표하였듯이, 그 당시에 제네바에서, 비레의 위상이 칼빈의 위상보다 훨씬 더 우위에 있었던 것이다. 뿐만 아니라 비레는 저술활동과 중재자로서의 정치력에 있어서, 칼빈과 버금가는 탁월함이 있었다. 그리고 그의 설교 및 목회생활과 아카데미의 교육사역은 너무나 눈부시게 들어나 있었고, 부흥과 영향력이 있었다. 우리가 지금도 그토록 사모하며 믿는『하이델베르크 요리문답서』(1562년)를 작성한 우르시누스와 올레비아누스와 첫 번째 개혁고백서, 『네덜란드 신앙고백서』(1561년)의 저자인 귀도 드 브레(Guido de Bres)가 바로 그의 친 제자였다는 사실을 기억할 때, 우리는 마땅히 그를 역사적으로 재조명해 보아야 된다고 믿는다.

---

56) Jean Cart, Pierre Viret, *Le Reformateur Vaudois*, 157-158; Viret was one of those well-beloved of the Lord, one of those exceptional souls who, after having been vanquished by grace, surrenders their all entirely to their Master, and devotes themselves unreservedly to His service. Love for God—this is the banner of Christ's soldiers; it is this which, in the day of battle, makes each of them a hero or a martyr.

참고문헌

Barnaud, Jean. *Pierre Viret: Sa vie et son oeuvre*. Saint-Amans, 1911: 74, 205.

Bruening, Michael W. *Calvinism's First Battleground: Conflict and Reform in the Pays de Vaud*. 1528-1559. Springer, Dordrecht, The Netherlands, 2005: 179.

_____. "Pierre Viret and Geneva," *Archive for Reformation History*. Volume 99. 2008: 180.

Bungener, Felix. Calvin: His Life, His Labours, and His Writings. T. & T. Clark, 1863.

Calvin to Farel. quoted in Jaquemot, "Viret: Réformateur de Lausanne." February 19, 1541: 30.

Calvin to Viret. quoted in Jaquemot, "Viret: Réformateur de Lausanne." August 1542: 34.

Calvin to Viret. quoted in Barnaud. *Pierre Viret*, 315.

Calvin to Viret. quoted in Doumergue. *Lausanne au temps de la Reformation*, 46.

Cart, Jean. *Pierre Viret: le Reformateur Vaudois*. Lausanne: 1864.

D'Aubigne, J. H. Merle. *History of the Reformation in Europe* Vol. V. Sprinkle Publications: Harrisonburg, VA, 2000.

Doumergue, Emile. Lausanne au temps de la Reformation. Georges Bridel & Cie Editeurs: Lausanne, 1902.

Gamble, Richard C. edit. *Calvin's Work in Geneva*. New York: Garland publishing, INC. 1992.

Jaquemot, Henri. "Viret: Réformateur de Lausanne," *Thèse présentée à la Faculté de Théologie de Strasbourg*. Strasbourg, August, 1836: 21, 31.

Lichtenberger, Frédéric. *Encyclopédie des sciences religieuses*. Tome XII. Paris: 1882: 407-408.

Linder, Robert D. *The Political Ideas of Pierre Viret*. Geneva: 1964.

_____. "Forgotten Reformer." Christian History Magazine. Issue 71. 2001: 37.

Premier, Tome. *Pierre Viret: Instruction Chrétienne*. L'Age d'Homme, 1564.

Viret, Pierre. *Instruction Chréstienne*. L'Age d'Homme: Lausanne, 2008.

Viret to Calvin, quoted in Henri Vuilleumier, February 8, 1541. *Notre Pierre Viret*. Librairie Payot & Cie, Lausanne, 1911: 86.

Viret to Watteville, March 8, 1546, quoted in Doumergue, Lausanne au temps de la Reformation, 46.

Vuilleumier, Henri. *Notre Pierre Viret*. Librairie Payot & Cie, Lausanne, 1911.

박건택 편.『칼뱅 서간문』제1권(1530-1538). 서울: 개신교신학연구소. 미출판문헌.

_____.『칼뱅 서간문』제2권(1539-1543). 서울: 개신교신학연구소. 미출판문헌.

Abstract

Bong Geun Cho
Emeritus Professor of Kwangshin University

I have written concerning Pierre Viret who is one of those well—beloved of the Lord, one of those exceptional souls who, after having been vanquished by grace, surrenders his all entirely to his Lord, and devotes himself unreservedly to His service. Love for God is the banner of Christ's soldiers; it is this which, in the day of battle, makes him a hero or a martyr. Pierre Viret was born in 1511 in Orbe, a small town in the Canton of Vaud,[57] to a devout Roman Catholic family. His father Guillaume was a draper and tailor. Pierre, however, had no desire to follow in his father's trade; even as a young boy he found himself seeking after God. His schoolteacher, Marc Romain, was a follower of Luther, and it is quite likely that, while still a boy in his little village of Orbe, Viret was exposed to the teachings of the Reformation. Viret's parents soon noticed the child's aptitude for learning, and, after the boy completed his studies at the village school, they sent him to Paris to study for the priesthood. He attended the College de Montaigu at the same time Calvin was also enrolled there as a student. It was while at college that Viret was converted to the Protestant Faith. The young man rejected Roman Catholicism and, fleeing the Roman Catholic stronghold of Paris, returned to his hometown, Orbe. Viret, of a nat—urally "timid and modest disposition," was at first unwilling to accept such a post. However, at Farel's continued prodding, Viret at last conceded. He preached his first sermon May 6, 1531. Crowds flocked to hear the young preacher, and marveled at the eloquence and wisdom of the man they had known from childhood. Many souls were converted under Viret's preaching, but of greatest importance to the young pastor was the conversion of his two Roman Catholic parents. As he noted later, "I have much occasion to give thanks to God in that it hath pleased him to make use of me to bring my father

---

57) (present—day Switzerland)

and mother to the knowledge of the Son of God. The small gathering of Reformed believers in Orbe quickly multiplied under Viret's preaching, so much so that by Passover of the following year(1532) Viret administered communion to seventy-seven believers, including both his parents. The Council of Payerne at last acceded to this request, and a date was fixed. Upon hearing the news, the towns people of Geneva mourned the impending loss of their beloved Viret, exclaiming, "Must the Church be robbed of such a pearl? Poor Viret! Poor reformers! Sword-cuts in the back, poison in front. Such are the rewards of those who preach the Gospel!" With his benevolent and peaceful character, Viret was admirably qualified for this undertaking, which, moreover, he carried out successfully." 'Master Pierre Viret,' says the register at the date of the 28th February, 'hath showed that it would be very meet to write again to Master Calvin. In April of 1571, after a long and difficult—though exceedingly fruitful—life, Pierre Viret died, at the age of 60. The site of his death is unknown, but the glorious end of this man of God is well captured in the words of the French historian Jean Cart. At the thought of his unknown end, in the land of exile, and of this tomb which we will never see, we confidently repeat the words of Holy Scripture: "Precious in the sight of the Lord is the death of His saints!"(Psalm 116:15)

잔키우스와 스트라스부르 예정론 논쟁

이남규 (서울성경신학대학원, 조직신학)

1. 들어가며

"이 무관심이 슬프게도 오늘날까지 계속되고 있다."[1] 이것은 우리가 다루려는 잔키우스의 생애와 글이 주목받고 있지 않음에 대하여 한탄하는 타일렌다(Tylenda)의 말이다. 제롬 잔키우스(Jerom Zanchius/Girolamo Zanchi/Hieronymus Zanchius, 1516-1590)는 16세기 후반 영향력 있는 뛰어난 그리고 유명한 개혁신학자로서, 나아가 베자와 함께 가장 중요한 칼빈주의 정통주의 형성의 창시자로 평가받음에도 불구하고[2] 많이 알려져 있지는 않다. 생애에 대한 글은 독일저널에 실린 것이 가장 상세한데 무려 150년 전의 것이다.[3] 그래도 잔키우스를 가장 많이 알려 준

---

1) Joseph N. Tylenda, "Girolamo Zanchi and John Calvin - A Study in Discipleship as seen Through Their Correspondence," in *Calvin Theological Journal* Vol. 10 (1975), 102.
2) "Neben Beza der wichtigster Begründer calvinistischer Orthodoxiebildung" Heinz Brunotte und Otto Weber, eds., *Evangelisches Kirchenlexikon*, vol.3 (Göttingen: Vandenhoeck & Ruprecht, 1959), 1883.
3) Charles Schmidt, "Girolamo Zanchi," in *Theologische Studien und Kritiken* 32 (1859), 625-708.

것은 그의『절대예정론』일 것이다. 톱 레디가 번역하여 알려진 것이 영국과 미국에서 여러 번 출판되었다.[4] 이 책이 김성봉에 의해 한국어로 번역되면서 잔키우스라는 이름과 그의 신학사상이 한국에 알려졌다.[5]

가장 많이 알려진『절대예정론』도 톱 레디가 정확히 무엇을 번역한 것인지 잘 알려져 있지 않다.[6] 역자 톱 레디가 서문에서 밝히듯이 스트라스부르 예정론 논쟁이 잔키우스가 이 글을 작성하게 된 직접적인 배경이다. 잔키우스는 예정론, 성도의 견인, 성만찬에 대한 자신의 변론을 스트라스부르에 제출했는데, 톱 레디는 이 중 예정론 부분을 자기 시대의 필요에 맞춰 삭제하거나 확장시키면서 번역한 것이다. 특히 잔키우스가 스트라스부르 교회의 입장이 전통적으로 예정론이었음을 증거로 내세우며 자신을 변론하는 상당한 분량의 마지막 부분은 톱 레디는 불필요성 때문에 번역하지 않았다. 즉 이 유명한 책의 직접적 배경은 스트라스부르 예정론 논쟁이다.

『절대예정론』이 많이 알려져 있기 때문에서만이 아니라, 스트라스부르 예정론 논쟁은 그 자체로 상당히 의미 있는 논쟁이다. 잔키우스는 칼빈과 불링거의 취리히협의서(Consensus Tigurinus, 1549) 이후 개혁주의와 루터주의의 갈등이 커지고 있던 시기에 스트라스부르에 머물렀다 (1553-1563). 성만찬 문제가 중요한 배경이었어도 논쟁이 예정론에서 터졌다는 것은 개혁주의와 루터주의의 차이가 성만찬론 뿐만 아니라 예정론에서도 나타나기 시작했다는 것을 보여준다. 고소당한 측인 잔키우스의 논제는 다른 도시들로부터 이단이 아니라는 평가를 받아야 했다. 그래서

---

4) Augustus Montague Toplady, trans., *The doctrine of Absolute Predestination stated and asserted with a preliminary discourse on the Divine Attributes. Translated in great measure from the Latin of Jerome Zanchius with some account of his life prefixed* (London, 1769).
5) 김성복 역,『절대예정론』(성남: 나눔과 섬김, 2001).
6) 예를 들어 Tylenda의 글 각주2에 따르면 그는 톱레디가 잔키우스의 전집 2집(Tom. 2, de Natura Dei seu de Attributis Dei)에 있는 5권의 예정부분에서 가져온 것으로 알고 있다. 그러나 라틴어 원문은 7집(Tom. 7, Miscellaneorum ...)의 스트라스부르 시에 제출한 고백(confessio)에 위치해 있다.

잔키우스 자신의 입장, 스트라스부르의 도시의 입장, 나아가 같은 시기 다른 도시들의 예정론에 대한 입장도 알 수 있게 해준다는 의미에서 중요하다.

스트라스부르 논쟁 후에 작성된 합의서도 주목할 가치가 있다.[7] 잔키우스는 해석에 따라 이것이 받아들여질 수 있다고 생각하고 이 합의서에 서명했으며, 칼빈은 이 합의서가 (분명한 진리를 가리웠지만) 불경건한 점은 없다고 평가했다. 그러나 이 합의서에 만족할 수 없었던 잔키우스는 결국 스트라스부르를 떠났다. 많은 부분을 양보해서 받아들일 수는 있으나 만족할 수 없는 그 간격은 무엇일까? 이것은 개혁주의와 루터주의가 추구하는 신학적 경향이나 관점이 달랐다는 것을 보여주는 것은 아닐까? 잔키우스의 논제와 다른 도시들의 평가서가 바라보는 관점과 합의서가 바라보는 관점을 비교하는 것은 개혁주의와 루터주의가 추구하는 신학적 경향 또는 관점의 차이가 이미 16세기 중반부터 달랐다는 것을 보여줄 것이다.

우리는 잔키우스의 생애를 간략히 살펴보고, 스트라스부르의 논쟁의 배

7) 스트라스부르 예정론 논쟁을 다룬 다음과 같은 연구가 있으나 합의서의 내용을 상세히 다루지는 않았다. 19세기말의 개혁신학자 알렉산더 슈바이처는 예정론 논쟁사를 다룬 책에서 스트라스부르 예정론 논쟁을 개혁주의 입장에서 다루었다(Alexander Schweizer, *Die Protestantischen Centraldogmen*, vol. 1 (Zürich, 1854), 418-448). 20세기 하반기 들어서면서 독일에서 잔키우스가 주목된다. 몰트만은 견인교리를 다루는 그의 책에서 스트라스부르 논쟁을 다루었다(Jürgen Moltmann, *Prädestination und Perseveeranz* (Neukirchen Kreis Moers, 1961), 72-109). 그륀들러는 잔키우스의 신론과 예정론을 분석해서 칼빈주의 정통주의자들이 신학적 경향에 있어서 칼빈과 다른 길을 갔다고 결론내려서 논란을 야기시켰다(Otto Gründler, *Die Gotteslehre Girolamo Zanchis und ihre Bedeutung fuer seine Lehre von der Praedestination* (Neukirchen-Vluyn: Neukirchener Verlag des Erziehungsvereins GmbH, 1965). 잔키우스와 칼빈의 관계를 스트라스부르 논쟁을 주제로한 편지교환을 통해 고찰한 타일렌다의 연구가 있다(Joseph N. Tylenda의 문헌정보는 각주1을 참고하라). 노이저도 간략하게 이 논쟁을 다룬다(Wilhelm Neuser, "Dogma und Bekenntnis in der Reformation: Von Zwingli und Calvin bis zur Synode von Westminster," in *Handbuch der Dogmen-und Theologiegeschichte*, vol. 2, ed. Carl Andresen (Göttingen: Vandenhoeck & Ruprecht, 1988), 303-306). Schmidt는 잔키우스의 생애를 소개하면서 합의서의 내용을 소개하나 잔키우스가 왜 이 합의서에 만족할 수 없었는지 의아해하는 뉘앙스를 준다(Schmidt, 666-667).

경, 잔키우스가 제출한 예정론 논제의 의미, 이 논제를 평가한 다른 도시들의 예정론에 대한 입장, 합의서의 내용을 살펴볼 것이다. 그 과정에서 개혁주의와 루터주의가 취하는 예정론에 대한 관점과 자세에서 그 신학적 경향의 차이가 드러날 것이다.

2. 생애

1516년 2월 2일 잔키우스는 이탈리아의 알차노(Alzano)에서 태어났다. 톱 레디는 스투르미우스(Sturmius)의 의견을 빌어 알차노가 아니라 버가모라고 길게 그 이유를 설명하는데,[8] 정확히 말하면 버가모 근교의 알차노(Alzano bei Bergamo)에서 잔키우스는 태어난 것이다.[9] 아버지 프란체스코는 법률가이자 역사가였다. 잔키우스가 15살이던 1531년 2월 버가모의 성령수도원에 들어갔을 즈음 그의 부모는 세상을 떠났다.

1541년 잔키우스는 루카의 수도원으로 자리를 옮기면서 설교자가 되었다. 이 때 그곳 새로운 수도원 원장으로 잔키우스의 삶에 결정적이며 지속적인 영향을 끼치는 피터 마터 버미글리(Peter Martyr Vermili)가 왔다. 이 수도원에서 버미글리의 영향아래에 있던 인물로는 후에 개혁교회의 목사가 되는 첼소 마르티넹고(Chelso Martinengo), 하이델베르크의 구약 교수가 되는 임마누엘 트레멜리우스(Immanuel Tremellius), 첼리오 세콘도(Celio Secondo Curione), 파올로 라씨치(Paolo Lacizi) 등이 있었다.[10] 버미글리가 머문 기간은 15개월 밖에 안되었지만 이들에게 성경 해석과 종교개혁에 대한 관심을 일으키는데에는 충분한 시간이었다. 버미글리는 매일 바울서신과 시편을 강의했다. 버미글리의 지도 아래 잔키우스

8) Toplady, xix-xx.
9) Dagmar Drüll, *Heidelberger Gelehrtenlexikon 1386-1651* (Berlin/Heidelberg: Springer, 2002), 564.
10) Luca Baschera and Christian Moser, eds., *Girolamo Zanchi De religione christiana fides-Confession of Christian Religion* (Leiden: Brill, 2007), 1-2.

는 멜랑흐톤의 신학총론(*Loci communes*), 부써의 글, 무스쿨루스의 마태복음 주석, 칼빈의 기독교강요를 읽었다. 버미글리는 1542년 신앙의 자유를 위해 스트라스부르로 떠났지만 잔키우스는 남았다. 잔키우스의 동료 마르티넹고가 버미글리의 뒤를 이어 원장이 되었고 잔키우스는 거기서 신학을 가르쳤다. 이탈리아에 머무르는 동안 잔키우스는 기독교강요를 기초로 이미 신학개론을 작성했다.[11]

잔키우스의 친구 마르티넹고는 탁월한 설교자로 이탈리아에서 명성이 높아지고 있었다. 그러나 그의 설교에 대한 의혹이 짙어지자 1551년 마르티넹고는 망명길에 올라 스위스로 갔다. 다음해 제네바에 거주하던 이탈리아 망명인들을 위한 설교자가 되었다. 친구 마르티넹고를 따라 잔키우스도 1551년 10월 이탈리아를 떠났다. 그 후 스위스 그리종(Grisons)에 8개월 머무르다가 제네바로 갔다. 여행길에 베른에서 무스쿨루스, 로잔에서 비레를 만나기도 했다. 제네바에서 9개월 머무르면서 칼빈의 설교와 강의를 들으면서 큰 영향을 받았다.[12]

1553년 버미글리의 추천에 의해 영국으로 가려고 했으나 스트라스부르에서 그를 원했으므로 거기로 갔다. 그리고 스트라스부르에서 약 십년간 교수생활을 했으나 루터주의자 마르바흐와 갈등이 깊어지면서 긴 논쟁에 들어갔다. 1563년 11월 스트라스부르를 떠나 키아벤나(Chiavenna)에서 목회했으며 1567년 9월 하이델베르크로 갔고 그곳 신학부에서 자카리아스 우르시누스(Zacharias Ursinus)의 뒤를 이어 교의학을 가르치기 시작했다. 1568년 6월 신학박사학위를 받았고 사역을 계속하다가 1577년 프리드리히 3세의 사후 새로운 선제후가 된 루드비히 6세가 루터주의를 도입하면서 대학에서 쫓겨났다. 루드비히 6세의 동생 카시미르

---

11) 이 글은 잔키우스 사후에 출판된다. *Compendium Praecipuorum Capitum Doctrinæ Christianæ ... in Lucem edium* (Neustadt an der Haardt: Harnisch, 1598).
12) Tylenda, 104.

(Casimir)가 아버지 프리드리히 3세의 개혁주의 전통을 이어가기 위해 1578년 노이슈타트(Neustadt)에 카시미리아눔(Casimirianum)을 열었을 때 잔키우스가 개교강연을 했다.[13] 1583년 하이델베르크에 다시 개혁주의가 세력을 얻어 교수들과 학생들이 하이델베르크로 돌아갔으나 잔키우스는 자신의 노년을 이유로 노이슈타트에 계속 머물기를 원했다. 1590년 11월 19일 하이델베르크에 방문했을 때 하나님의 부르심을 받았고 대학 옆 베드로교회에 묻혔다. 그의 비문에 이렇게 썼다.

"그리스도의 사랑으로 고향을 떠나 망명길에 올랐던 제롬 잔키우스의 유골이 여기 묻혔다. 그는 위대한 신학자요 철학자였다. 그가 쓴 많은 책들이 그것을 증거한다. 그가 학교에서 그 목소리로 가르쳤던 모든 이들이, 또 교회에서 그가 가르치는 것을 들었던 모든 이들이 그것을 증거한다. 그러므로 지금 그가 영으로는 이곳을 떠나있지만 그 명성은 우리에게 남아있다."[14]

3. 커져가는 갈등

1553년 잔키우스가 제네바에 칼빈의 강의와 설교를 들으며 지내고 있을 때 영국에서부터 청빙이 왔다. 대주교 크랜머의 초청으로 흠정교수직을 수행하고 있던 피터 마터 버미글리의 추천이 있었다. 잔키우스는 감사하는 마음으로 승낙하고 영국으로 떠날 채비를 하며 바젤에 들렀다. 그 즈음 스트라스부르는 종교개혁가이자 개혁신학자인 카스파르 헤디오(Caspar Hedio, 1494-1552)의 소천으로 공석이 된 교수를 구하고 있었다. 스트

---

13) Drüll, 565.
14) "HIERONYMI HIC SUNT CONDITA OSSA ZANCHII ITALI, EXULANTIS CHRISTI AMORE A PATRIA, QUI THEOLOGUS QUANTUS FUERIT ET PHILOSOPHUS, TESTANTUR HOC LIBRI EDITI AB EO PLURIMI, TESTANTUR HOC, QUOS VOCE DOCUIT IN SCHOLIS: QUIQUE AUDIERE EUM DOCENTEM ECCLESIAS. NUNC ERGO QUAMVIS HINC MIGRARIT SPIRITU: CLARO TAMEN NOBIS REMANSIT NOMINE." Renate Neumüllers-Klauser, *Die Inschriften der Stadt und des Landkreises Heidelberg* (Stuttgart: Druckenmüller, 1970), 256.

라스부르의 학교 지도자들은 피터 마터와 같은 정신을 가진 이탈리아인이면 좋겠다고 생각했다. 몇 사람이 잔키우스를 추천했으나 그는 이미 영국으로 가기로 확답한 상태라 크랜머가 양해하면 갈 수 있다고 답했다. 스트라스부르는 잔키우스를 데려오기 위해 크랜머의 허락을 받고 정식으로 잔키우스에게 청빙서를 보냈다. 스트라스부르로 오기 위한 모든 비용을 스트라스부르에서 부담한다는 내용도 첨부했다. 영국으로 가려고 바젤에 머무르던 잔키우스는 청빙을 받아들이며 감사하는 편지를 보냈다. 잔키우스는 스승 피터 마터가 있던 곳, 위대한 종교개혁가 마틴 부써가 일했던 곳에 가는 것에 대해 기뻐하고 있었다.[15] 처음 잔키우스가 스트라스부르로 들어가는 과정은 이렇게 서로가 서로를 원하고 기뻐하는 모습이었다.

그러나 카스파르 헤디오의 죽음 이후 그 자리를 요하네스 마르바흐(Johannes Marbach, 1521-1581)가 이으면서 보이지 않는 어떤 균열의 가능성은 이미 나타나 있었다. 요하네스 마르바흐는 열다섯 살에 린다우(Lindau)에서 스트라스부르로 와서 마틴 부써에게 배운 후, 비텐베르크로 가서 루터와 멜랑흐톤에게 배웠던 인물이다. 이스니(Isny)에서 사역하게 되었을 때에 그의 강한 루터주의적 경향 때문에 개혁주의자들과 갈등한 후 1545년 스트라스부르로 와서 목사로 일하고 있었다. 스트라스부르는 특정노선을 강하게 드러내지 않는 모습을 취하고 있었기 때문에 가능했다. 그러나 부써를 이어 스트라스부르의 교회의 지도자역할을 했던 개혁주의자 카스파르 헤디오가 죽고 그 자리를 루터주의자 마르바흐가 취했을 때 스트라스부르의 상황은 변하기 시작했다.

1553년 3월 15일 잔키우스가 스트라스부르에 도착했다. 다음날 학장이던 요한 슈투름(Johann Sturm, 1507-1589)의 집에서 식사를 할 때 마르바흐와 잔키우스 사이에 교황을 위하여 기도할 수 있는가에 대하여 의

---

15) Schmidt, 629-630.

견차이가 있었다. 기도가 필요 없다는 마르바흐와는 달리 잔키우스는 기도
가 필요 없는 소망 없는 자는 성령을 대적하는 자인데 그것이 교황인지는
알 수 없다고 답했다. 둘 사이의 의견 차이는 심각한 것이 아니라 식탁에서
흔히 있는 종류의 사적대화였지만 둘 사이에 앞으로 있을 갈등의 예고였
다.[16]

게다가 마르바흐는 잔키우스의 취임강연이 썩 마음에 들진 않았다. 강단
에서 잔키우스가 다음과 같이 말했기 때문이다.

어떤 것이 아우구스티누스에게 더 잘 드러났다면 히에로니무스는 침묵해야 한다.
루터보다 성경에 더 어울리는 것이 칼빈에게 보였다면 루터는 침묵해야 하고 칼빈
이 말해야 한다. 나아가 츠빙글리보다 루터가 말한 것이 성경에 더 조화로울 때는
츠빙글리는 루터 앞에서 물러나야 한다.[17]

잔키우스는 취임강연에서 교회와 학교에서 가르치고 배워야할 것은 하
나님의 말씀 외에는 없다는 것을 강조했다. 인간의 사상과 말이 높아지면
안 된다는 것을 강조하면서 앞선 종교개혁가들도 닫혀진 체계로 받아들이
면 안 되고 하나님의 말씀의 권위 아래서 살펴봐야 한다고 말했다. 그러나
이 말은 마르바흐에게는 루터를 염두에 둔 말로 들렸다. 마르바흐는 일기
에 자신의 씁쓸한 마음을 기록했다.[18]

잔키우스는 구약을 맡아 강의했지만 스트라스부르에 있었던 10년 넘는

---

16) Tylenda, 106.

17) "Si aliquid melius revelatum fuerit Augustino, taceat Hieronymus. ita si quid
magis congruens divinae scripturae Calvino revelatum fuerit, quam Luthero,
taceat Lutherus et loquatur Calvinus: porro, si magis consonant divinae scripturae
Lutheri dicta, quam Zwingliii, cedat Zwinglius Luthero …" Zanchius, *Operum
Theologicorum*, Tom. 7-2, 272.

18) Schmidt, 634.

기간에 비하면 다룬 성경은 많지 않다. 다룬 내용이 이사야 12장까지, 시편 몇 편, 호세아, 요한 서신이었던 것을 볼 때 진도는 느렸다. 왜냐하면 성경전체의 교훈과 연결시켜서 단 한 구절에서도 여러 신학적 주제를 다루면서 상세하게 가르치려고 했기 때문이다. 나중에는 철학을 가르칠 사람이 필요하자 철학도 가르쳤다.

잔키우스가 1553년 가을 결혼을 위해 스트라스부르를 잠시 떠날 때, 스트라스부르의 마지막 원로라고 할 수 있는 야콥 슈투름(Jacob Sturm)은 잔키우스에게 빨리 돌아오라고 말했다. 그러나 10월 슈투름이 죽었으므로 이 말은 잔키우스가 그에게서 들은 마지막 말이 되었다. 마지막 원로가 죽자, 이제 살아있는 루터주의자 마르바흐의 세력 확장이 눈에 띄게 된다. 얼마 후 피터 마터가 영국에서 돌아왔으므로 스승의 귀환에 잔키우스가 크게 기뻐했지만, 마르바흐는 서서히 자신의 방식대로 일을 진행해갔다. 마르바흐는 스트라스부르의 옛 선생인 피터 마터에게 아욱스부르크 신앙고백서에 서명을 요구했다. 마르바흐는 더 많이 알려진 1540년 개정판이 아니라 1530년 비개정판을 가지고 요구했다.[19] 버미글리는 옳고 유익한 이해 아래서 인정한다고 추가 한 후 서명했다.[20] 즉 루터주의의 공재설의 이해를 따라서는 받을 수 없다는 의미였다. 똑같은 요구가 잔키우스에게도 있었다. 잔키우스는 처음에 이 요구를 거절했다. 잔키우스가 스트라스부르로 올 때 요구받은 것은 부써와 버미글리의 정신을 따라 가르치는 것이었기 때문이다. 그러나 1554년 최종적으로는 평화를 위해서 "아욱스부르크 신앙고백서에 포함되고 정통대로 이해되는 정통교리를 따라"(secundum orthodoxam doctrinam in Augustana confessione contentam

---

19) Tylenda, 107-108. 둘 다 멜랑흐톤이 작성했는데, 개혁주의자들의 관점에서 개정판이 성만찬에서 오해의 여지가 상대적으로 적다.

20) Tylenda, 108. 버미글리의 이 행동에 대해서 Tylenda는 다음을 참고한다: Joseph C. McLelland, *The Visible Words of God: An Exposition of the Sacramental Teaching of Peter Martyr Vermigli* (Edinburgh, 1957), 285-87.

21) Neuser, 303.

et orthodoxe etiam intellectam)라는 조건을 붙여 서명했다.[21]

마르바흐의 요구는 여기에 그치지 않고 스트라스부르에 있던 프랑스 피난민 교회를 향했다. 1554년 3월 프랑스피난민 교회 강단에 오른 마르바흐는 요구하기를, 모든 사람이 아욱스부르크 신앙고백서를 받아야 하며 성만찬에 대해서도 그것을 따라야 한다고 했다. 스트라스부르의 피난민 교회 목사였던 장 가르니(Jean Garnier)는 그것이 옳게 받아들여지고 해석되어지면 받겠다고 했다. 프랑스 피난민 교인들은 더 무슨 일이 생길까 염려했으나 일단 외적으로는 평화가 유지되었다.[22]

1556년 여름 더 이상 견딜 수 없었던 마터 버미글리가 자유와 평화를 찾아서 취리히로 떠나자 잔키우스는 스트라스부르에 남아 있는 유일한 개혁 신학자가 되었다. 마터가 떠난 뒤에도 잔키우스는 학교를 위해 수고를 다하였으며 하나님의 예정과 바른 성만찬 교리를 변호하기 위해서 애썼다. 멜랑흐톤이 골로새서를 강의하면서 그리스도가 인성으로는 하늘에 계시다고 가르쳤다는 사실이 1557년 잔키우스에게 알려졌다. 잔키우스는 멜랑흐톤을 인용하면서 그리스도의 인성이 편재한다는 주장을 반박했다. 마르바흐는 잔키우스를 만나 스트라스부르의 평화를 위해서 그리스도의 몸과 피를 신자들이 먹지만 그 먹는 방식에 대해서는 침묵하자고 제의해서 둘 사이에 합의가 이루어졌다. 침묵과 함께 외적 평화가 한동안 있었다.[23]

그러나 이런 외적 평화는 오래갈 수 없었다. 잔키우스가 성만찬에 있어서 마르바흐와 하나가 되었다는 소문이 1559년 퍼졌기 때문이다. 이런 소문이 들리자 잔키우스는 침묵할 수 없었다. 자신이 생각을 바꾼 것이 아니라 스트라스부르의 평화를 위해서 침묵하고 있던 것이라고 그간의 사정을

---

22) Tylenda, 108-110.
23) Schmidt, 639-640.

밝히며 그리스도의 몸과 피를 먹음은 영적이라는 사실을 공적으로 드러내기로 했다. 마르바흐와 약속한 것이 있기 때문에 그는 마르바흐에게 자신이 더 이상 침묵하지 않는다는 것을 알려주기 위해 편지를 보여주었다.[24]

마르바흐는 틸레만 헤스후스(Tilemann Heshus, 1527-1588)의 책을[25] 인쇄해서 스트라스부르에 퍼뜨리려고 했다. 헤스후스는 하이델베르크에서 있다가 팔츠의 새로운 선제후 프리드리히 3세가 개혁주의로 노선을 정하자 쫓겨난 인물이다. 헤스후스는 자신을 하이델베르크에서 떠나게 한 프리드리히3세에 대한 비판을 서문에 포함시켰다. 마르바흐는 바로 이 책의 출판도시를 막데부르크(Madeburg)라고 고쳐서 인쇄하고 판매하려고 했다. 잔키우스가 이 사실을 알게 되자 하이델베르크에 알렸고, 하이델베르크는 불쾌함을 표했다. 외교문제로 번지지 않기를 바라는 스트라스부르의 시당국은 이 책을 판매금지 했다. 바로 이 사건으로 인해 외적 평화는 완전히 깨졌고, 잔키우스와 마르바흐 사이에 논쟁이 벌어졌다.

4. 잔키우스의 예정론 논제

마르바흐는 잔키우스가 정통의 길로 가지 않는다고 시에 고소했다. 잔키우스는 14개의 논제를 제출했다. 이중 처음 세 논제는 세상의 종말과 적그리스도에 다루고 나머지는 예정론을 다룬다. 예정과 성도의 견인에 대해 관련된 논제들은 다음과 같다.[26]

(예정에 대하여)

---

24) Schmidt, 641-642.
25) *De praesentia corporis Christi in coena Domini, contra sacramentarios* (Ienae, 1560).
26) Zanchius, *Operum Theologicorum*, tom. 7-1, 63-64. 전체 논제의 라틴어원문은 이 글 뒤에 첨부한다.

4. 영생을 얻도록 선택받은 자들의 수와 멸망으로 유기된 자들 곧 멸망으로 예정된 자들의 수는 하나님께 확정적이다.

5. 생명으로 선택받은 자들이 멸망할 수 없고 그래서 필연적으로 구원받는 것처럼, 영생으로 예정되지 않은 자들은 구원받을 수 없고 필연적으로 심판받는다.

6. 한번 선택받은 자는 유기자일 수 없고 유기될 수 없다.

(우리가 그리스도와 교회에 연결되는 끈들에 대하여)

7. 그리스도와 교회에 연결되는데 필수적인 두 가지 끈이 있다. 그리스도 안에 있는 영원한 선택의 끈과 그리스도 안에 있는 성령의 끈(그래서 또한 그리스도를 믿는 믿음의 끈)이다. 이 두 가지 끈은 우선 내적이고 보이지 않는데, 그래서 끊어질 수 없다.

8. 우리를 교회에 (외적 모습에 관한한) 연결하는 두 가지 끈이 있다. 그리스도의 교리의 고백과 성례에 참여하는 것이다. 이 두 가지 끈은 우선 외적이고 보이는데, 그래서 끊어질 수 있다. 누군가 교리를 거절하고 성례를 거절할 수 있기 때문이다.

(믿음에 대해)

9. 선택받은 자들은 이 세대에 하나님에게서 참 믿음을 단 한번 받는다. 이 믿음을 받은 자는 (특히 성인에 대해서 말한다면) 자신 안에서 이 믿음을 깨닫는다. 즉 자신이 참되게 믿는다는 것을 인식하고 안다.

10. 한번 참 믿음을 받고 성령을 통해 그리스도에게 참되게 접붙여진 선택된 자들은 믿음을 결코 잃을 수 없으며 성령을 결코 버릴 수 없으며, 그리스도에게서 완전히 떠나갈 수 없다. 그것은 하나님의 약속 때문이며 그리스도의 중보 기도 때문이다. 그런데 여기서 회개가 부정되거나 방종이 허락될 수 없다.

11. 중생한 피택자들 안에는 두 사람, 속사람과 겉사람이 있다. 겉사람을 따라서는, 즉 어떤 부분에 있어서 (그들은 그 부분에서 중생하지 않은 것이다) 죄를 범할지라도 속사람을 따라서는 죄를 범하지 않기를 원한다. 그들은 죄를 미워하며 하나님의 율법을 즐거워한다. 그래서 전체심령으로 또는 완전한 의

지로 죄를 범하지 않는다.
12. 베드로가 그리스도를 부정했을 때, 입술의 신앙고백에서 떨어졌지만 마음의
신앙고백에서 떨어진 것은 아니다.

(약속에 대해)
13. 하나님의 값없는 자비에 대한 약속들과 확실하며 영원한 구원에 대한 약속들
은 보편적으로 모든 사람에게 제시되며 설교되어져야 함에도 불구하고 오직
선택받은 자들에게만 해당된다.
14. 그러므로 '하나님은 모든 사람이 구원 얻기를 원하신다'고 바울이 말한 것에
서 누군가 모두를 인간들의 각 계층에 있는 택함 받은 자에게 제한한다면, 또
요일 2장에서 그리스도는 온 세상 죄를 위한 화목제물이 되었다는 것에서 온
세상에 퍼지거나 퍼질 보편적인 택함 받은 자들로 해석한다면 성경을 왜곡한
것이 아니다.

이 짧은 논제들은 16세기 후반과 17세기 초에 이미 개혁신학 내에서 또
는 개신교 진영 내에서 나타나고 논의되고 발전할 것들을 정확히 보여주었
다. 따라서 이 논제들이 향후 어떻게 논의되는지 살펴보기로 하자.

예정론에 대한 이 짧은 논제가 스트라스부르의 여러 사람에게 거칠게 보
였던 이유는 그것이 조직적인 방식으로 진술되기 때문이다. 이 조직적인
방식을 루터주의는 거칠다고 생각했지만 개혁주의는 이 방식을 자신들의
교의학에 받아들였다. 16세기 후반에 가면 개혁주의 내에서 예정을 다루
거나 전달하는 방식에 대하여 조직적인 방식과 분석적인 방식 두 가지를 구
분하게 된다. 조직적인 방식은 에베소서의 방식으로 불리며, "하나님이 예
정하셨다. 그러므로 내가 믿는다"의 방식이다. 분석적인 방식은 로마서의
방식으로 불리며, "내가 믿는다. 어떻게 내가 믿으며 믿음 안에서 견디는
가? 하나님께서 예정하셨기 때문이다"의 방식이다. 다니엘 토사누스는 둘
다 옳으며, 조직적인 방식이 학교에 더 어울리는 방식이라 했고, 분석적인

방식이 교회에 더 어울리는 방식이라 했다.[27] 토사누스의 관점에서 잔키우스는 조직적인 방식을 취한다. 그리고 후에 그가 남기는 예정에 대한 글은 이런 조직적인 방식으로 쓰여진다.

잔키우스는 7항과 8항에서 두 개의 끈, 곧 선택과 성령을 그리스도와 교회에 연결되는 끊어질 수 없는 내적 끈으로 소개한다. 또 끊어질 수 있는 외적인 두 개의 끈으로 교리고백과 성례참여를 말한다. 비슷한 내용이 후배 개혁신학자들에게 나타난다. 올레비아누스는 로마서에서 다음과 같이 주석한다.

가지들이 그루터기에 접붙여지는 것은 정해진 수단들과 끈들로 되는 것처럼 주께서 복된 후손 안에서 아브라함에게 약속했던 이 언약에 접붙여지는 것도 그런 식이다. 이 접붙임에는 두 개의 끈이 있다. 두 개의 외적 끈: 외적 소명, 말씀 그리고 언약의 표; 또한 바로 그 소명의 외적인 승인 또는 교리를 고백하는 것과 성례에 참여하는 것이다. 접붙이는 내적인 두 개의 끈: 값없는 선택 그리고 믿음의 성령이다: 이 [내적] 끈들은 끊어질 수 없으나 저 [외적] 끈들은 끊어질 수 있다.[28]

올레비아누스가 소개하는 내적 끈(선택과 믿음의 성령)은 완전히 같다고 할 수 있다. 외적 끈에 대한 진술도 (올레비아누스가 외적소명과 소명의 승인을 구분한 것 외에는) 비슷하다. 다만 올레비아누스는 아브라함에게 했

---

27) Daniel Tossanus, *de Praedestinatione* ... (Hanau, 1609), 21; 참고: Nam Kyu Lee, *Die Prädestinationslehre der Heidelberger Theologen 1583-1622* (Göttingen: Vandenhoeck & Ruprecht, 2009), 163.

28) "Porro quemadmodum insitio surculorum in stipites certis fit mediis & vinculis: ita & haec insitio in foedus Domini promissum Abrahamo in semine benedicto. Duplica autem sunt vincula huius insitionis. Duo externa: Vocatio externa, verbum & signa foederis: & eiusdem vocationis externa approbatio sive professio doctrinae & sacrameontorum participatio: interna vincula insitionis etiam duo: electio gratuita & Spiritus fidei: haec vincula non possunt abrumpi, illa possunt." Caspar Olevianus, *In Epistolam D. Pauli Apostoli ad Romanos notae* (Geneva: apud Eustathium Vignon, 1579), 569.

던 언약에 묶는 끈으로 소개하는 반면, 잔키우스는 그리스도와 교회에 묶는 끈으로 소개한다는 점에서만 다르다. 올레비아누스 이후로 언약론이 개혁신학 내에서 성장하면서 내적인 끈과 외적인 끈의 구분은 언약의 내적실행(보이지 않는 교회에 속한 자들에게 해당)과 외적실행(보이는 교회에만 속하는 자들에 해당)의 구분으로 개혁교의학에 자리잡아 갔다.

'믿음에 대해'라고 붙인 9-12항에서 잔키우스는 선택받은 자들이 한 번 믿게 되면 그 믿음을 인식할 뿐 아니라 믿음에서 떠날 수 없다고 강조한다. 비록 범죄 할지라도 죄를 미워한다는 것이다. 이 부분은 더 정확히 말하면 성도들이 믿음 안에서 견디고 인내함에 대한 것, 즉 성도들의 견인에 대한 것이다. 바로 이 부분 때문에 잔키우스의 논제는 정통적 견인교리의 시작이라고 불리기도 한다.[29] 이 논제들은 잔키우스가 예정교리를 목회적 관점에서 인식하고 있었다는 것을 보여준다.[30] 잔키우스의 목회적 관심은 스트라스부르 시당국에 제출한 『고백』(confessio)에 포함된 예정론에서도 많은 부분을 할애해서 실천적 의미를 강조한 것에도 나타난다.[31] 『고백』에 예정론만이 아니라 '성도들이 믿음 안에서 견딤'(de perseverantia sanctorum in fide)도 포함되었다.[32] 9항-12항의 내용이 논란이 되었기 때문이다. 거기서 믿음은 택함 받은 자들에게 주어지며 그들은 끝까지 믿음 안에서 견딘다는 내용을 확고히 주장하며 성경과 교부들, 특히 루터와 부써에게 많은 호소를 했다. 이 견인교리는 17세기 초 도르트회의 (1618/1619)에서 공식적으로 인정되었다.

'약속들에 대해서'라고 소제목을 붙인 13항과 14항에서는 약속들이 보편적으로 제시되지만 선택받은 자들에게만 주어진다는 것을 말한다. 그래서

---

29) Moltmann, 91-94.
30) Neuser, 304-305.
31) Zanchius, *Operum*, tom. 7-1, 324-334.
32) Zanchius, *Operum*, tom. 7-1, 347-388.

요일 2:2의 '모두'를 세상에 보편적인 택함받은 자들로 이해한다. 그러니
까 더 정확히는 '약속들의 보편성과 제한성'을 다루는 것이다. 성경에 나오
는 보편적인 용어들과 제한적인 표현들을 어떻게 이해할 것인가에 대하여
나중에 벌어질 논쟁이 여기에 있다. 1586년 몽벨리아르(Montbéliard)에
서 베자와 안드레애(Jaccob Andreä)는 이 문제로 논쟁하면서 개혁주의
와 루터주의의 의견이 많이 다르다는 것을 보여주었다. 안드레애는 '모두'
를 한 사람도 빼놓지 않은 실제적인 모두로 보았다. 안드레애의 관점에서
그리스도께서 그들 모두의 실제적인 죄사함을 위해 죽으셨기 때문이다. 그
러나 베자의 관점에서 그리스도의 피한방울은 온 세상의 죄를 사하고도 남
지만 그리스도의 의도는 택함받은 자들의 죄를 사하는 것이었다. 따라서
잔키우스가 내놓은 이 명제는 16세기 후반 그리스도의 속죄의 범위논쟁으
로 흘러가서, 도르트회의에서도 토론되었으며 그리스도의 죽으심의 효과
가 오직 택함 받은 자들에게 있다고 이 회의는 결정했다.

5. 다른 도시들의 반응

1561년 가을 잔키우스는 자신의 신학적 입장에 대한 지지를 얻고자 하
이델베르크와 말부르크를 들렀다. 그 후 다시 스투트가르트, 튀빙겐, 샤프
하우젠, 취리히, 바젤을 여행했다. 그리고 말부르크, 하이델베르크, 취리
히, 샤프하우젠, 바젤로부터 평가서를 받았다.[33] 이 평가서를 통해서 다른
시의 신학자들의 반응과 함께 당시 예정과 견인 등에 대한 입장이 무엇인
지를 알 수 있다. 샤프하우젠의 신학자들은 잔키우스를 지지하는 글을 보
내왔으나 전적인 동의의 내용 외에 다른 신학적 견해를 읽어내기엔 너무 짧
고, 바젤에서는 잔키우스의 의견의 전체적인 면을 보고 정죄하지 않을지라
도 화해를 촉구하는 것이 주 내용이었다. 우리는 신학적 입장을 좀 더 확인

---

33) 잔키우스가 제네바의 평가를 받지 않은 것은 마르바흐가 잔키우스의 모든 이단적 내용이 칼빈과
　　베자의 책에서 받은 것이라고 했기 때문에 제네바보다는 다른 교회의 증언이 필요했던 것으로
　　보인다. 참고: Tylenda, 125.

할 수 있는 말부르크, 하이델베르크, 취리히의 평가서의 내용들을 살펴본다.

1) 말부르크

1561년 8월 15일에 기록된 말부르크의 신학자들의 평가서가 가장 먼저 도착했다.[34] 그들은 하나님이 인간들을 구원하는 순서들을 먼저 소개했다. 엡 1장을 인용하면서 하나님께서 창세전에 우리를 택하시고, 그 기쁘신 뜻대로 예정하셔서 은혜의 영광을 찬송하게 하셨다고 한다. 그래서 예정을 가장 첫 번째 순서에 가져온다. 두 번째는 영원 전에 그리스도 안에서 우리에게 주신 은혜를 따르는 소명이다(딤후 1:9). "영원 전부터 앞서가는 선택이 시간 안에 있는 소명의 원인이다."[35] 세 번째 순서는 믿음이다. 믿음은 하나님의 선물이다. "온전한 믿음도 영원 전에 된 선택에 의존한다."[36] 네 번째는 이 믿음으로 예수 그리스도 안에 있는 구속을 통해 값없이 의롭게 된다는 것이다. 다섯 번째에서 칭의에 참여한 자들이 누리는 성화와 영화를 언급한다.

따라서 이들은 잔키우스의 의견에 완전히 동의하면서, 선택받은 자들에게 한 번 주어진 믿음이 상실되지 않는다고 했다. 비록 죄가 선택받은 자들과 유기된 자들에게 다 나타나지만, 선택받은 자들 안에는 성령이 거주하며 죄와 싸우나 유기된 자들은 오직 죄의 지배만 받는다는 것이다. 범죄 했던 다윗과 그리스도를 부인했던 베드로를 예를 들며 다음과 같이 말한다. "참되고 완전한 믿음이 흔들리며 날아간다고 이해될 수 없다. 마치 한 순간 사라졌다가 다시 회복되는 것처럼 말이다. 그러나 성경이 우리에게 분명히

---

34) Zanchius, *Operum*, tom. 7-1, 65-69. 서명한 학자들은 다음과 같다: Andreas Hyperius, Johann Lonicerus, Johann Garnerius, Wigandus Orthius, Nicolaus Rodingus, Johann Pincierus, Johann Postorius.

35) "Praecedens ab aeterno electio, vocationis in tempore caussa est." Zanchius, *Operum*, tom. 7-1, 65.

36) "... ex electione ab aeterno facta, etiam fides perfecta pendet." Zanchius, *Operum*, tom. 7-1, 65.

가르치듯이 지속적이며 변하지 않으며 무적이어서 어떤 병기로도 정복되지 않는다"[37] 나아가 이들은 이 문제를 그리스도가 하나도 잃지 않으리라는 약속에 기대어 풀고 있다. 그리스도는 사단을 이기시는 분이지 사단에게 지는 분이 아니다. 전능자의 손에서 선택받은 자를 뺏을 수 없다는 것이 말부르크 신학자들의 의견이다. 이들은 잔키우스의 의견에 전적으로 동의하면서 부써가 가르쳤던 학교에서 이 논제 때문에 논쟁이 된다는 것에 유감을 표하며 마무리 짓는다.

2) 하이델베르크

프리드리히 3세의 치하에서 이제 막 개혁주의로 노선을 정한 하이델베르크 신학자들의 평가서도 도착했다. 1561년 8월 25일에 이 평가서에 서명한 사람들은 이후 팔츠를 개혁주의 위에 확립시키는데 영향을 끼칠 페트루스 보퀴누스(Petrus Boquinus), 임마누엘 트레멜리우스(Immanuel Tremellius), 카스파르 올레비아누스(Caspar Olevianus), 미하엘 딜러(Michael Diller)였다.

그들도 말부르크의 신학자들처럼 하나님의 작정에서부터 시작한다. 롬 8:30절의 순서를 '가장 영광스런 순서 또는 사슬'(pulcherrima gradatio seu catena)이라 하며, 다시 이것을 영원 전 하나님의 변치 않는 계획과 작정에서 나오는 '선택받은 자들의 구원의 모든 서정'(gradus omnes salutis electorum)이라 칭한다. 따라서 성부가 성자에게 준 자들이 그의 손과 능력에서 뺏긴다는 것을 있을 수 없다고 말한다. 나아가 그들이 중생하여 영생을 얻도록 주신 성령의 능력을 완전히 잃어버린다는 것을 있을 수 없다. 하이델베르크 신학자들은 여기서 중생의 상징인 세례가 반복되지

---

37) "Nec potest fides vera perfectaque intelligi res fluxa & volubilis, quae momento temporis & auferatur & restituatur. Sed perspicue docet nos Scriptura, esse constantem, immobilem, invictam, nullis machinis expugnabilem." Zanchius, *Operum*, tom. 7-1, 67.

않는다는 점을 지적한다. 계속해서 성령으로 중생케 된다는 것이 택함 받은 자들의 견인의 확실한 증거라는 것을 지적한다. "만일 한번 은혜 안으로 받아들여진 피택자들이 나중에 거기서 떨어진다면 성령은 결코 견고하며 확실한 구원의 보증이 아니며 불확실하고 의심받는 증거일 것이기 때문이다."[38]

하이델베르크 신학자들은 병든 자와 죽은 자의 차이를 사용해서 죄에 빠진 선택받은 자들의 상태를 설명한다. 선택받은 자들은 죽은 자처럼 생명이 없는 자가 아니라 병든 자처럼 건강이 회복되면 된다. 성령이 그들 안에서 육신의 부패와 항상 싸우기 때문에 이 땅 위에서 항상 싸움 속에 있다. 그들의 약함과 죄 때문에 그들을 떠나지 않는다. 성령이 주어진 이유는 약함 가운데 있는 그들을 고치고 무장하기 위해서다. 하이델베르크 신학자들은 잔키우스의 의견에 동의하면서 부써가 가르쳤던 학교에서 진리가 의심받는 것에 대해서 유감을 표하면서 평가를 마무리한다.[39]

3) 취리히

1561년 12월 29일에 불링거와 또 교수로 있던 버미글리 등 취리히의 신학자들이 잔키우스의 논제에 대해 지지하는 평가서에 서명했다.[40] 그들은 시작하면서 잔키우스의 논제들을 면밀히 검토한 결과 경건치 못하다든가 성경에 어긋나는 것은 발견하지 못했으며 옳게 이해된다면 벌이 아니라 찬양받을 가치가 있다고 밝힌다.

취리히 신학자들은 선택받은 자들의 수가 하나님께 확정적인 이유를 구

---

38) "Nam si electi semel in gratiam recepti, ab ea postea exciderent: ... nequaquam esset Sp.S firmis & certum salutis pignus, essetque eius testimontum infirmum ac dubium." Zanchius, *Operum*, tom. 7-1, 70.
39) Zanchius, *Operum*, tom. 7-1, 72.
40) 취리히 교회의 목사들과 교수들로서 서명한 이들은 다음과 같다: Heinfich Bullinger, Rodolf Gwalther, Johann Wolf, Peter Martyr, Josias Simler, Ludwig Lavater, Wolfgang Haller, Johann Jacob Wick, Ulrich Zwingli.

원받는 자들에게 필요한 은혜와 믿음과 성령을 주시는 분이 하나님이라는
사실에서 찾고 있다. "하나님의 의지는 새롭지 않고 영원하며 나아가 불변
하시는 분으로서 변하지 않기 때문에 양편의 수가 이미 그에게 결정되었다
는 것이 결론된다."[41] 이런 전제 아래서 성부가 그리스도에게 주신 무리 중
아무도 뺏지 못한다는 것이 나온다. 하나님의 의지는 질 수 없기(invicta)
때문이다. 취리히 신학자들은 택함 받은 자들이 필연적으로 구원받는다고
할 때, 필연적으로라는 단어 때문에 비난받아야 한다고 생각하지 않는다.
왜냐하면 억압의 필연성이 아니라 결과의 필연성으로 이해되어야 하기 때
문이다. 그리스도께서 내 손에서 아무도 그들을 빼앗을 수 없다고 했기 때
문에 성경이 가르치는 것은 피택자들이 멸망하지 않는다는 것이다. 한번
선택받은 자는 유기자일 수 없고 유기될 수 없다는 것도 토론할 필요가 없
다. 왜냐하면 하나님의 의지는 변하지 않기 때문이다.[42]

 참되게 접붙여진 자가 믿음과 성령을 완전히 잃어버릴 수 없다. 믿음이
한 번 주어지는 것이지 주어졌다가 잃는 것이 아니다. 약속의 말씀인 하나
님의 씨가 그들 안에 머무르기 때문이다. 믿는 하나님의 자녀들 안에 이 약
속의 말씀이 머무르는데, 바로 성령이 이 믿음을 붙잡고 있다. 성령이 성
도들 안에 계속 거주하기 때문에 육신의 부패와 싸움이 성도들 안에 있다.
중생자는 온 마음으로 죄짓지 않고 분별이 없거나 약함으로 죄짓는다. 약
속은 모두에게 선포될지라도 모두에게 주어지지 않는다는 것이 성경과 경
험이 알려주는 것이다. 사역자는 누가 피택자인지 모르는 채로 말씀을 선
포하며 그 말씀을 통해 성령은 피택자 안에서 역사한다. 따라서 취리히 신
학자들은 '모두'가 다만 택함 받은 자들이라고 규정하는 잔키우스의 의견에
대해서, 똑같은 것을 말했던 어거스틴에게 호소하며 동의한다. 결론적으

---

41) "cumque voluntate Dei non sit nova sed aeterna nec ipse mutetur, ut qui sit prorsus
   immutabilis: consectarius est numerum utriusque ordinis iam apud eum esse con-
   stitutum." Zanchius, *Operum*, tom. 7-1, 73.
42) "Id autem non opus habet discussione: cum voluntas Dei ... sit immutabiis."
   Zanchius, *Operum*, tom. 7-1, 74.

로 잔키우스의 "이 명제들에 대해서 우리는 성숙하고 좋은 것이라고 생각
하고 이것들 안에 어떤 이단적인 것이나 부조리한 어떤 것도 없다고 선언
한다. 나아가 우리는 그것들이 일부는 필수적이며 일부는 신뢰할만한 것들
로서 성경과 전혀 모순되지 않는 것이라고 받는다"[43]라고 취리히신학자들
은 최종적으로 평가한다.

짧은 글로 전적으로 동의하는 샤프하우젠까지 포함해서, 말부르크, 하
이델베르크, 취리히는 잔키우스의 논제에 찬성했다. 이것이 의미하는 바
는 예정교리에 대해 개혁교회의 일치가 있었다는 것이다. 비록 취리히의
입장표명에 대한 평가가 엇갈려 강한 칼빈의 예정교리에 대한 찬성으로 보
는 견해도 있지만,[44] 정치적 이유 때문에 그런 식으로 의견을 표했다고 보
기도 한다.[45] 그러나 취리히가 마르바흐의 의견에 찬성한 것은 아니기 때
문에 그 의견을 축소시킬 수 없으며, 잔키우스의 명제에 더 설명이 필요한
것으로 보았고 오해를 불러오는 표현보다 더 나은 표현을 선호했다고 볼지
라도 기본적으로 다르지 않다고 보았다는 것이 옳다.[46] 그러므로 취리히는
예정이란 단어에 선택만 포함시키길 원했을 지라도, 영생으로 선택된 자와

---

43) "De sententiis itaque ... nos re mature ac bene considerata pronunciamus nihil in
   eis contineri vel haereticum vel absurdum. Imo eas amplectimur, partim ut nec-
   essarias, partim ut probabiles, quaeque divinis literis minime repugnent."
   Zanchius, *Operum*, tom. 7-1, 75.
44) Schweizer, 458-459; "Diese Gutachten sind also sehr merkwürdige Ueberein-
   stimmungsformeln der reformirten Sitze Marburg, Zürich, Schaffhausen, Hei-
   delberg für die calvinisch strenge Prädestination." 462.
45) "sie wird offensichtlich durch kirchenpolitische Gründe mitbestimmt." Neuser,
   306.
46) Neuser는 취리히가 잔키우스와 거리를 두려고 했다는 근거로 취리히가 '선택된 자들과 유기된
   자들'이라는 구분보다 '생명으로 선택된 자들과 생명으로 선택되지 않은 자들이라는 구분'을 더 선
   호했다는 것을 언급한다(Neuser, 305). 이것은 잔키우스 자신이 이미 논제 5번에서 그 구분을 사
   용(electi ad vitam ... qui ad vitam aeternam praedestinati non sunt)했기 때문에 결정
   적 근거다 되지 못한다. 나아가 '필연적으로'(necessario)에 대한 보충 설명은 잔키우스와 다른 개
   혁신학자들도 그렇게 동의하는 내용이기 때문에, 부당한 비난에 대한 변호가 그 이유라고 할 수 있
   다. 따라서 오해와 비난의 가능성 때문에 더 많은 설명이 필요하다는 생각을 가졌던 것이지, 잔키
   우스의 의견을 거절하거나 예정자체를 거절하는 식의 본질적으로 다른 평가를 갖고 있었다고 할 수
   없다.

선택되지 않은 것에 대한 구분에 찬성하고 있으며,[47] 나아가 하이델베르크, 말부르크, 샤프하우젠은 이중예정론에 대해 찬성한 것이다.[48] 이들 모두는 구원을 예정하시고 출발시킨 하나님에게로 올라가 거기서 성도들의 견인의 근거를 말한다는 점에서 일치했다.

6. 합의서에 나타난 차이

스트라스부르의 시는 마르바흐와 잔키우스가 화해하도록 위원회를 조직했다. 주변 도시에서 네 명의 신학자와 네 명의 법률가, 이렇게 외부인사 8명과 4명의 스트라스부르 대표, 총 12인이 화해할 수 있는 길을 모색하기로 했다. 외부에서 도착한 신학자들은 마르바흐에 더 힘을 실어주는 자들이었다. 튀빙겐 대학의 교수인 야콥 안드레애(Jacob Andreae), 바젤대학의 교수인 시몬 슐처(Simon Sulzer), 쿤만 플린스바흐(Cunmann Flinsbach), 바젤의 목사인 울리히 쾨흘린(Ulrich Köchlin)이었다. 이 중 야콥 안드레애와 시몬 슐처는 강한 루터주의자였다. 이들은 잔키우스의 논제가 이단적인 것은 아니라고 공식적으로 평가했으나 잔키우스가 강의 시간에 주의 없이 가르쳤을 수 있으므로 화해를 위해 목사들과 교수들이 서명할 합의서를 작성했다. 이단이 아니라는 평가는 받았지만 잔키우스가 이 합의서를 대했을 때 바로 서명하지 않았다.

잔키우스는 이 문서의 의도를 알고 있었다. 이 합의서는 겉으로 중립적인 자세를 취하는 것처럼 보이지만, 잔키우스가 보기에 마르바흐의 견해만

47) 이중예정(praedestinatio gemina)이란 선택과 유기를 예정이란 단어에 포함시켜 설명하는 것을 말한다. 이중예정을 거절하고 예정에 선택만 포함시켰다는 것은, 유기를 소극적인 차원에서 (선택과 동일한 적극적인 차원이 아니라) 다루려고 했다는 것이지 유기라는 사실 자체를 거절했다는 것(간혹 오해하듯이)이 아니다(참고: Richard Muller, *Dictionary of Latin and Greek Theological Terms* (Grand Rapids: Baker Book House, 1996), 234-235).
48) "Die Durchsicht der Gutachten ergibt, dass die von ihm vertretene doppelte Prädestination zu dieser Zeit in Marburg, Heidelberg und Schaffhausen fester Bestandteil der Lehre ist." Neuser, 306.
49) Tylenda, 129.

담고 있었다.[49] 이 합의서는 성만찬과 예정에 대한 문제가 논란의 두 가지 문제라고 규정한다.[50] 성만찬에 대해서 그리스도의 살과 피의 참되고 본질적인 현존(veram & substantailem praesentiam)이 빵과 포도주와 함께 만찬에 참여하는 자들에게 보여지고 배분된다(cum pane & vino exhibentur in Coena vescentibus distribununtur)라고 했다. 이 정도의 수준은 겉으로 보기에 루터파도 받고 개혁파도 양보해서 받을 수 있는 내용일지 모르나, 그동안 잔키우스가 수없이 공개적으로 예수 그리스도의 현존이 영적인 방식이라고 말했던 것과 차이가 분명했다. 이 정도 수준에서 강의하라는 것은 사실 잔키우스가 더 분명한 방식으로 개혁주의의 내용을 말할 수 없는 것과 같았다.

합의서는 예정론을 취급함에 있어서도 잔키우스의 방식과 전혀 다르게 접근했다. 이 문서는 하나님의 예정을 (이중예정은 거절하지만) 인정하나 하나님께 있는 비밀로 규정하고 오직 그리스도 안에 계시된 것에서만 약속을 찾으라고 한다.[51] 작정의 내용이란 예외 없이 모든 죄인들을 부르시는 계획으로 말해진다. 그 계시된 내용이란 보편적으로 부르시는 하나님의 약속이다.[52] 이것이 가장 참된 최고의 위로(verissima & summa consolatio)이다. 그래서 성도의 위로의 근거를 보편적인 부르심에서 찾았다. 모두를 부르시는 하나님께서 모두에게 믿음을 주시지 않는 것도 하나님의 비밀로 두고, 신자가 그 믿음을 알 수 있는가에 대해서 말하지 않는다. 선택의 확신이 주는 위로는 언급하지 않고 선택에 의지해서 죄의 욕심에 빠질 때 성령을 잃을 것(Spiritum santum amittunt)이라고 경고한다. 이

---

50) 합의서 전문은 다음을 참고하라: Valentin Ernst Loescher, *Ausführliche Historia Motuum zwischen den Evangelischen und Reformirten* (Franckfurt und Leipzig: Johann Grossens seel, 1723), 229-231.

51) "... aeterna Dei est praedestinatio, quae ad electos pertinet ... Haec autem cum sit abyssus & extra Christum considerata, in praecipitium inferni adducat, non nisi in Christo quaerenda est ... "

52) "Est ... Dei aeternum decretum ... quotquot in Christum credunt, gratiam Dei ... consequantur. ... Promissiones ... sint universales."

합의서는 틀렸다고는 할 수 없겠지만 (후에 칼빈의 평가도 그렇다), 취리히, 마르부르크, 하이델베르크의 평가서에 나타난 내용과 차이가 있다. 평가서들이 위로의 근거를 선택하시고 성령을 주시고 믿음을 주시고 견디게 하시는 하나님께 둔다면, 합의서는 위로를 보편적 부르심에 둔다는 것이 가장 큰 차이일 것이다. 개혁파는 신론적으로 루터파는 인간론적으로 생각하는 경향이 이미 이때부터 나타나는 것이다.[53]

잔키우스가 그동안 공개적으로 고백해왔던 신자의 선택의 확신은 빠졌다. 나아가 욕심에 순종하는 자는 성령을 잃는다고 진술해서 오히려 해석에 따라서는 잔키우스의 의견과 부딪혔다. 게다가 잔키우스는 이 문서를 집으로 가져가 검토하기를 원했지만 계속 거절당하다가 서명하기 전날에야 가능했다. 잔키우스가 이 문서에 서명하는 것을 얼마나 꺼려했는지는 서명하기로 한 전날 그를 지속적으로 후원해왔던 동료 요한 슈투름의 편지에 나타난다. 슈투름은 강한 어조로 서명할 것을 설득한다.

"부끄럽지 않겠지! 이년동안 그런 일과 염려에 나를 밀어 넣고, 이제 우리가 원했던 것을 얻은 다음, 당신은 새로운 합의를 만들거라고? 특히 그대가 진리라고 판단하는 그 논제들에 반대한다[는 이유 때문에]. 그래서 그대는 그대 자신을 날려버리겠지, 모든 시민의 증오심에 던지시겠지, 모든 프랑스 교회도 그렇게 만들고 망쳐버릴 것이오. 우리를 시민들의 비웃음거리가 되게 할 것이요. 그대는 어디로 갈거요?"[54]

이 편지는 잔키우스의 스트라스부르의 논쟁이 얼마나 그를 힘들게 했을

---

53) 비교: Herman Bavinck, Gereformeerde Dogmatiek, vol. 1 (Kampen: Kok, 1928), 박태현 역, 『개혁교의학1』 (서울: 부흥과 개혁사, 2011), No. 54.

54) "Non te pudet! Duos me annos in tantos coniecisti labores et sollicitudines, et posteaquam obtinemus quod voluimus, nunc te novam conspirationem facere? praesertim contra eas theses quas tu iudicasti esse veras. Ergo tu te turpiter eiicies, odio obiicies omnium civium, et tolles ecclesiam gallicanam atque vastabis, et nos ludibrio civium expones. Quo iturus es?" *CO* 19, 670-671.

지, 나아가 그를 지지하던 자들에게도 얼마나 큰 어려움이 되었는지를 보여준다. 자기의 가장 든든한 후원자라고 생각했던 이에게서 이렇게 강한 편지를 받았을 때 잔키우스의 심정은 편치 않았을 것이다. 그럼에도 불구하고 잔키우스는 3월 18일 서명하는 당일까지도 서명하지 않기로 결심했다고 고백한다. 그는 도시에서 쫓겨나는 것과 죽는 것이 서명하는 것보다 낫다고 느끼고 있었다고 한다. 그래서 스트라스부르의 교수들과 목사들이 서명하러 건물에 들어갔을 때, 그는 그 건물에도 들어가지 않고 집으로 가고 있었다. 그러나 한 동료의 설득에 의해 서명하는 자리에 들어갔고 자기 차례가 왔을 때 잔키우스는 서명했다. 서명하기 전에 자신의 서명이 그동안 자신이 가르치고 고백했던 것의 어떤 포기를 의미하지 않는다는 것과 문서의 내용이 자신의 해석에 따라 옳다고 판단함으로 해석한다고 선언하고 서명했다. 그래서 그는 자신의 이름 옆에 다음과 같이 붙였다. "교리에 대한 이 문서를 내가 경건하다고 인정하는 방식에 따라 받는다."[55]

잔키우스의 서명은 주변 도시의 여러 사람들에게 회자되었다. 불링거는 칼빈에게 "이 훌륭한 사람이 조금 사려깊지 않게 행동한 것처럼 내게는 보입니다. 그는 적들과 중재인들에게 너무 많이 내어 준 것 같습니다"라고 적었다.[56] 자신의 그동안의 사정을 긴 글로 알리고 조언을 구한 잔키우스에게 칼빈은 "예정에 대해 불경건한 어떤 것도 드러나지 않도록 했지만, 밝은 빛을 어둠으로 덮었다"라고 평가했다.[57] 칼빈은 잔키우스가 자신의 의견을 공개적으로 밝히는 것이 필요하다고 권면했다.[58]

잔키우스는 칼빈이 권한대로 공개적으로 자신의 입장을 밝혔다. 성만찬

---

55) "Hanc doctrinae formulam, ut piam agnosco, ita etiam reipio." *CO* 19, 718. 참고: Tyndle, 130-131.
56) "Mihi videtur vir bonus paulo imprudentius egisse, et nimium dédisse et hostibus et compositoribus etc." *CO* 19, 710.
57) "De praedestinatione nihil palam impium protulerunt … tenebras clarae luci obduxerunt." *CO* 20, 23.
58) *CO* 20, 24; 참고. Tylenda, 133.

에서 그리스도의 몸은 공간적으로 현존하는 것이 아니라고 그 몸은 멀리 떨어져 있으나 신자들의 마음에 교통으로 현존하신다고 자신의 서명의 의미를 설명했다. 나아가 예정과 성도들의 견인에 대해서도 더 분명히 밝혔다. 잔키우스는, 죄의 욕심에 순종하는 자가 은혜를 잃는다고 합의서에 있는데, 성령이 거주하는 택함 받은 자들이 어떤 싸움도 없이 죄에 순종하는 경우는 없다고 밝혔다. 자신의 입장이 받아들여지면 스트라스부르에 계속 머무를 것이며 그렇지 않으면 떠날 마음이었다.[59]

잔키우스의 반대편에 있던 자들은 스트라스부르에 새로운 전쟁을 일으켰다는 불만을 제기했다.[60] 스트라스부르 시의회는 이 문제를 어떻게 다룰지 당혹스러워 했다. 잔키우스 자신도 긴 논쟁으로 지쳐있었다. 때마침 키아벤나(Chiavenna, 스위스국경을 가까이한 북이탈리아의 도시)의 개혁교회가 잔키우스를 담임목사로 청했다. 이 청빙이 스트라스부르의 모든 문제를 해결해주었다. 1563년 11월 말 스트라스부르의 마지막 개혁신학자 잔키우스가 키아벤나로 떠나면서 이 도시의 긴 논쟁은 끝났다.

7. 나가며

스트라스부르 논쟁이 보여주는 것은 칼빈의 영향력은 커져갔고, 개혁주의와 루터주의의 거리는 점점 멀어졌다는 것이다. 둘 사이에 성만찬 문제만이 아니라 예정론을 대하는 자세도 점점 어긋났다. 취리히, 마르부르크, 하이델베르크, 샤프하우젠은 잔키우스의 예정론 논제에 동의했다. 이 도시들의 공통적인 점은 하나님께서 영생을 주시기로 예정한 자들에게 믿음을 주시며, 선택된 자는 성령의 역사에 의해 믿음을 선물로 받았으므로 그 믿음을 잃지 않는다는 것이다. 성령은 신자 안에 거주하시는 구원의 보증이지 신자 주위에서 흔들리는 의심의 증인이 아니기 때문이다. 이렇게 개

---

59) *CO* 20, 104-105.
60) Schmidt, 672.

혁주의는 믿음을 주신 성령과 믿음을 주시기로 예정하신 하나님께 올라갔다. 반면 잔키우스가 그토록 서명하기 싫어했던 그러나 서명하고야 말았던, 루터주의자들이 주도해 만든 화합을 위한 문서에서 예정은 인정될지라도 신자는 계시된 말씀과 믿음 안에서만 위로를 찾고 더 이상 높은 것으로 올라가는 것은 금지되었다. 이렇게 두 진영의 경향이 드러났다. 루터주의는 계시된 말씀과 그것을 믿는 인간의 믿음에 머무르며 거기서 위로를 찾으려 했다면 개혁주의는 거기에 만족하지 않고 말씀을 계시하신 하나님과 믿음을 주신 하나님과 구원을 주시기로 예정하신 하나님께 올라가 거기서 위로를 얻으려고 했던 것이다.

첨부: 잔키우스가 시에 제출했던 논제

(출처: Operum Theologicorum D Hieronymi Zanchi, Tomus Septimus, 63-64)

1. (De fine Seculi) Quoto die, vel quoto mense, vel quoto anno, vel quoto seculo futurus sit finis Mundi, & rediturus Dominus: neque ulla certa scientia, neque ullis certis coniecturis cognosci ab ullo mortalium potest.

2. (De Antichristo) Etsi revelatum est iampridem regnum Antichristi, quique in illo primatum tenet & regnat, verus est Antichristus: dicere tamen, sub finem seculi insignem quendam & omnium iniquitate excellentissimum, verum & perfectum Antichristum, qui etiam miracula edat, venturum esse, non pugnat cum sacris literis.

3. (De Signis finis Seculi)

Dicere, pro conciliatione loci Luc.18. Putas cum veniet filius hominis, inveniet fidem in terra? cum loco Pauli Rom.11. Nolo vos ignorare mysterium hoc, quod caecitas etiam ex parte contigit in Israel, donec plenitudo gentium advenerit, & sic omnis Israel saluus fiet: dicere inquam, pro conciliatione horum duorum locorum, quod, dum regnabit ille summus & ultimus Antichristus, propter ipsius tyrannidem parum fidei reperietur in terra: sed post illum occisum spiritu oris Christi, copiosa Iudaeorum multitudo ad Christum sit convertenda (id quod sit per fidem) & quod tunc futura sit multa fides in terra: non est contra verbum Dei.

4. (De praedestinatione) Certus est apud Deum, tum electorum ad vitam aeter−nam, tum reproborum & ad interitum praedestinatorum, numerus.

5. Sicut electi ad vitam perire non possunt, ideoque salvantur necessario ita quoque qui ad vitam aeternam praedestinati non sunt, salvari non possunt: ideoque necessario damnantur.

6. Qui semel electus est, non sit, nec fieri potest reprobus.

7. (De vinculis quibus colligamut Christo & Ecclesiae) Duo sunt vincula, quae ad hoc, ut Christo & Ecclesiae vere colligemur, prorsus necessaria sunt: vin−culum aeternae electionis in Christo, & vinculum Spiritus Christi ideoque fidei in Christum. Atque haec duo primo interna sunt & invisibilia, deinde indissol−ubilia.

8. Duo vincula sunt, quibus Ecclesiae (quo ad externam eius faciem attinet) coniungimur: professio doctrinae Christi, & participatio Sacramentorum, atque haec primum externa sunt, & visibilia, deinde dissolubilia: quatenus potest quis & ipsam doctrinam reiicere & ipsa sacramenta respuere.

9. (De fide) Electis in hoc seculo semel tantum vera fides a Deo datur, & qui ea donatus est (praesertim de adultis loquor) eam in seipso sentit, id est, certo cognoscit & sentit se vere credere.

10. Electi semel vera fide donati, Christoque per Spiritum sanctum vere insiti, fidem prorsus amittere, Spiritum Sanctum, omnino excutere & a Christo excidere penitus non possunt, idque tum propter promissionem Dei, tum propter Christi precationem neque tamen hinc sequitur, vel poenitentiam negari, vel licentiam concedi.

11. (De promissionibus) In electis regeneratis duo sunt homines, interior & exterior. Ii cum peccant secundum tantum hominem exteriorem, id est, ea tantum parte, qua non sunt regeniti, peccant: secundum vero interiorem hominem nolunt peccatum, detestantur peccatum, & condelectantur lege Dei, quare non toto animo, aut plena voluntate peccant.

12. Petrum, cum negavit Christum, defecit quidem fidei confessio in ore, sed non defecit fides in corde.

13. Promissiones de gratuita Dei misericordia, deque certa & aeterna salute, etsi universaliter omnibus proponuntur, & praedicandae sunt: ad ipsos tamen tantum electos reipsa pertinent.

14. Quare cum Paulus ait, Deus vult omnes homines salvos fieri, si quis illam vocem Omnes, restrigat ad electos, in quocunque hominum ordine sint: item si illud I.Iohan.2. Christus est propitiatio pro peccatis totius Mundi, interpretetur pro electis universis, per totum orbem dispersis, aut dispergendis, non depravat Scripturas.

귀도 드 브레와
네덜란드 신앙고백

이상규 (고신대, 교회사. 본원 원장)

시작하면서

　귀도 드 브레(Guido de Brès 혹은 Guy de Bray, c.1522-1567)는 목회자이자 개혁자였고, 『네덜란드 신앙고백서』의 작성자이자 순교자이지만 그의 사적에 대해서는 거의 알려져 있지 않다. 한국의 혹은 한국어로 번역된 교회사 서적에 신앙고백서 작성과 관련하여 그의 이름이 간간이 언급되기는 하지만 그에 대한 독립된 논문은 단 한편도 씌어지지 않았다.[1] 이런 점에서 그는 한국의 신학계나 교계에 미지의 인물로 남아 있다. 그는 1548년 이전 어느 시기에 개신교 신앙을 받아들였고, 이때로부터 20여 년간 '네덜란드의 종교 개혁자'로 활동한 후 45세 때인 1567년 처형되었다. 비록 짧은 생애를 살았으나 그는 네덜란드(화란) 개혁교회 형성에 중요한 역할을 했다. 그럼에도 불구하고 그에 대한 한국교계의 관심은 미미했다. 이런 점에서 그의 생애 여정과 그의 주도로 작성된 『네덜란드 신앙고백서』에 대해 소개하는 일은 가치 있는 일이라고 생각된다. 이 글에서는 귀도 드

---

1) 단지 그에 대한 간단한 약전이 테아 반 할세마, 『하이델베르크에 온 세 사람과 귀도 드 브레』(성약, 2007)에 포함되어 있을 뿐이다.

브레가 활동하게 되는 배경 곧, 네덜란드에서의 종교개혁과 개혁교회의 설립에 대해 고찰한 후, 그의 삶의 여정을 소개하고자 한다. 그리고 그가 주도적으로 작성했던『네덜란드 신앙고백서』의 내용과 신학을 소개하고자 한다. 이를 통해 귀도 드 브레의 생애와 신앙, 그리고 신학을 헤아릴 수 있을 것이다.

1. 네덜란드에서의 칼빈주의와 개혁교회의 형성

네덜란드에 개신교 신앙 특히 칼빈주의가 소개된 것은 1540년대 이후로 볼 수 있는데, 네덜란드에서의 칼빈주의의 기원과 확산은 신비로운 일로 간주된다. 네덜란드는 14, 15세기부터 개혁의 여명이 나타나기 시작했다. 1378년 제라르 흐루트(Gerard Groot)와 플로렌티우스 라데빈스(Florentius Radewins)에 의해 신비주의적 단체인 '공동생활형제단'(Brethren of the Common Life)이 시작되었고, 신비주의적 인물 토마스 아 켐퍼스의『그리스도를 본받아』(Imitatio Christi)도 네덜란드에서 발간되었다. 이때의 신비주의는 사제주의적 구조를 이탈하려는 시도였으므로 일종의 교회개혁적 성격이 있었다. 15세기에는 에라스무스를 배출했다. 16세기 서양지성사에서 독특한 지위를 누렸던 에라스무스는 1466년 네덜란드 노테르담에서 출생했는데, 그가 1516년에 편찬한 헬라어 신약성경은 교회개혁의 과정에서 중요한 역할을 했다는 점은 아무도 부인하지 못할 것이다. 루터보다 약 20년 연상이었던 에라스무스는 직간접적으로 루터에게 영향을 주었고, 그 시대 개혁자들, 곧 츠빙글리, 멜랑흐톤, 칼빈 등에게도 영향을 주었다. 멜랑흐톤이 에라스무스를 가리켜 '최상과 최대'(optimum et maximum)라는 라틴어로 칭송한 것을 보면 그가 종교개혁에 끼친 영향을 감지할 수 있다. 르네상스 인문주의는 네덜란드에서도 변혁의 기초이자 시작이었다. 16세기에 만개하는 자유, 지적 성취, 그리고 개혁의 기운은 이미 15세기부터 화려한 결실을 준비하고 있었다.

화란에서 직접적으로 개혁 정신이 소개된 것은 16세기였다. 루터의 작품들이 인쇄술에 힘입어 화란의 저지대 지방으로까지 전파되었다. 후에 황제 칼 5세(Charles V, 1500-1558)로 불리게 되는 왕자가 1516년에 상속한 네덜란드는 17개 도(provinces)로 구성되어 있었는데, 네덜란드, 벨기에, 룩셈부르크, 그리고 현재는 프랑스에 편입된 인구밀집도가 높은 긴 땅을 포함하고 있었다. 그런데 루터의 작품들은 루벵(Louvain), 겐트(Ghent), 안트웹(Antewep) 등의 도시로 신속히 전파되었다. 이런 이단 사상의 침투에 대해 루벵대학은 1520년 2월, 루터의 작품을 금서로 규정했을 정도였다. 그럼에도 불구하고 문서의 보급을 막을 수 없어 로마교회의 대사인 제롬 알레안더(Jerome Aleander)는 1521년 네덜란드를 순회하며 루터의 책들 수합하여 불살라야 했을 정도였다. 루터의 저작이 암암리에 반포되자 교황 아드리안 6세는 칼 5세의 요청으로 세 사람의 종교재판관을 파견하여 루터파를 지지했던 어거스틴파 수도사 헨드릭 푸스(Hendrik Voes)와 요한 판 에센(Johan van Essen)을 1523년 7월 1일 브루셀에서 화형에 처하기도 했다.[2] 이들이 종교개혁 이후 이단이란 이름으로 처형된 최초의 순교자들이었다. 칼 5세는 1519년에는 신성로마제국의 황제가 되는데, 이때부터 개신교에 대한 탄압이 심화되었다.

루터파 만이 아니라 루터파를 반대했던 프로테스탄트, 곧 성찬에서 그리스도의 육체적 임재를 부인하는 성례주의자들(Sacramentarians)도 이때 활동하고 있었다. 이들은 성찬을 오직 기념으로만 인식하는 집단이었다. 이런 입장을 견지했던 대표적인 인물이 네덜란드 출신의 내과의사이자 인문주의자였던 코넬리우스 훈(Cornelis Hoen)이었다. 이 집단의 얀 드 바커르(Jan de Bakker) 또한 이단으로 정죄되어 교살된 후 화형에 처해졌다. 1526년의 일이었다.[3] 이들에 대한 무지막지한 탄압이 가해지자 이 집단은 곧 자취를 감추고 거의 소멸되었다.

---

2) John H. Bratt, *The Rise and Development of Calvinism* (Eerdmans, 1959), 65; 존 맥닐, 『칼빈주의 역사와 성격』(크리스찬다이제스트, 1990), 291. 이 글 중 네덜란드에서의 개혁과 개혁교회, 혹은 칼빈주의의 연원에 대해서는 John Bratt과 맥닐의 글에 많이 의존하였음을 밝혀 둔다.
3) John Bratt, 65.

이 무렵 재세례파도 네덜란드에 소개되기 시작했는데, 곧 루터파 보다 더 큰 방향을 불러일으키며 확산되어 갔다. 재세례파는 노동자 계층에서 많은 지지자들을 얻었으므로 '가난한자들의 개신교'(Protestantism of the Poor)라고 불리기도 했다. 하나님 나라의 지상 성취를 꿈꾸며 원시 기독교에로의 복귀를 주창하던 이들은 그리스도의 임박한 재림을 갈망하는 천년왕국론자들이었다. 급진적 인물이 멜키오르 호프만(Melchior Hoffman)이었다. 곧 이들에 대한 박해가 뒤따랐다. 비인간적 박해에 대항하는 재세례파의 열정은 광신적 성격을 띠게 되었고, 1534년과 1535년 피로 물든 뮌스터 사건으로 발전했다. 이런 상황에서 화란의 재세례파 지도자인 메노 시몬스(Menno Simons, 1496-1561)는 뮌스터 사건을 반면교사로 온건하고 평화주의적인 재세례파운동을 지향하였다. 메노 시문스는 비폭력 평화주의를 지향하며 양심의 자유를 주장했다. 그럼에도 불구하고 이들 역시 국가권력의 박해를 받았고, 재세례파는 로마교나 개신교 양자로부터도 강력한 반대에 직면했다.

1540년에서 1550년까지 칼 5세는 외국의 종교서적과 라틴어판이나 화란어판 성경을 유포하는 자에게 엄한 처벌을 가할 것이라는 칙령을 발표했다. "루터, 외콜람파디우스, 츠빙글리, 부써, 칼빈 혹은 거룩한 교회가 이단으로 낙인찍은 자들의 책이나 글을 인쇄하거나 소유한 자들을 사형에 처한다." 내용이었다. 그러나 이런 엄포가 확산되는 개혁의 불길을 제어할 효과적인 대응책이 되지 못했다. 정치적 변화가 있었고, 1555년 10월 25일, 퇴행성 질환으로 병약했던 칼 5세는 독일과 오스트리아의 왕위는 아우인 페르디난트에게 이양하고, 스페인과 네덜란드 왕위는 아들 필립 2세(Pilip II, 1527-1598)에게 이양했다.[4] 그래서 필립은 1556년부터 스

---

4) 필립 2세는 4번 결혼했다. 1543년에는 포르투갈의 마리아(Maria)와 혼인했으나 3년 뒤인 1546년 어린 나이로 사망했고, 1554년에는 영국 투더가의 메리(Mary I of England)와 혼인했다. 이 혼인은 정략적인 혼인이었다. 1559년에는 발로이스가의 엘리자벳(Elizabeth of Valois)와 결혼했다. 1570년에는 오스트리아의 엔(Anne of Austria)와 결혼했다.

페인과 네덜란드, 그리고 나폴리 시실리 밀란 지역을 통치하게 된다. 칼 5
세는 네덜란드에서 출생하여 거기서 성장했으므로 비교적 네덜란드인들의
호감을 샀으나 그 아들 필립은 스페인 발라돌리드(Valladolid) 출신으로
스페인 성직자에 의해 교육을 받았고 또 성격적으로 독단적이었고 일생동
안 거의 웃지 않고 살았다고 한다.[5] 근친혼인 사촌지간의 부모에게서 태어
난 그는 정신적인 기형이라 할 수 있는 집착증과 우울증이 있었다. 그래서
그는 백성들과 교감이 부족했다. 무엇보다도 유럽에서 가장 강력한 군주로
불린 그의 억압적인 종교정책, 자의적인 중과세로 국민적 신임을 상실했
다. 필립이 통치하는 기간 동안 프랑스와 교황 바울4세와의 전쟁으로 네덜
란드의 개신교에 대해 신경 쓸 겨를이 없었다.

이런 상황에서 화란에도 루터주의, 성례주의자들과 재세례파에 이어 칼
빈주의 사상이 점차 소개되기 시작했다. 스트라스부르에 거주하던 네덜란
드인들이나 제네바에 정착한 불어를 쓰는 네덜란드인들이 칼빈주의를 배
우거나 받아드리기 시작했다. 여기에는 칼빈의 영향이 없지 않았다. 칼빈
의 어머니 쟌 프랑(Jeanne Franc)은 프랑스어를 모국어로 사용하는 네
덜란드 사람이었다. 당시 네덜란드 남부는 프랑스 사용지역이었는데 이런
언어적 배경 때문에 국적은 네덜란드이지만 프랑스어를 모국어로 사용하
는 이들 가운데 칼빈주의 신앙이 소개된 것이다. 이런 연유로 1540년대
초부터 네덜란드에는 칼빈주의 신앙이 소개되었다. 로마교 신부였으나 츠
빙글리와 외콜람파디우스의 영향을 받고 1538년 경 개신교로 개종한 아
라스코(Johannes à Lasco, 1499-1560)가 루벵을 거쳐 1543년 엠덴
(Emden in Frisia)에 정착하자 그의 가르침 또한 네덜란드에 영향을 주
기 시작했다. 그런데 네덜란드 저지대에서 칼빈주의 사상의 대두는 하나의

---

5) 그가 유일하게 웃을 때가 스페인의 톨레도 광장에서 개신교도들을 화형시킬 때였다고 한다. 프랑스
   에서 개신교를 극악하게 몰살했던 성 바돌로매 날 학살사건(1572. 8. 24) 때 3만-7만명이 죽임을
   당했는데, 이 소식을 듣고 필립(Philip) 2세는 생전 처음으로 웃음을 터트렸다고 스페인 사가들은 기
   록하고 있다. 이상규,『교회개혁사』(성광문화사, 2009), 295.
6) John Bratt, 66.

신비였다.[6] 로마교가 루터파 등 개신교에 대한 광범위한 탄압이 이루어지던 시기에 칼빈주의 사상이 소개되었기 때문이다. 칼빈주의 신앙에 대한 박해는 해외에 칼빈주의 교회 설립을 요청하게 되어 독일과 영국에 망명자들의 교회가 설립되었고, 네덜란드에서도 여러 지역으로 확산되기 시작했다. 처음에는 남부 네덜란드의 플레미쉬(Flemish)와 불어를 사용하는 왈룬(Walloon) 지역으로 확산되었다. 초기 지도자들의 면면을 보면 불어 이름을 가진 이들(곧 Jean Crispin, Pierre Brully, Vallerand Poullain, Jean Taffin, Martin Micron 등)이 다수라는 점을 알 수 있다. 귀도 드 브레도 그 중의 한 사람이다.[7] 비록 칼빈이 네덜란드를 방문한 일은 없으나 칼빈주의의 영향은 지대했다. 칼빈의 저작들은 암암리에 배포되었고, 생명의 위험을 무릅쓰고 이런 문서를 전파하는 이들도 있었다. 그래서 1548년에서 1550년 어간에 칼빈주의를 지향하는 망명 개혁교회들이 런던, 엠던, 프랑크푸르트, 그리고 팔츠 등지에 출현하기 시작했다. 이 때 런던의 개혁교회 지도자가 존 아 라스코였다. 메리가 왕위에 오른 1553년에는 런던에 있던 개혁교회가 대륙으로 이동하지 않으면 안 되었다. 엠던의 교회는 화란 칼빈주의의 초기 중심지 역할을 했다. 엠던에서는 1562년 성경이 완역되었고, 『칼빈의 기독교 강요』는 1560년 디르키누스(Dyrkinus)에 의해 번역되었다. 프랑크푸르트에도 개혁교회가 세워져 있었으나 루터파의 불관용으로 오래 존재하지 못했다. 가장 번성했던 망명 개혁교회는 팔츠에 있었는데, 프리드리히의 보호를 받았기 때문에 가능했다. 이곳에서 페트루스 다테누스(Petrus Dathenus)는 『하이델베르크 신앙문답서』를 번역했을 정도였다. 그는 이곳에서 화란 시편송을 편집했는데, 그것이 오늘날까지 사용되는 시편송의 기초가 되었다.[8]

점차 네덜란드에도 은밀하게 개혁교회 설립되기 시작했다. 그러나 탄압과 박해 하에 있었기 때문에 네덜란드 개혁교회는 처음부터 "십자가 아래

---

7) John Bratt, 67. 네덜란드식 이름을 가진 지도자들도 없지 않았다. 예컨대, Petrus Datheen, Marnix van St. Aaldegonde, Utenhove 등이다. 그러나 프랑스 식 이름을 가진 지도자 보다 소수였다.
8) John Bratt, 68.

에 있는 교회"(De Kerken onder het Kruis)로 불렸다. 박해와 탄압 가운데서 루터파나 재세례파는 존립할 수 없었으나 개혁교회는 고난의 여정에서도 은밀하게 조직되고 확산되었다. 당시 이들은 박해를 피하기 위해 '교회'라는 말 대신 안트웹에서는 '포도나무'(vine)라는 이름으로, 도르닉(Doornik)에서는 '검'(sword)으로, 겐트(Ghent)에서는 '태양'(sun)이란 이름으로 불렸다. 강단은 순회설교자들이 담당했고 개 교회는 장로와 집사들에 의해 유지되었다. 예배는 교인들의 집에서 은밀하게 진행되었다. 그래서 1550년에서 1560년 어간에 안트웹, 겐트, 도르닉 등 남부 네덜란드에는 상당한 정도의 교회가 세워졌다. 상당한 어려움이 있었으나 네덜란드 개혁교회는 조직을 갖추고 발전해 갔다. 1566년에는 안트웹에서 네덜란드 칼빈주의 최초의 노회가 조직되었다. 이런 상황에서 교회 지도자로 부름 받았던 인물이 귀도 드 브레였다. 그는 순회 설교자이자 당시 교회의 지도자로서 "네덜란드의 종교개혁자"(der Reformator der Niederlane)라고 불렸다.[9] 1559년에는 필립2세가 네덜란드를 떠나 스페인으로 가 다시 돌아오지 않았고, 그의 사생아 누이인 마가렛(Margaret)이 네덜란드의 실제적인 통치자가 되었다.

2. 귀도 드 브레의 생애와 활동

귀도 드 브레의 초기 생애에 대해서는 알려진 바가 거의 없다. 단지 그는 1522년 현재의 벨기에에 속한 하이나웃(Hainaut, Hennegau) 지방의 몽스(Mons)에서 장 드 브레(Jean de Brès) 집안의 넷째 아들로 출생했다고 알려져 있을 뿐이다.[10] 그의 부모는 로마교 신자였다. 그의 가정 배경과 신앙교육 혹은 학교 교육에 대해서는 아무것도 알려져 있지 않다. 그러나 후일 그가 신앙고백서를 작성한 일이나 설교자로 활동한 것을 보면 유

---

9) John Bratt, 72.
10) Diana Kleyn, Joel R. Beeke, *Reformation Heroes* (Reformation Heritage Books, 2009), 100.

럽의 다른 개혁자들과 상응하는 교육을 받은 것으로 추측된다. 그가 후기에 제네바아카데미에서 수학했다는 주장도 있으나 이는 불확실하고, 수학했다하더라도 그 기간은 단기간이었을 것이다. 왜냐하면 제네바아카데미는 1559년 설립되었고, 이 이후기간은 드 브레가 순회설교자로 활동하던 기간이었기 때문이다. 현재로서는 그의 학교교육에 대해 알 수 있는 자료가 없지만 당시의 관례대로 로마교의 신앙교육을 받은 것으로 보인다.

귀도 드 브레는 1548년에는 신앙의 자유를 찾아 영국으로 피신했는데, 이 점은 그가 그 이전에 개신교 신앙을 받아들였음을 보여준다. 일반적으로 학자들은 그가 18세에서 25세 사이, 곧 1540년에서 1547년 어간에 개신교로 개종한 것으로 보고 있는데,[11] 성경을 읽고 종교개혁 에 관한 문서를 읽던 중 기독교의 바른 진리를 터득한 것으로 보고 있다.[12] 아무리 후기로 산정하더라도 드 브레는 1547년 이전에 복음주의 신앙을 받아들인 것이 분명하다. 이렇게 볼 때 그는 네덜란드에서 개신교 운동이 전개되던 초기에 칼빈주의 신앙을 받아들였고, 이런 이유에서 그는 네덜란드 개혁교회 초기 지도자로 활동하게 된다. 말하자면 그는 "네덜란드에서 하나님의 말씀의 사역자"(Minister of the Word of God in the Netherlands)로 활동하게 된 것이다. 이런 그의 활동은 처형되기 얼마 전인 1566년 그의 어머니에게 쓴 편지 속에 드러나 있다.

"어머니, 어머니는 태중의 아이가 예수의 사람(Jesuit)이 되었으면 하고 간구하셨지요. 그러나 사람들이 제수잇(Jesuit)이라고 부르는 새로운 종파가 아니라, 하나님은 진실로 예수의 사람(Jesuit)이 되게 하셨습니다. 하나님은 저를 하나님의 아들 예수의 진정한 제자가 되게 하셨고, 저를 거룩한 사역을 감당케 하시고, 인간의 교리를 가르치는 것이 아니라 예수 그리스도와 그의 사도들의 순수하고 단순한 복음을 전하게 하셨지요. 하나님은 저를 미쁘신 제물로 받으시고 저의 죽음을 통해 그

---

11) John Bratt, 72, 주도홍, 『새로 쓴 세계교회사』(개혁주의신행협회, 2006), 321.
12) Diana Kleyn, Joel R. Beeke, 100.
13) John Bratt, 72.

가 택하신 백성들을 보호하시고자 하시는 이 일이 당신께 힘겨운 일이 아니기를 바랄뿐입니다."[14]

개혁 신앙을 받아들이고 개혁교회 운동에 관여했던 그의 신분이 알려지자 로마교의 박해를 받게 되었고, 26세가 되던 1548년 영국으로 피신하게 된 것이다. 이곳에서 4년간 거주하는 동안 마르턴 미크론(Maarten Micron), 요하네스 우텐호브(Johannes Utenhove), 그리고 후에 언급할 요하네스 아 라스코(Johannes à Lasco) 등과 특히 마틴 부써, 페트루스 다테누스(Petrus Dathenus) 등과 접촉하며 개혁신학을 익힌 그는 1552년 다시 네덜란드 몽스로 돌아왔다. 그러나 이것을 영구적인 거주로 여기지 않았다.

이때부터 그는 남부 네덜란드 지역 비밀 집회소의 순회 설교자로 활동했는데, 안전을 위하여 '몽스의 어거스틴'(Austugine of Mons) 이라는 가명을 쓰기도 했다. 그의 활동 본거지는 몽스에서 북서쪽으로 65Km 지점에 있는 리여(Lille, Rijssel)였다. 그는 이곳을 중심으로 1556년까지 프랑스 북동부 벨기에 국경에 인접한 플랑드르 지방의 리여와 독일의 프랑크포르트에 체류하기도 했고, 스위스로 가 제네바와 로잔에서 신학을 연구하기도 했다. 드 브레가 후일 신앙고백서를 작성한 일이나 설교자로 활동한 것을 보면 유럽의 다른 개혁자들과 상응하는 교육을 받은 것으로 추측된다. 그가 제네바아카데미에서 수학했다는 주장도 있으나 이는 불확실하고, 수학했다하더라도 그 기간은 단기간이었을 것이다.

1555년 드 브레는 한권의 책을 출판했는데, 『기독교신앙의 보루』(Bastion of the Christian Faith)라는 책이었다. 이때는 필립 2세가 칼 5세를 이어 네덜란드를 통치할 때였고, 개신교에 대한 탄압이 계속되던 시기였다. 16개 장으로 구성된 이 책은 개혁신앙을 변호하는 내용으로 구성되

---

14) John Bratt, 72-73.

어 있다. 그는 이 책에서 교황의 무오설과 교회회의의 무오성을 비판하고, 로마교회의 독신제도, 성자숭배와 유물 숭상은 성경적 근거가 없는 것으로 비판했다. 동시에 그는 참된 교회의 표지로 하나님의 말씀의 순수한 전파와 성례전의 합당한 시행을 주장했다.[15] 이 책에서 언급한 이런 주제들은 후일 그가 작성한 신앙고백서에 그대로 반영되었다. 또 이런 주장은 개혁교회 전통에서 강조되어 왔던 주장이었다. 드 브레는 개혁신학자였다. 개혁교회 전통에서 가르쳐왔던 동일한 신학 입장을 보여준다. 이 점은 그가 제네바를 비롯한 개혁교회 지도자들과 교통이 있었음을 암시해 준다. 이 변증서는 네덜란드 개혁교회가 처했던 암울한 현실을 생생하게 묘사하고 있는데, 이 책에서 드 브레는 위정자들에게 이렇게 호소하고 있다.

그대가 두 손을 펴 수많은 사람들이 흘린 피에 손을 담그고 그 손을 씻으려 하다면 그 얼마나 비난받을 일이 아닙니까? … 오 국왕이여. 당신이 무엇 때문에 우리를 박해하시나이까? 우리가 죄를 범했다면 그것이 우리 주 예수 그리스도의 복음을 따라 살려는 거룩한 열정 밖에 없습니다. 우리는 역사상 유래 없는 박해에 직면해 있습니다. 이방인들조차도 기독교인을 이처럼 잔인하게 박해하지는 아니하였을 것입니다. 사내는 모진 고문 때문에 죽임을 당하며, 아낙네는 자식을 품에 안고 집집을 찾아다니며 빵 한 조각을 구걸하고 있는 실정입니다. 부디 이러한 행동을 종식시켜 주시기 바랍니다.[16]

이처럼 이 책은 위정자들에게 개혁신앙을 추구하는 이들에 대한 탄압을 중단해 줄 것을 요구했다. 비록 이런 요구는 받아드려지지 않았지만 당시 이들이 처한 상황이 얼마나 절박했는가를 짐작할 수 있다.

1561년에는 도르닉, 리여, 그리고 프랑스 북부지역인 발랑시엔(Valenciennes) 등지를 순회하며 설교했다. 이 어간에 『네덜란드 신앙고백

15) John Bratt, 73.
16) 존 바트 외, 『칼빈주의 발전 약사』(기독교문화협회, 1986), 291.

서』가 도르닉에서 작성되었다. 이 신앙고백서를 작성한 것은 필립 2세에게
박해를 중단을 호소하려는 의도가 있었다. 즉 개신교 신앙은 반 국가적인
집단이 아니라는 점을 제시하고자 했던 것이다. 1559년의 갈리나 신조를
모델로 작성한 이 신앙고백서는 1562년 네덜란드 개혁교회의 공식문서로
채택되었다. 이 문서의 성격과 신학에 대해서는 차 항에서 언급하고자 한다.

귀도 드 브레의 설교는 열정적이었다. 그의 열정적인 설교에 감동된 두
리닉의 칼빈주의자들은 신분의 노출을 두려워하지 않은 채 거리에서 시편
송을 노래했을 정도였다. 이런 활동은 로마교 신봉자인 마가렛이 볼 때 공
개적인 반역 행위였다. 그래서 조사단을 급파했다. 이때 위험을 감지한 드
브레는 도피했으나 그의 저작들은 압수당했다.

1562년 이후 1566년까지 드 브레의 가장 중요한 사역은 순회설교였다.
그는 은밀하게 지하교회에서 설교했을 뿐만 아니라 야외설교를 시도하기
도 했다. 이런 설교방식은 매우 이례적인 것이었다. 예배나 설교 등 신앙
의 기본적인 활동이 제약을 받게 되었을 때 불가피하게 야외 설교를 선택
하지 않을 수 없었을 것이다. 17세가 스코틀랜드의 언약파들이 국가 권력
의 탄압 하에서 신교의 자유를 박탈당했을 때 불가피하게 들판에서 야외예
배를 드렸고, 야외설교자들이 출현했던 경우와 동일했다.

드 브레의 설교활동으로 남부 네덜란드에서 칼빈주의자들은 크게 증가
하였고, 두르닉 발랑시엔 지역의 경우 주도적인 세력으로 발전했다. 드 브
레의 사역을 도와준 이가 그랜지(Peregrin de la Grange)와 장 카토
(Jean Cateaux) 같은 이들이었다.

앞에서 언급했지만 초기 칼빈주의 교회는(1548-1550) 국외에서 망명
교회로 출발하였으나 1550년에서 1560년 어간에 남부 네덜란드의 안트
웹, 겐트, 도르닉 등지에 개혁교회가 설립되는 등 은밀한 가운데 성장해갔
으나 개혁교회는 불법 조직이었고, 탄압은 계속되었다. 그래서 1566년 4
월 3백여 명에 달하는 귀족층 인사들이 섭정이었던 마가렛(Margaret)에
게 종교탄압을 중지하고 관용을 베풀 것을 요구했으나 거부되었다. 말로는

허락하는 듯 했으나 실상은 반 개신교 칙령을 고수했다. 그래서 사람들은 말로는 관용(moderation)을 말하지만 실상은 살인 칙령(edit of murderation)이라고 비꼬았다.

이런 비관용적인 탄압 일변도의 정책에 대한 공개적인 항거가 일어났다. 그것이 1566년의 성상파괴 폭동이었다. 로마교 성당은 성난 군중들에 의해 짓밟혔고, 상(images)과 제단은 파괴되었다. 약 400여개처의 로마교회의 우상적인 기물들이 파괴되었다. 특별한 지도자가 없었으나 이런 항거는 전국으로 확산되었다. 수백 개의 교회가 훼손되었으나 재산의 강탈이나 도난은 보고된 바 없었다. 이렇게 되자 정부는 즉각 반격에 나섰다. 칼빈주의 신앙의 중심도시인 발랑시엔은 포위되었고, 드 브레와 드 라 그랜지는 탈출에 성공했으나 얼마 후 체포되었다. 이 일로 영웅적 지도자이자 네덜란드 칼빈주의 교회 지도자였던 드 브레는 드 그랜지와 함께 처형되었다. 1567년 5월 31일 아침 6시 경의 일이었다. 그 때 그의 나이 45세였다. 그의 시신은 다시 불태워졌고 남은 재는 쉘트(Scheldt)에 뿌려졌다. 이 강은 프랑스에서 발원하여 벨기에와 네덜란드를 거쳐 북해로 흘러가는 강이었다.

1566년의 항거와 정부의 무자비한 탄압은 네덜란드 개혁교회 지도자들에게 신교의 자유는 무력에 의해서만 성취될 수 있을 것이라는 생각을 갖게 만들어 주었다. 특히 스페인이 1567년 야전 사령관인 알바(Alba) 공작과 2만 명의 군대를 파송하여 이때부터 1572년까지 무자비하게 탄압했을 때 칼빈주의자들은 아무것도 할 수 없었다. 이 당시 약 10만여 명의 칼빈주의자들이 있었던 것으로 추산되는데, 결국 신앙을 지키기 위해 이들이 취할 수 있는 길은 해외로의 망명이었다. 이들이 선택한 중요한 거점은 독일이었다. 이런 상황에서 칼빈주의자들은 폭력적인 국가권력에 대항하여 저항하거나 무력을 사용할 수 있는가 하는 점은 심각한 논란을 불러 일으켰다. 그리스도인은 하나님이 세우신 국가권력에 대해 저항 할 수 있는가? 이런 주제는 후일 네덜란드에서 국가권력과 교회의 문제, 반란에 대한 이론, 혹은 저항권 사상의 발전을 가져오게 된다.

후일 칼빈주의자들은 인문주의자들, 로마교도들 혹은 정치적인 공화주의자들과 연합하여 스페인의 억압통치에 항거하고 독립운동에 동참하게 된다. 칼빈주의자들이 볼 때 스페인 국왕은 두 가지 잘못을 범하고 있다고 보아 이에 대한 무력적 저항이 정당하다고 보았다. 첫째는 네덜란드 국민의 권리를 찬탈한 것이고, 둘째는 거짓 종교를 조장한다고 본 것이다. 이것은 『네덜란드 신앙고백서』 36장에서 규정한 국가의 사명을 위반한 것으로 보았다. 비록 독립운동에는 로마교와 칼빈주의자들이 협력하였으나 이들이 종교문제에서 일치된 견해를 가질 수 없었다. 다수인 로마교는 칼빈주의자들을 인정하려 하지 않았다. 스페인이 네덜란드 남부 지역을 진압하게(1585) 되자 결국 로마교도가 다수였던 이곳은 로마교를 국교로 받아드리게 되었고, 네덜란드 북부지방은 스페인과의 싸움에서 독립을 성취하고 개신교 도시로 고정화되었다. 네덜란드 북부지역에서 스페인과의 싸움에서 승리한 기념으로 설립된 대학이 1575년에 설립된 레이든(Leyden) 대학이라는 점은 널리 알려져 있다. 흔히 레이든 대학은 제네바 아카데미에 이어 유럽에 설립된 두 번째 기독교대학으로 일컬어져 왔다.

3. 드 브레의 『네덜란드 신앙고백서』와 신학

신앙고백서란 성경에 나타난 하나님, 인간, 그리스도, 교회, 종말 등 성경의 가르침에 대해 개인이나 교회 공동체가 그 믿는 바를 일정한 형식으로 선언하는 신앙의 문서(doctrinal standard)를 의미하는데, 개혁교회는 다양한 신앙고백을 갖게 되었다. 루터교는 주로 독일과 스칸디나비아지역에서 루터의 지도력과 그의 신학을 따라 형성되었기 때문에 처음부터 통일성을 갖춘 교회로 출발하였다. 따라서 신앙고백도 알치신조 책에 수록된 몇 가지로 제한되지만, 개혁주의 교회는 여러 나라와 지역에서 독자적으로 생성되었기 때문에 처음부터 다양성을 띠고 있었다.[17] 그래서 신앙고백문

---

17) 김영재, 『기독교 신앙고백』(영음사, 2011), 124.

서도 다양하여 60여종에 이른다. 개혁주의 교회는 저들이 믿는 바가 로마
교와 무엇이 다른가를 석명할 필요가 있었고, 둘째는 개혁교회 내에서도
지역과 인물 혹은 종파에 따라 상호 어떻게 다른가를 드러낼 필요가 있었
기 때문에 다양한 신앙고백문서가 생산되었던 것이다.

여러 신앙고백문서 가운데서 벨기에 신앙고백서는 칼빈주의를 지향하는
교회의 가장 오래된 고백서로 간주되어 왔고, 또 개혁교회가 선호하고 열
렬하게 지지하는 7가지 신앙고백문서,[18] 곧『네덜란드 신앙고백서』(Con-
fessio Belgica, 1561),『하이델베르크 신앙문답』(1563),『제2스위스 신
앙고백』(Confessio Helvitica Posterior, 1566),『도르트 신조』(1618-
9),『웨스트민스터 신앙고백서』(1647),『웨스트민스터 대요리문답』(1648)
과『소요리문답』(1648) 중 가장 오래된 문서로 인식되어 왔다.

이 신앙고백서는 드 브레가 1561년 작성했는데, 1571년 엠던노회가 채
택하였고, 1619년 도르트회의에서 수정 채택되었다. 이 신앙고백서는 처
음에는 불어로 기록되었고, 라틴어판은 불어판을 번역한 것인데, 우리에
게 알려진 라틴어판은 1580년에 나온 불어판을 번역한 것이다.[19] 네덜란
드 신앙고백은 전37조(항)로 구성되어 있는데, 프랑스 위그노들의 신앙고
백서인『갈리아(=프랑스) 신앙고백서』(Confessio Gallicana, 1559)를
모델로 작성했다고 알려져 있다.[20] 그래서 이 고백서는 프랑스 고백서와
마찬가지로 칼빈의 영향, 특히『기독교 강요』로부터 받은 영향이 뚜렷하다
고 알려져 왔다. 두 고백서가 매우 유사하지만『네덜란드 신앙고백서』는 프
랑스신앙고백서에 비해 재세례파에 대해 보다 분명하게 반대하고 있음을
확인할 수 있다. 그것은 네덜란드에서의 재세례파의 활동이 프랑스에서의

18) 조엘 비키,『칼빈주의』(지평서원, 2010), 58.
19) Philip Schaff, The Creeds of Christendom, Vol.III, 383-ff. 김영재, 156.
20) 프랑스 개신교들이 위그노(Huguenot)라고 불렸기 때문에 이 신앙고백서를 '위그노신앙고백서'라
고도 하는데, 칼빈에게 신앙고백서 작성을 요청하여 처음에 칼빈은 35개 조항으로 작성하여 조국의
교회에 보냈다고 한다. 칼빈은 신앙고백서를 한 개인이 작성하는 것을 원칙적으로 반대하여 Beza
와 Viret와 함께 작성했다고 한다(김영재, 142). 그런데 1559년 5월 프랑스개혁교회가 첫 총회를
개최했을 때 1557년에 작성된 18개 조항의 신앙고백서와 제네바에서 보내온 35개 조항의 신앙고
백서 초안을 근거로 40개 항의 신앙고백서를 작성, 채택한 것이다.

경우보다 훨씬 더 강했기 때문이다. 드 브레가 이 신앙고백서를 작성하게
된 동기는 반국가적인 활동으로 오해받았던 개혁신앙이 국가에 반역하는
것이 아니며 성경을 따라 참된 기독교 교리를 고백하는 사람들임을 드러내
기 위한 것이었다. 그래서 그는 신앙고백서 작성 이듬해인 1562년 이 고
백서의 사본을 필립 2세에게 발송했다.

『네덜란드 신앙고백서』의 내용을 보면 개혁주의교회의 전통적인 교리순
서를 답습하고 있음을 보게 된다.[21] 즉 먼저 하나님에 대한 교리(신론)가
제시되고(1-13조) 인간에 대한 교리(인간론, 14-15조), 그리스도에 대
한 교리(기독론, 16-21조), 구원에 관한 교리(구원론, 22-26조), 교회
에 대한 교리(교회론 27-35조)로 이어지고 마지막에는 종말에 관한 교리
(37조)로 구성되어 있다.[22] 하나님에 대한 교리를 말하는 부분인 제3조에
서 7조까지는 성경에 대해서 말하고 있는데, 4조에서 구약과 신약의 책들
을 일일이 거명하고 있다. 이것은 로마교와 다른 정경의 범위를 구체적으
로 적시하려는 의도로 보이고 동시에 프랑스 신앙고백과 일치시키고 있음
을 볼 수 있다. 제7조에서 정경과 외경의 구별을 중시하는 것을 보면 이 점
을 알 수 있다. 제5조에서는 성경의 권위를 말하고 있는데, 성경의 권위는

---

21) 이 신앙고백서의 각 조항의 제목은 다음과 같다(김영재, 458-483). 제1조 하나님의 속성에 관하
여, 제2조 하나님 인식에 관하여, 제3조 성경에 관하여, 제4조 구약과 신약의 정경들에 관하여, 제
5조 성경의 권위에 관하여, 제6조 정경과 외경의 구별에 관하여, 제7조 성경의 완전성에 관하여,
제8조 한 신성 안의 삼위에 관하여, 제9조 성경이 증언하는 삼위일체에 관하여, 제10조 예수 그리
스도는 참되고 영원한 하나님, 제11조 성령의 위격과 영원성에 관하여, 제12조 세계의 창조와 천
사에 관하여, 제13조 하나님의 섭리에 관하여, 제14조 인간의 창조와 타락과 부패에 관하여, 제15
조 원죄에 관하여, 제16조 선택에 관하여, 제17조 타락한 인간의 회복에 관하여, 제18조 예수그리
스도의 성육신에 관하여, 제19조 그리스도의 두 본성과 연합과 구별에 관하여, 제20조 그리스도
안에서 나타내신 하나님의 공의와 자비에 관하여, 제21조 우리의 죄를 위한 그리스도의 속죄에 관
하여, 제22조 믿음으로 의롭다함에 관하여, 제23조 하나님 앞에 설 수 있는 우리의 의에 관하여,
제24조 사람의 성화와 선행에 관하여, 제25조 의식의 법의 폐지에 관하여, 제26조 그리스도의 중
보에 관하여, 제27조 공동교회에 관하여, 제28조 참된교회에 속한 성도들의 교통에 관하여, 제29
조 참교회의 표지에 관하여, 제30조 교회의 행정에 관하여, 제31조 사역자들의 소명에 관하여, 제
32조 교회의 질서와 권징에 관하여, 제33조 성례에 관하여, 제34조 세례에 관하여, 제35조 성만
찬에 관하여, 제36조 위정자들에 관하여, 제37조 최후 심판에 관하여,
22) 참고, 조엘 비키, 60. 조엘 비키의 구분 방식은 적절하나 구분내용에 대해서는 필자는 의견을 달리
하였다.

로마교가 말하는 것처럼 교회의 인정에 의해서가 아니라, 성경 자체가 지닌 자증에 근거한다는 사실을 분명하게 밝히고 있다.

제29조에서는 참된 교회의 표지를 말하면서 제네바의 경우와는 달리『스코틀랜드 신앙고백서』제18조와 마찬가지로 3가지, 곧 순수한 말씀의 선포, 성례의 집행, 그리고 권징의 합당한 시행을 들고 있다는 점은 흥미로운 일이다. 이 점은 갈리아 신조와 다른 점이다.

36조, '위정자들에 관하여'에서는 세속 정부에 대한 교리를 취급하고 있다. 그런데 여기서는 개혁교회의 일반적인 가르침이 나타나 있고 폭력적인 정부에 대한 저항권에 대한 언급이 없다. 그 일부는 다음과 같다.

"하나님께서는 악을 행하는 자들을 벌하고 선을 행하는 자에게 상 주시도록 위정자들에게 칼을 쥐어주셨다. 그들이 직책은 단지 국가의 복지에 관심을 두고 감시할 뿐 아니라, 거룩한 목회사역을 보호하며, 모든 우상숭배와 거짓된 예배를 제거하며 방지하기 위한 것이다. 즉, 적그리스도 왕국이 파괴되고 그리스도의 왕국이 형성하게 하려는 것이다. 그러므로 위정자들은 어디서든지 복음의 말씀을 설교하는 것을 장려해야 하며 하나님께서 말씀으로 명령하신 대로 모든 사람에게 존귀와 예배를 받으시도록 해야 한다.

더구나 어떤 지위나 신분이나 조건의 사람을 불문하고 위정자들에게 복종하는 것은 만인의 의무이다. 즉 세금을 바치며 그들을 높이고 존경하며, 하나님의 말씀을 거스르지 않는 것이면 매사에 그들에게 복종해야 한다. 또 기도할 때 하나님께서 위정자들을 그들의 모든 길에서 다스리시고 인도하시도록 기도하고, 또한 우리가 경건하고 정직하게 조용하고 평화로운 생활을 할 수 있도록 기도해야 한다."

이 고백서는 예정론을 취급하고 있으나 매우 간단하게 언급하고 있다. 여기서 인간의 구원은 하나님의 자비롭고 공의로우심에 근거한다고 말한 다음과 같이 말하고 있다.

"그는 자비로우심으로 자기의 영원한 불변하시는 뜻과 선하심에 따라 사람들의 행위를 돌아보지 않으시고 우리 주 예수 그리스도 안에서 택하신 사람들을 멸망에서 구출하시고 보존하신다. 그는 또한 공의로우시므로 그 밖의 사람들을 자신들이 저지른 타락과 멸망에 그대로 버려두신다."

여기서 하나님의 선택과 더불어 제한된 구속을 말하고 있으나 이중예정론을 말하고 있지는 않다.

이 신앙고백서가 재세례파에 대해서는 매우 강격한 입장을 보이고 있다. 제34조에서는 유아세례를 거부하고 성인세례(believers' baptism)를 주장했던 재세례파를 강하게 거부하고 있다.

"그러므로 우리는 재세례파의 과오를 배격한다. 그들은 그들이 전에 받은 단 한 번의 세례에 만족하지 않을 뿐 아니라, 신자들의 유아 세례를 정죄한다. 우리는 신자들의 유아들도 이전에 이스라엘의 어린아이들이 우리의 유아들에게 주신 동일한 약속에 근거하여 할례를 받았듯이 언약의 징표로 세례를 받고 인침을 받아야 한다고 믿는다. 또한 그리스도께서 어른들과 마찬가지로 신자들의 어린이들의 정화를 위하여 피를 흘리신 것이 사실이다. 그러므로 유아들도 그리스도께서 그들을 위해 행하신 징표와 성례를 받는 것이 마땅하다."

또 위정자들에 대한 36조에서는, "그러므로 재세례파와 그 밖의 선동적인 사람들과 높은 권력자와 위정자들을 배격하고, 정의를 파괴하며, 물질 사회를 유도하여 하나님께서 사람들 사이에 세우신 예절과 선한 질서를 혼란하게 하는 모든 사람들의 잘못을 우리는 혐오한다." 이런 점은 칼빈주의자들은 재세례파와 다르다는 점을 분명히 드러내려는 의도가 있엇음을 알 수 있다. 이상의 문서를 볼 때 작성자인 드 브레의 신학을 엿볼 수 있다. 그는 성경관을 비롯한 신학 전반에서 개혁교회 전통을 계승하되 특히 칼빈의 영향을 받았음을 알 수 있다.

라은성 고신대학교(B.A.), 총신대학교 신학대학원(M. Div.),Covenant Theological Seminary(Th.M.) Trinity Evangelical Divinity School(Th.M.) University of Pretoria(Ph.D.), 현재 총신대학교, 역사신학 교수이다.

황정욱 서울대학교 문리대 독문학과 졸업, 한신대학교 대학원 신학과 졸업, 독일 Bonn에서 신학 수업, Wuppertal 신학대학에서 신학박사 취득. 현재 한신대학교 교회사 교수이다. 저서로는 『칼빈의 초기 사상 연구 1-2』(한신대 출판부), 『장로교회사』(한신대 출판부) 『예루살렘에서 長安까지 - 그리스도교의 唐 전래와 景敎 문헌과 유물에 나타난 중국종교의 영향 연구』(한신대 출판부) 『기독교 사상사 1-3』 (공저. 대한기독교서회) 가 있다.

박경수 서울대 서양사학과(B.A.)를 졸업한 후 장로회신학대학교에서 교역학석사(M.Div.)와 신학석사(Th.M.) 과정을 마쳤다. 이후 미국 프린스턴신학교에서 교회사 석사학위(Th.M.)를, 클레어몬트 대학원에서 종교개혁사 전공으로 박사학위(Ph.D.)를 받았다. 저서로는 『교회사클래스』, 『교회의 신학자 칼뱅』, 『종교개혁, 그 현장을 가다』(대한기독교서회) 등이 있고, 이외에도 다수의 공저와 논문들이 있다. 또한 『여성과 종교개혁』, 『츠빙글리의 생애와 사상』, 『스위스종교개혁』, 『기독교신학사』, 『초대기독교 교부』 등의 교회사 분야 번역서들이 있다. 현재 장로회신학대학교에서 교회사 교수로 후학들을 양성하고 있으며, 한국칼빈학회 회장을 맡아 섬기고 있고, 한국기독교교회협의회 신앙과 직제 위원회, 공적신학과 교회연구소, 한국교회사학회 등에서 활동하고 있다.

한병수 중앙대 수학과 학사, 중앙대 대학원 경제학 석사, 침신대 신대원 목회학 석사, 칼빈신학교 역사신학 석사, 칼빈신학교 역사신학 박사, 현재 합동신학대학원 외래교수, 기혁주의 신학연구소 소장이다.

김요섭 서울대학교 철학과(B.A.), 총신대학교 신학대학원(M.Div.), 미국 Yale University Divinity School (S.T.M.), 영국 University of Edinburgh (M.Th.), 영국 University of Cambridge (Ph.D.), 현재 총신대학교 신학대학원 역사신학 조교수이다.

김재윤 서울대학교 인문대학 철학과 (B. A). 고려신학대학원(M.Div), 네덜란드 깜뻔 신학대학 신학석사(Doctorandus), 네덜란드 깜뻔 신학대학 신학박사(Th.D), 특히 삼위일체론과 성경해석학, 구원론에 관심을 가지고 연구하고 있다.

유정모 경희대학교 영어영문학과(B.A.)와 침례신학대학교 신학대학원(M.Div.)에서 공부하였다. Calvin Theological Seminary에서 역사신학 전공으로 신학석사(Th.M.) 및 박사학위(Ph.D.)를 받았고 The Southern Baptist Theological Seminary에서 박사후 연구과정(Post-Doctor)을 마쳤다. 저서로는 *John Edwards (1637-1716) on Human Free Choice and Divine Necessity: The Debate on the Relation between Divine Necessity and Human Freedom in the Late Seventeenth- and Early Eighteenth-Century England*, (Göttingen, Germany: Van-denhoeck & Ruprecht, 2013)가 있고 The Southern Baptist Theological Seminary의 교회사 교수인 Michael Haykin 박사와 공저한 영국 특수침례교목사 Benjamin Beddome(1717-1795)의 신학과 영성에 대한 책이 2015년 Wipf & Stock에서 출간될 예정이다. 현재 침례신학대학교와 Midwestern Baptist Theological Seminary에서 강의하고 있다.

황대우 고신대학교 신학과(Th. B.)와 신학대학원(M. Div.), 그리고 대학원 신학과(Th. M.)를 거쳐 네덜란드 Apeldoorn 기독개혁신학대학교에서 "Het mystieke lichaam van Christus. De ecclesiologie van Martin Buceren Johannes Calvijn" (2002)라는 논문으로 신학박사(Th. D.) 학위를 받았다. 현재 진주북부교회 기관목사. 고신대 개혁주의학술원 책임연구원, 한국칼빈학회 부회장이다. 저술로는 『삶, 나 아닌 남을 위하여』, 『라틴어: 문법과 구문론』, 『칼빈과 개혁주의』가 있고, 번역서로는 『기도, 묵상, 시련』, 『문답식 하이델베르크 신앙교육서』가 있다.

조봉근 총신대학교(B.A, M.Div. equ.), 영국, Trinity College, Bristol 수학, 영국, Evangelical Theological College of Wales, M. Phil, transfer Ph.D, 영국, University of Wales, Lampeter, Ph.D, 영국, 웨일즈 복음주의 신학대학(현, WEST)에서 Visiting Research Scholar 위촉. 광신대학교 대학원장, 교학처장, 교목실장 등 역임. 한국복음주의 조직신학회 회장 역임 및 2차례 공로패 수상, 현재 한국개혁신학회 자문위원 겸 조직신학분과위원장, 한국개혁신학회 감사패 수상, 현재 개혁신학회 조직신학분과 학회장, 광주중앙교회(변한규목사 시무당시) 협동목사 25년간 봉사, 광신대학교 신학대학원 교수 (33년간) 정년퇴임 및 장기근속패와 공로패 수상, 현재 광신대학교 명예교수이며 광주신일교회 교육목사이다.

이남규 한양대전자공학과(B.S.), 합동신학대학원(M.Div.), 안양대신학대학원(Th.M.), 네덜란드 아펠도른 신학대학교(Dr. theol). 라벤스부르크 한인교회와 뮌스터복음교회에서 담임목회했으며 현재 서울성경신학대학원대학교에서 조직신학을 가르치며 시온교회 협동목사로 있다.

이상규 고신대학교 신학과(ThB)와 신학대학원(MDiv, ThM)을 졸업한 후 호주 빅토리아주 멜보른에 있는 장로교신학대학(PTC)에서 교회사를 연구하고 호주신학대학(ACT)에서 신학박사학위(ThD)를 받았다. 미국 Calvin College와 Associated Mennonite Biblical Seminary 방문교수였고, 호주 Macquarie University 고대문헌연구소에서 공부했다. 현재 고신대학교 신학과 교수이다. 또 고신대 개혁주의학술원 원장, 부산경남교회사연구회 회장이기도 하다. 통합연구 학술상(1992.8), 한국교회사학 연구원 및 한국기독교회사학회 학술상(2010.11), 기독교문화대상(2010.12), 올해의 신학자상(2012.4)을 수상했다. 쓴 책으로는 『교회개혁사』, 『부산지방 기독교 전래사』, 『교회개혁과 부흥운동』, 『헬라로마적 상황에서의 기독교』, 『한국교회 역사와 신학』, 『교양으로 읽는 역사』, 『한상동과 그의 시대』, To Korea With Love 등이 있고, 『초기 그리스도인들이 본 전쟁과 평화』(John Drive), 『베어드의 선교일기』(W. Baird) 등의 역서가 있다.